Juraj Hromkovič

Berechenbarkeit

W0258362

Juraj Hromkovič

# Berechenbarkeit

Logik, Argumentation, Rechner und Assembler,
Unendlichkeit, Grenzen der Automatisierbarkeit

Lehrbuch für Unterricht und Selbststudium

STUDIUM

**VIEWEG+
TEUBNER**

Bibliografische Information der Deutschen Nationalbibliothek
Die Deutsche Nationalbibliothek verzeichnet diese Publikation in der
Deutschen Nationalbibliografie; detaillierte bibliografische Daten sind im Internet über
<http://dnb.d-nb.de> abrufbar.

**Prof. Dr. Juraj Hromkovič**
Geboren 1958 in Bratislava, Slowakei. Studium der Mathematischen Informatik an der Komenský
Universität, Bratislava. Promotion (1986) und Habilitation (1989) in Informatik an der Komenský
Universität. 1990 – 1994 Gastprofessor an der Universität Paderborn, 1994 – 1997 Professor für
Parallelität an der CAU Kiel. 1997 – 2003 Professor für Algorithmen und Komplexität an der RWTH
Aachen. Seit 2001 Mitglied der Slowakischen Akademischen Gesellschaft. Seit Januar 2004 Professor
für Informatik an der ETH Zürich. Seit 2010 Mitglied der Academia Europaea.

1. Auflage 2011

Alle Rechte vorbehalten
© Vieweg+Teubner Verlag | Springer Fachmedien Wiesbaden GmbH 2011

Lektorat: Ulrich Sandten | Kerstin Hoffmann

Vieweg+Teubner Verlag ist eine Marke von Springer Fachmedien.
Springer Fachmedien ist Teil der Fachverlagsgruppe Springer Science+Business Media.
www.viewegteubner.de

Das Werk einschließlich aller seiner Teile ist urheberrechtlich geschützt. Jede
Verwertung außerhalb der engen Grenzen des Urheberrechtsgesetzes ist ohne
Zustimmung des Verlags unzulässig und strafbar. Das gilt insbesondere für
Vervielfältigungen, Übersetzungen, Mikroverfilmungen und die Einspeicherung
und Verarbeitung in elektronischen Systemen.

Die Wiedergabe von Gebrauchsnamen, Handelsnamen, Warenbezeichnungen usw. in diesem Werk
berechtigt auch ohne besondere Kennzeichnung nicht zu der Annahme, dass solche Namen im
Sinne der Warenzeichen- und Markenschutz-Gesetzgebung als frei zu betrachten wären und daher
von jedermann benutzt werden dürften.

Umschlaggestaltung: KünkelLopka Medienentwicklung, Heidelberg
Druck und buchbinderische Verarbeitung: MercedesDruck, Berlin
Gedruckt auf säurefreiem und chlorfrei gebleichtem Papier
Printed in Germany

ISBN 978-3-8348-1509-5

# Vorwort

Dieses Lehrbuch ist das nächste in unserer Reihe, in der wir einige grundlegende Bereiche der Informatik fachdidaktisch so aufbereiten, dass sie für Jugendliche im gymnasialen Alter zugänglich werden. Die bisher erschienenen Titel sind „Lehrbuch Informatik", „Einführung in die Programmierung mit LOGO" und „Einführung in die Kryptologie". Die drei hier vorgestellten Unterrichtsmodule fokussieren den wissenschaftlichen Kern der Informatik, die Rolle und die Beiträge der Informatik im allgemeinen Kontext der Wissenschaft. Somit geht es hier um viel mehr als nur um gewisse Fähigkeiten. Es geht um ein tieferes Verständnis unserer Umwelt und die Bestrebungen der Grundlagenforschung, die Basis für den Fortschritt der Gesellschaft ist. Was bedeutet es, korrekt zu deuten und zu argumentieren? Wie kann man automatische Informationsverarbeitung modellieren? Was ist das Unendliche, und warum brauchen wir es? Was ist automatisierbar, und was ist nicht automatisierbar? Das sind einige der Fragen, denen dieses Buch gewidmet ist. Ein tieferes Verständnis für die Antworten auf diese Fragen zu erreichen, ist ein erstrebenswertes Ziel der allgemeinen Bildung, egal zu welchem Teil es im Mathematik- oder Informatikunterricht vermittelt wird. Der Beitrag der Informatik zum Verstehen der Welt und der Prozesse rund um uns ist vergleichbar mit den tiefgründigsten Beiträgen anderer allgemeinbildender Gymnasialfächer.

In der Wurzel jeder Wissenschaftsdiziplin befindet sich die Begriffsbildung. Sie ist maßgebend für die Entwicklung eines Fachs. Das Modul „Geschichte der Informatik und Begriffsbildung" ist die Überarbeitung des gleichnamigen Moduls aus dem „Lehrbuch Informatik". Es zeigt die große Bedeutung der Begriffsbildung, indem es die Geschichte der Informatik anhand der Entwicklung der Grundbegriffe und Grundkonzepte beschreibt. Neben einer Erklärung für die Grundbegriffe wie Algorithmus, Programm und Berechnungskomplexität werden hier auch die Grundlagen des korrekten logischen Denkens und korrekten Argumentierens sowie das Modell der Registermaschine (des Computers) anhand einer einfachen Assemblersprache vermittelt.

Die Module „Das Konzept des Unendlichen" und „Berechenbarkeit und die Grenzen der Automatisierbarkeit" sind der Erforschung der Grenzen automatisierbarer Berechnungen gewidmet. Aufbauend auf den Ideen aus unserem populärwissenschaftlichen Buch „Sieben Wunder der Informatik" wird ein Weg gefunden, wie man mit vollständiger mathematischer Präzision und trotzdem anschaulich und verständlich zeigen kann, dass gewisse interessante Probleme wie zum Beispiel das Testen von Programmen nicht algorithmisch lösbar und somit nicht automatisierbar sind. Dabei lernen wir, dass das Konzept des Unendlichen ein wichtiges Forschungsinstrument ist, ohne das dieses Ziel nicht erreichbar ist. Auf dem Weg zur algorithmischen Unlösbarkeit lernt man weitere wichtige Instrumente wie das Konzept der Reduzierbarkeit zwischen Problemen und die Diagonalisierungsmethode kennen. Das Modul „Das Konzept des Unendlichen" legt dar, dass es unterschiedliche unendliche Größen gibt, und somit ist es im Mathematikunterricht auch ohne Bezug zur Informatik gut verwendbar.

Die Kunst, tiefgreifende und schwierige Themen erfolgreich zu behandeln, besteht nicht nur in der richtigen Wahl des Blickwinkels, sondern auch in der Fähigkeit, den Weg zum vollen Verständnis in kleinstmögliche Schritte zu zerlegen und zusätzlich zum Teil die Intuition des Entdeckers zu vermitteln. Wenn das gelingt, besteht die Chance für die Lernenden, die Spannung und Begeisterung in dem Prozess eigener Entdeckung zu erleben.

Das didaktische Konzept basiert auf der Ausführlichkeit von Leitprogrammen. Alles wird sorgfältig erklärt und sofort durch Übungsaufgaben (teilweise mit vorgeschlagenen Lösungen) gefestigt und überprüft. Zusätzlich beinhalten die Lektionen auch Aufgabenstellungen, die zu selbstständigen Entdeckungen führen können. Durch das detaillierte und anschauliche Vorgehen eignet sich das Lehrbuch auch zum Selbststudium im Gymnasialalter. Die Erklärungen werden von Hinweisen für die Lehrperson begleitet. Diese Hinweise gehen zum einen auf mögliche Schwierigkeiten bei der Vermittlung des Stoffes ein, sprechen zum anderen Empfehlungen für die Verwendung von geeigneten didaktischen Methoden aus und vermitteln Unterrichtserfahrung. Damit ist dieses Lehrbuch auch für das Lehramtsstudium bestimmt sowie für alle Informatikanfängerinnen und -anfänger oder diejenigen, die Informatik im Nebenfach studieren.

Hilfreiche Unterstützung anderer hat zur Entstehung dieses Lehrbuches wesentlich beigetragen. Besonderer Dank gilt Dennis Komm für sorgfältiges Korrekturlesen, zahlreiche Verbesserungsvorschläge und umfangreiche Hilfe bei der Umsetzung des Skriptes in LaTeX. In diesem Zusammenhang möchte ich mich außerdem herzlich bei Andre Macejko bedanken. Für die Sprachkorrekturen bedanke ich mich herzlich bei Herbert Bruderer und Ivonne Domnick. Ich möchte mich sehr bei Lucia Keller und Björn Steffen dafür bedanken, dass sie mich mit viel Enthusiasmus beim Testen der Unterrichtsunterlagen in der schulischen Praxis begleitet oder einige Lektionen selbstständig unterrichtet haben.

Genauso herzlich danke ich den Lehrpersonen Pater Paul (Hermann-Josef-Kolleg, Steinfeld), Uwe Bettscheider (INDA-Gymnasium Aachen), Hansruedi Müller (Schweizerische Alpine Mittelschule Davos), Yves Gärtner, Ueli Marty (Kantonsschule Reussbühl, Luzern), Meike Akveld, Stefan Meier und Pietro Gilardi (Mathematisch-naturwissenschaftliches Gymnasium Rämibühl, Zürich) und Harald Pierhöfer (Kantonsschule Limattal, Urdorf), die es uns ermöglicht haben, in einigen Klassen kürzere oder längere Unterrichtssequenzen zu testen, oder sie sogar selbst getestet und uns ihre Erfahrungen mitgeteilt haben. Ein besonderer Dank geht auch an die Schulleitungen der Schulen, die uns für das Testen unserer Module die Türen geöffnet haben.

Für die hervorragende Zusammenarbeit und die Geduld mit einem immer eigensinniger werdenden Professor bedanke ich mich herzlich bei Frau Kerstin Hoffmann und Herrn Ulrich Sandten vom Vieweg+Teubner-Verlag.

Ich wünsche allen Leserinnen und Lesern beim Lernen mit diesem Buch so viel Vergnügen, wie wir selbst beim Unterrichten der vorliegenden Lektionen empfunden haben.

Zürich, im Oktober 2010

Juraj Hromkovič

# Inhaltsverzeichnis

# Modul I

# Geschichte der Informatik und Begriffsbildung

# Vorwort

Das erste Ziel dieses Moduls ist zu erklären, warum die Informatik zu einer selbstständigen Wissenschaftsdisziplin geworden ist und somit, weshalb sie in der Forschung nicht durch andere Wissenschaftsdisziplinen ersetzbar ist. Um dieses Ziel zu erreichen lernen wir, dass Begriffsbildung maßgebend für das Entstehen und die Weiterentwicklung von Wissenschaften ist und dass der Begriff des Algorithmus der Schlüsselbegriff der Informatik ist.

Wir nähern uns in kleinen Schritten einem guten Verständnis der Grundbegriffe von Programmen und Algorithmen. Unterwegs begegnen wir den Registermaschinen, die ein Basismodell des Rechners und des Rechnens darstellen. Dabei lernen wir auch, wie man in Assembler hardwarenah programmiert.

Bei dem Versuch, die Grundbausteine der Wissenschaft zu verstehen, betrachten wir die Axiome der Mathematik aus der Sicht der Begriffsbildung als die Definitionen neuer Wörter, die die Aussagestärke sowie die Argumentationsstärke der Sprache der Mathematik erhöhen. Wir möchten uns dabei mit der Frage auseinandersetzen, was eine korrekte Argumentation (korrektes Denken) ist. Wir lernen die genaue Bedeutung des Begriffs der Implikation und nutzen sie, um die Schematik der direkten und indirekten Beweise vorzustellen und anhand von mehreren Beweisen zu demonstrieren. Dieses elementare Verständnis der Logik ist unumgänglich, wenn man sich vertiefend mit exakten Wissenschaften, zu denen die Informatik zählt, beschäftigen will.

# Lektion 1

# Was ist Informatik und wie wurden Wissenschaftsdisziplinen aufgebaut?

Einzelne Wissenschaftsdisziplinen nur als eine Zusammensetzung von Forschungsresultaten und Entdeckungen anzusehen, liefert ein falsches Bild. Noch schlimmer ist es, wenn man sie nur durch ihre Anwendungen im alltäglichen Leben anschaut. Wie würde wohl die Definition der Physik aussehen, wenn sie sich ausschließlich auf die Beschreibung der von Menschen hergestellten Geräte stützte? Fast alles, was Menschen jemals hergestellt haben (von Häusern bis zu Maschinen und Geräten aller Art), basiert auf der Kenntnis von physikalischen Gesetzen und trotzdem hält niemand den TV- oder Computerhersteller und schon gar nicht jeden TV-Zuschauer oder Computerbenutzer für einen Physiker. Wir trennen hier klar zwischen der physikalischen Grundlagenforschung und den technischen Anwendungen in der Elektrotechnik oder im Maschinenbau. Die Fähigkeit Geräte zu benutzen, verbindet man, mit Ausnahme des Rechners, in der Öffentlichkeit mit keiner Wissenschaft.

Warum assoziiert man dann die Fähigkeit, gewisse Softwaresysteme zu benutzen, mit der Informatik? Welchen allgemeinen Bildungswert hat die Vermittlung dieser Fähigkeiten, wenn Softwaresysteme sich durch die ständige Entwicklung alle paar Jahre wesentlich ändern? Ist die relative Kompliziertheit des Rechners im Vergleich zu anderen Geräten der einzige Grund für diese Missentwicklung?

Sicherlich ist die Nutzung von Computern so verbreitet, dass die Anzahl der Autofahrer ungefähr der Anzahl der Computernutzer entspricht. Aber lernen wir in der Schule in einem Spezialfach für den Führerschein? Bald werden sich Mobiltelefone zu kleinen und leistungsfähigen Rechnern entwickeln. Wird der Umgang mit ihnen in einem neuen Fach an der Schule vermittelt werden? Ich möchte mich jetzt mit der Beantwortung dieser Fragen nicht zu viel beschäftigen. Die gängige Praxis in mehreren Ländern zeigt, dass man gute Anwenderkenntnisse durch in andere Fächer integrierten Unterricht oder kleine Blockkurse erfolgreich erwerben kann.

**Hinweis für die Lehrperson** Der Rest dieser Lektion ist relativ abstrakt und hat philosophische Tiefe. Es muss daher damit gerechnet werden, dass nicht alles beim ersten Mal verstanden wird.

Es ist lohnenswert, zu dieser Lektion nach neuen Erfahrungen mit der Informatik aus anderen Lektionen und Modulen hierher zurückzukehren. Wir empfehlen, diese Lektion langsam vorzubringen und die Zuhörer die ganze Zeit so viel wie möglich in eine Diskussion einzubeziehen.

Unsere erste Frage ist:

> *„Was ist Informatik?"*

Es ist schon jetzt klar, dass es nicht die Fähigkeit sein kann, einen Rechner zu benutzen, sonst würden bald fast alle Menschen Informatiker sein. Die Informatik selbst liefert nach außen auch deswegen kein klares Bild von sich, weil man sie nicht eindeutig den Naturwissenschaften oder den Ingenieurwissenschaften zuordnen kann. Die Situation ist so, als wenn die Physik, die Elektrotechnik und der Maschinenbau in nur einer Wissenschaftsdisziplin und unter einem Namen vereinigt wären. Aus der Sicht der Softwareherstellung ist Informatik eine angewandte Ingenieurwissenschaft mit allen Merkmalen einer technischen Disziplin, die die Entwicklung und Herstellung komplexer Systeme und Produkte anstrebt. Die Grundlagen der Informatik sind eher mathematisch-naturwissenschaftlicher Natur und die theoretische Informatik spielt für die Softwareentwicklung eine ähnliche Rolle wie die theoretische Physik für die technischen Disziplinen. Und gerade die mangelnde Kenntnis dieser Grundlagenforschung in der Öffentlichkeit ist verantwortlich für die falschen Vorstellungen über die Informatik.

Wir wissen jetzt, dass der bestmögliche Zugang zum Verständnis der Informatik nicht über die Anwendungen führt. Wir haben aber gleich am Anfang gesagt, dass es auch nicht hinreichend ist, eine Wissenschaftsdisziplin als Summe ihrer Forschungsresultate anzusehen. Die ersten zwei zentralen Fragen sind deshalb die folgenden:

> *„Wie entsteht eine Wissenschaft?"*
> *„Was sind die Grundbausteine einer Wissenschaft?"*

Jede Wissenschaft hat ihre eigene Sprache und somit ihre eigenen Begriffe (Fachwörter), ohne die man keine Aussagen über die Objekte der Untersuchung formulieren kann. Die **Begriffsbildung** als die Bestimmung von Fachwörtern und deren Bedeutung ist somit zentral für alle Wissenschaften. Eine genaue und richtig interpretierbare Bedeutung eines wichtigen Fachbegriffs verursacht dann auch oft mehr Aufwand als die Herleitung hoch anerkannter Forschungsergebnisse. Nehmen wir uns ein paar Beispiele vor. Es dauerte 300 Jahre, bis man sich auf eine exakte und formale (mathematische) Definition des Begriffes „Wahrscheinlichkeit" geeinigt hatte. Für eine allgemein akzeptable Definition der Ableitung brauchte man auch eine 200 Jahre lange Entwicklung. Mathematiker haben Tausende von Jahren gebraucht, bis sie das Unendliche als einen formalen Begriff festgelegt hatten. Wir benutzen in der Physik und auch umgangssprachlich sehr häufig den Begriff „Energie". „Weiß der Kuckuck, was das ist!" Die ganze Geschichte der Physik könnte man als eine nicht abgeschlossene Geschichte der Entwicklung unseres Verständnisses dieses Begriffes ansehen. Jetzt kann jemand die Hand heben und widersprechen: „Ich weiß, was Energie ist, das habe ich in der Schule gelernt." Und dann werde ich fragen: „Hast du die griechische Definition[1] der Energie als wirkende Kraft gelernt? Oder die Schulbuchdefinition der Energie als die Fähigkeit eines physikalischen Systems, Arbeit zu verrichten? Dann sag mir zuerst, was Kraft und was Arbeit ist." Und wenn man damit anfängt, stellt man fest, dass man sich im Kreise dreht[2], weil zur Definition von Kraft und Arbeit der Begriff Energie verwendet wird.

Ähnlich ist es mit dem Begriff des Lebens in der Biologie. Eine genaue Definition dieses Begriffes wäre für uns ein Instrument, mit dem man eindeutig zwischen toter und lebendiger Materie unterscheiden könnte. Eine solche Definition auf der physikalisch-chemischen Ebene existiert aber nicht.

**Aufgabe 1.1** Wir haben angedeutet, dass man die Physik als eine Wissenschaft betrachten kann, die sich als Aufgabe gestellt hat zu verstehen, was Energie und Materie sind. Analog ist Biologie die Wissenschaft rund um den Begriff des Lebens. Wählt ein paar Wissenschaftsdisziplinen und versucht sie dadurch zu spezifizieren, dass ihr die Schlüsselbegriffe dieser Wissenschaftsgebiete nennt.

Liebe Schülerinnen, liebe Schüler. Ich möchte euch keineswegs auf diese Weise in eurem Wissen verunsichern. Es ist keine Katastrophe, dass wir einige wichtige Begriffe nicht ganz genau spezifizieren können. In der Wissenschaft arbeitet man oft mit Definitionen, die einen benannten Begriff nur ungenau und annähernd bis zu einem gewissen Grad spezifizieren. Das gehört aber zum normalen Leben der Forscher. Sie müssen dann wissen, dass sie bei ihren Resultaten keine höhere Genauigkeit in der Interpretation erreichen können als die Genauigkeit der bereits vorliegenden Begriffsspezifikationen. Deswegen streben auch die Wissenschaftler ständig danach, ihr Wissen in Definitionen umzuwandeln, die die Bedeutung der zentralen Begriffe genauer approximieren (annähern). Fortschritte in dieser Richtung sind oft maßgebend für die Entwicklung der Wissenschaft. Ein wunderbares Beispiel des Fortschritts in der Begriffsbildung ist unser, sich im Laufe der Jahrtausende immer weiter vertiefendes, Verständnis des Begriffes „Materie".

Um zu verstehen, was es bedeutet und wie schwer es ist, Begriffe genau zu definieren, betrachten wir ein konkretes Beispiel. Nehmen wir das Wort „Stuhl". Der Stuhl ist kein abstraktes wissenschaftliches Objekt. Er ist ein gewöhnlicher Gegenstand und die meisten von uns wissen oder glauben zu wissen, was er ist. Jetzt versuchen wir, diesen

---

[1]Griechisch *energeia* bedeutet wirkende Kraft.

[2]Zum Beispiel versteht man in der Thermodynamik unter Arbeit die Energiedifferenzen, die nicht thermisch ausgetauscht werden.

Begriff durch eine Beschreibung zu definieren.

> ***Definieren*** *bedeutet, so genau zu beschreiben, dass jede und jeder, der noch nie einen Stuhl gesehen hat, anhand dieser Beschreibung für jeden Gegenstand eindeutig entscheiden kann, ob es ein Stuhl ist oder nicht. In der Definition dürfen nur Wörter (Begriffe) verwendet werden, deren Bedeutung schon vorher festgelegt wurde.*

Die erste Idee wäre vorauszusetzen, dass man schon weiß, was ein „Stuhlbein" ist. In diesem Fall könnte man mit der Aussage anfangen, dass das Ding vier Beine hat. Aber Halt! Habt ihr noch nie auf einem Stuhl gesessen, der nur ein Bein und noch dazu ein merkwürdiges hat? Oder auf einem mit drei Beinen? Also lassen wir das lieber! Meine Aufgabe ist es nicht, euch zu quälen. Es geht nur darum zu verstehen, dass Begriffsbildung nicht nur eine wichtige, sondern auch eine sehr mühsame Arbeit ist.

Wir haben jetzt klar gemacht, dass Begriffsbildung ein zentrales Thema in der Wissenschaft ist. Auch das Entstehen der Informatik als Grundlagenwissenschaft verbindet man mit der Bildung eines Begriffes, nämlich dem „Algorithmus". Bevor wir aber zu dieser Geschichte übergehen, müssen wir noch wissen, was Axiome in der Wissenschaft sind.

> ***Axiome*** *sind Grundbausteine der Wissenschaft. Es sind Tatsachen oder Begriffsspezifikationen, von deren Gültigkeit und Korrektheit wir fest überzeugt sind, obwohl es keine Möglichkeit gibt, ihre Korrektheit zu beweisen.*

Das klingt zunächst nicht nur merkwürdig, sondern geradezu verdächtig. Will man an der Zuverlässigkeit der wissenschaftlichen Aussagen zweifeln?

Versuchen wir zuerst das Ganze anhand eines Beispiels zu erläutern. Ein solches Axiom ist die Annahme, dass wir korrekt denken und somit unsere Art zu argumentieren zweifellos zuverlässig ist. Können wir beweisen, dass wir korrekt denken? Auf welche Weise? Durch unsere Argumentation, die auf diesem Denken basiert? Unmöglich. Es bleibt uns also nichts anderes übrig, als unserer Denkweise zu vertrauen. Wenn dieses Axiom nicht stimmen sollte, dann haben wir Pech gehabt und das Gebäude der Wissenschaft bricht zusammen. Dieses Axiom ist nicht nur ein philosophisches. Es hat eine mathematische Form und weil die Mathematik die formale Sprache der Wissenschaften ist, kann man ohne sie nichts anfangen. Weil wir in der Informatik wie auch in anderen Wissenschaften korrekt argumentieren können müssen, widmen wir den nächsten Teil der Einführung in die korrekte Beweisführung.

Wir haben bisher nur über Grundbausteine gesprochen. Was kann man über die Steine sagen, die darauf gelegt werden? Die Forscher versuchen, die Wissenschaft so zu bauen, dass die Richtigkeit der Axiome (Grundbausteine) die Korrektheit des ganzen Baus garantiert. Das ist die bekannte Sachlichkeit und Zuverlässigkeit der Wissenschaft. Wenn die Axiome stimmen, dann stimmen auch alle Resultate und alle daraus abgeleiteten Erkenntnisse. Wie der Entstehungsprozess einer Wissenschaft und ihrer Entwicklung genau aussieht, werden wir in dem Abschnitt über die Geschichte der Informatik lernen.

## Zusammenfassung

Wissenschaftsdisziplinen entstehen hauptsächlich durch Begriffsbildung. In der Begriffsbildung wird gewissen Worten eine Bedeutung gegeben. Also versuchen wir, durch Begriffsbildung über konkrete und abstrakte Objekte so genau wie möglich zu sagen, was sie sind und was sie nicht sind. Genau wie bei der Entstehung einer natürlichen Sprache ermöglichen uns neue Begriffe, über Objekte und Tatsachen zu sprechen, über die wir vorher nicht sprechen konnten. Damit können wir auch Fragen stellen, die wir vorher nicht stellen konnten, und bereichern auch unsere Argumentationsfähigkeit. Begriffsbildung führt zur Herstellung des Fundaments des Wissenschaftsgebäudes. Das Gebäude versuchen wir so zu bauen, dass die Gültigkeit der Grundbausteine die Gültigkeit des ganzen Gebäudes der Wissenschaft garantiert. Die begriffsbildenden Definitionen in der Mathematik nennen wir Axiome. Prozesse der Begriffsbildung sind typischerweise länger und anspruchsvoller als die Prozesse der Erforschung unbekannter Tatsachen und Zusammenhänge. Die Begriffsbildung ist maßgeblich für die Formung der Wissenschaften. Deswegen kommen in den Definitionen der wissenschaftlichen Disziplinen keine Forschungsresultate vor, sondern Fragestellungen über die Grundbegriffe.

Die formale mathematische Definition des Begriffes „Algorithmus" führte zur Gründung der Informatik. Die Informatik kann man keiner Klasse wissenschaftlicher Disziplinen eindeutig zuordnen. In der Grundlagenforschung ist sie mathematisch- und naturwissenschaftlicher Natur und untersucht die quantitativen Gesetze der Informationsverarbeitung. In mehreren Naturwissenschaften wurde sie, ähnlich wie die Mathematik, zur Forschungsmethode. In den meisten ihrer Anwendungen ist sie eine typische, produktorientierte Ingenieurwissenschaft. Diese große Breite macht das Studium der Informatik einerseits schwierig und andererseits attraktiv, mit einer vielversprechenden Perspektive, weil sie in einem Fach auf eine funktionsfähige Weise die mathematisch-naturwissenschaftliche Denkweise mit jener der technischen Ingenieurdisziplinen verbindet.

## Kontrollfragen

1.  Was sind die Grundbausteine einer Wissenschaft?

2.  Was sind die Grundbegriffe der Physik? Was ist der Grundbegriff der Biologie? Was sind die Grundbegriffe der Chemie? Bevor du die Fragen beantwortest, lies die Definitionen dieser Fächer.

3.  Was bedeutet es, einen Begriff zu definieren?

4.  Was sind Axiome?

5.  Wie hängt die Gültigkeit der Axiome (der Grundbausteine) mit der Gültigkeit der ganzen Wissenschaft zusammen?

# Lektion 2

# Korrekte Argumentation

**Hinweis für die Lehrperson** Die Bearbeitung dieses Abschnittes ist keine Voraussetzung für die Bearbeitung der anderen Teile dieses Moduls. Das hier vermittelte Wissen ist eine der Voraussetzungen für das Studium einiger anderer Module, wie zum Beispiel „Berechenbarkeit und die Grenzen der Automatisierbarkeit" und „Automatenentwurf". Eine ausführliche Bearbeitung dieses Abschnittes empfehlen wir nur für Klassen in den letzten zwei Jahren des Gymnasialbesuchs. Wenn man sich auf die Argumentation mit der Wahrheitstabelle beschränkt und auf schwierigere formale Beweise über mathematische Objekte verzichtet, kann man Klassen ab dem neunten Schuljahr diesen Teil gut zumuten.

Das Ziel dieses Abschnittes ist es zu lernen, was es bedeutet, korrekt zu argumentieren. Das hängt natürlich eng mit unseren Axiomen zusammen, die besagen, dass unsere Denkweise korrekt ist. Was ist aber unsere Denkweise? Um es zu verstehen, müssen wir den Begriff der Folgerung (der Implikation) und die Regel, wie man mit Hilfe der Implikation zu neuen Erkenntnissen kommen kann, einführen.

Erklären wir also genauer, was unser Festhalten an diesen Axiomen bedeutet. Wenn

*eine Tatsache B eine **Folgerung** aus einer Tatsache A ist,*

muss immer Folgendes gelten:

*Wenn A wahr ist (wenn A gilt), dann ist auch B wahr (dann gilt B).*

In anderen Worten,

*die Unwahrheit kann nicht die Folgerung aus einer Wahrheit sein.*

In der Mathematik benutzt man die Bezeichnung

$$A \Rightarrow B$$

für die Tatsache „*B* **ist eine Folgerung aus** *A*". Man sagt auch „*A* **impliziert** *B*". Dann sagt unser Axiom: Wenn

$A \Rightarrow B$ *und* $A$ *gelten,*

dann

*gilt auch* $B$.

Es lohnt sich zu bemerken, dass wir zulassen, dass eine Unwahrheit eine Wahrheit impliziert. Wir erlauben nur nicht, dass die Wahrheit eine Unwahrheit als Schlussfolgerung hat. Um dies besser zu verstehen, präsentieren wir das folgende Beispiel.

**Beispiel 2.1** Betrachten wir zwei Aussagen $A$ und $B$.

$A$ ist *„Es regnet. "*

und

$B$ ist *„Die Wiese ist nass. "*

Nehmen wir an, unsere Wiese ist unter freiem Himmel (also nicht bedeckt oder überdacht). Somit können wir annehmen, dass die Behauptung

*„Wenn es regnet, ist die Wiese nass. "*

also

$A \Rightarrow B$

wahr ist. Nach unserer Interpretation des Fachwortes *Folgerung* muss die Wiese nass sein (also muss $B$ gelten), wenn es regnet (wenn $A$ gilt). Schauen wir uns das noch genauer an.

*„A* gilt" bedeutet: *„Es regnet. "*
*„A* gilt nicht" bedeutet: *„Es regnet nicht. "*
*„B* gilt" bedeutet: *„Die Wiese ist nass. "*
*„B* gilt nicht" bedeutet: *„Die Wiese ist trocken. "*

Es gibt die folgenden vier Situationen, die Gültigkeit von $A$ und $B$ betreffend.

$S_1$: Es regnet und die Wiese ist nass.
$S_2$: Es regnet und die Wiese ist trocken.
$S_3$: Es regnet nicht und die Wiese ist nass.
$S_4$: Es regnet nicht und die Wiese ist trocken.

|       | *A*        | *B*        |
| ----- | ---------- | ---------- |
| $S_1$ | gilt       | gilt       |
| $S_2$ | gilt       | gilt nicht |
| $S_3$ | gilt nicht | gilt       |
| $S_4$ | gilt nicht | gilt nicht |

**Tabelle 2.1** Wahrheitstabelle

|       | *A* | *B* |
| ----- | --- | --- |
| $S_1$ | 1   | 1   |
| $S_2$ | 1   | 0   |
| $S_3$ | 0   | 1   |
| $S_4$ | 0   | 0   |

**Tabelle 2.2** Wahrheitstabelle (Kurzschreibweise)

Diese Möglichkeiten kann man in einer sogenannten **Wahrheitstabelle** darstellen (siehe Tabelle 2.1). Die Zeilen der Tabelle entsprechen den möglichen Situationen. In den Spalten ist die Gültigkeit oder die Ungültigkeit der einzelnen Aussagen (Ereignisse) eingetragen.

Die Mathematiker lieben es, alles so kurz wie möglich zu schreiben, und nehmen dabei leider auch gerne das Risiko in Kauf, dass die Verständlichkeit ihrer Texte für Nichtmathematiker darunter leidet. Sie bezeichnen die Gültigkeit oder die Wahrheit mit 1 und die Unwahrheit (Ungültigkeit) mit 0. Mit dieser Bezeichnung hat unsere Wahrheitstabelle eine verkürzte Darstellung (siehe Tabelle 2.2).

Es ist wichtig zu beobachten, dass die Gültigkeit von $A \Rightarrow B$ nur die Möglichkeit der Situation $S_2$ in der zweiten Zeile (*A* gilt, *B* gilt nicht) ausschließt. Analysieren wir dies genauer.

Die erste Zeile entspricht der Situation $S_1$, wenn *A* und *B* gelten. Das heißt, es regnet und die Wiese ist deswegen nass. Offenbar entspricht dies $A \Rightarrow B$ und damit unserer Erwartung.

Die zweite Zeile mit „*A* gilt" und „*B* gilt nicht" entspricht der Situation $S_2$, wenn es regnet und die Wiese trocken ist. Diese Situation ist unmöglich und widerspricht der Gültigkeit unserer Behauptung $A \Rightarrow B$, weil unser Verständnis von „$A \Rightarrow B$" bedeutet, dass aus der Gültigkeit von *A* („Es regnet") die Gültigkeit von *B* („Die Wiese ist nass") gefolgert wird.

Die dritte Zeile beschreibt die Situation $S_3$, dass es nicht regnet (*A* gilt nicht) und die Wiese nass ist (*B* gilt). Diese Situation ist möglich und die Behauptung $A \Rightarrow B$ schließt sie nicht aus. Es regnet zwar nicht, aber die Wiese darf trotzdem nass sein. Vielleicht hat es vorher geregnet, jemand hat die Wiese gegossen oder morgens liegt nach einer hellen kalten Nacht Tau auf dem Gras.

Die letzte Zeile (*A* und *B* gelten beide nicht) entspricht der Situation, dass es nicht reg-

| $A$ | $B$ | $A \Rightarrow B$ |
|:---:|:---:|:---:|
| gilt | gilt | möglich (gilt) |
| gilt | gilt nicht | ausgeschlossen (gilt nicht) |
| gilt nicht | gilt | möglich (gilt) |
| gilt nicht | gilt nicht | möglich (gilt) |

**Tabelle 2.3** Definition der Implikation

net und die Wiese trocken ist. Diese Situation ist natürlich möglich und steht in keinem Konflikt zu der Aussage $A \Rightarrow B$.

Fassen wir das Gelernte kurz zusammen: Wenn $A \Rightarrow B$ gültig ist und $A$ gilt (*„Es regnet“*), dann muss auch $B$ gelten (*„Die Wiese ist nass“*). Wenn $A$ nicht gilt (*„Es regnet nicht“*), gibt die Gültigkeit von „$A \Rightarrow B$“ keine Anforderungen an $B$ und somit kann $B$ gelten oder nicht gelten (Zeilen 3 und 4 in der Wahrheitstabelle).                    $\Diamond$

Die einzige ausgeschlossene Möglichkeit bei der Gültigkeit von $A \Rightarrow B$ ist „$A$ gilt und $B$ gilt nicht“. Wenn man also eine Wahrheitstabelle für zwei Behauptungen $A$ und $B$ hat, in der alle Situationen betreffend der Gültigkeit von $A$ und $B$ bis auf die Situation „$A$ gilt und $B$ gilt nicht“ möglich sind, dann gilt $A \Rightarrow B$. Die Wahrheitstabelle (siehe Tabelle 2.3) ist aus mathematischer Sicht die Definition der **Implikation**. Die Definition des Begriffes der Implikation akzeptieren wir, weil sie unserer intuitiven Vorstellung über die Bedeutung der Folgerung und unserer ganzen, bisherigen Erfahrung entspricht.

Im Allgemeinen gibt es eine einfache Regel, um die Gültigkeit einer Implikation $A \Rightarrow B$ zu überprüfen.

> *Wenn in allen möglichen Situationen, in denen $A$ gilt, auch $B$ gilt, wissen wir, dass $A \Rightarrow B$ gilt.*

**Aufgabe 2.1** Betrachten wir die folgenden Aussagen $A$ und $B$. $A$ bedeutet *„Es ist Winter“* und $B$ bedeutet *„Die Braunbären schlafen“*. Die Implikation $A \Rightarrow B$ bedeutet:

> *„Wenn es Winter ist, dann schlafen die Braunbären.“*

Nehmen wir an, diese Folgerung $A \Rightarrow B$ gilt. Stelle die Wahrheitstabelle bezüglich der Gültigkeit von $A$ und $B$ auf und erkläre, welche Situationen möglich und welche ausgeschlossen sind.

Wir haben jetzt gelernt, wie wir aus der Gültigkeit einer Implikation gewisse Situationen ausschliessen können. Man kann aber auch umgekehrt vorgehen. Man listet alle mögliche Situationen bezüglich einer Liste von Behauptungen auf und stellt fest, welche nicht vorkommen können (unmöglich sind). Aus einer solchen Tabelle von möglichen und unmöglichen Situationen können wir dann bestimmen, welche Implikationen gelten und welche nicht gelten. Illustrieren wir dies an einem konkreten Beispiel. Betrachten wir die folgenden drei Aussagen:

$X$    „Jan kann jede lineare Gleichung der Form $ax + b = cx \cdot d$
für rationale Zahlen $a$, $b$, $c$ und $d$ lösen.“

$Y$    „Jan kann die konkrete Gleichung $3x - 7 = 5$ lösen.“

$Z$    „Jan hat schon mal eine rationale Zahl (einen Bruch) gesehen.“

**Aufgabe 2.2** Schreibe die Aussagen auf, die der Ungültigkeit von $X$, $Y$, und $Z$ entsprechen. Für diese drei Aussagen $X$, $Y$ und $Z$ gibt es hypothetisch 8 mögliche Situationen bezüglich ihrer Gültigkeit (siehe Tabelle 2.4)

|  | $X$ | $Y$ | $Z$ |  |
|---|---|---|---|---|
| $S_1$ | gilt | gilt | gilt | möglich |
| $S_2$ | gilt | gilt | gilt nicht | ausgeschlossen |
| $S_3$ | gilt | gilt nicht | gilt | ausgeschlossen |
| $S_4$ | gilt | gilt nicht | gilt nicht | ausgeschlossen |
| $S_5$ | gilt nicht | gilt | gilt | möglich |
| $S_6$ | gilt nicht | gilt | gilt nicht | möglich |
| $S_7$ | gilt nicht | gilt nicht | gilt | möglich |
| $S_8$ | gilt nicht | gilt nicht | gilt nicht | möglich |

**Tabelle 2.4**

Jetzt gehen wir alle acht Situationen durch und überlegen uns, ob sie möglich oder ausgeschlossen (unmöglich sind). Die Situation $S_1$ ist offensichtlich möglich, es gibt keinen Widerspruch in der gleichzeitigen Gültigkeit aller drei Aussagen $X$, $Y$ und $Z$. Die Situation $S_2$ ist ausgeschlossen, denn Jan kann nicht auf einer Seite alle linearen Gleichungen mit rationalen Koeffizienten lösen und nie eine rationale Zahl gesehen haben. Somit stehen die Gültigkeit von $X$ und die Ungültigkeit von $Z$ im Widerspruch. $S_3$ ist offensichtlich auch ausgeschlossen, denn es kann nicht sein, dass Jan alle linearen Gleichungen lösen kann und gleichzeitig eine konkrete lineare Gleichung nicht lösen kann. $S_4$ ist sogar aus zwei Gründen ausgeschlossen, die jeweils den Gründen für die Unmöglichkeit von $S_2$ und $S_3$ entsprechen. Die Situation $S_5$ ist möglich, denn Jan muss nicht alle linearen Gleichungen lösen können, um eine konkrete Gleichung zu lösen.

**Aufgabe 2.3** Erkläre, warum die Situation $S_6$, $S_7$ und $S_8$ möglich sind.

Untersuchen wir jetzt die Gültigkeit oder Ungültigkeit der einzelnen Implikationen zwischen $X$, $Y$ und $Z$. Die Implikation $X \Rightarrow Y$ gilt, weil in allen der fünf möglichen Situationen, in denen $X$ gilt ($S_1$), auch $Y$ gilt. Die Implikation $Y \Rightarrow X$ gilt nicht, weil in den Situationen $S_5$ und $S_6$ die Aussage $Y$ gilt und $X$ nicht gilt. Die Implikation $X \Rightarrow Z$ gilt, weil in allen der fünf möglichen Situationen, in denen $X$ gilt ($S_1$), auch $Z$ gilt. Die Implikation $Z \Rightarrow X$ gilt nicht, weil in den möglichen Situationen $S_5$ und $S_7$ die Aussage $Z$ gilt und die Aussage $X$ nicht gilt. Es reicht also allgemein eine mögliche Situation, in der $D$ gilt und $F$ nicht gilt, um schließen zu dürfen, dass die Implikation $D \Rightarrow F$ nicht gilt.

**Aufgabe 2.4**  Wie ist es mit der Gültigkeit der Implikation $Y \Rightarrow Z$ und $Z \Rightarrow Y$?

**Aufgabe 2.5**  Betrachte die folgenden drei Aussagen:

> $X$  „Alice und Bob können beide gut schwimmen."
> $Y$  „Alice kann gut schwimmen."
> $C$  „Bob hat noch nie eine Flüssigkeit betreten."

Bestimme zuerst die Gegenteile der Aussagen $X$, $Y$ und $C$. Zeichne die Tabelle aller hypothetisch möglichen Situationen und bestimme, welche tatsächlich möglich und welche ausgeschlossen sind. Begründe jeweils deine Behauptung.

Jetzt haben wir die Bedeutung der Folgerung (Implikation) verstanden. Nun stellt sich die Frage: *Was hat die Folgerung mit einer korrekten Argumentation zu tun? Warum ist dieser Begriff der Schlüssel zur fehlerlosen Begründung (zu einem Beweis)?* Wir benutzen den Begriff der Implikation zur Entwicklung von sogenannten direkten Beweisen (direkte Argumentation) und indirekten Beweisen (indirekte Argumentation). Um unsere Begründungen für den Rest des Buches genau nachvollziehen zu können, stellen wir diese grundsätzlichen Beweismethoden im Folgenden vor.

Betrachten wir unsere Aussagen $A$ („Es regnet") und $B$ („Die Wiese ist nass") aus Beispiel 2.1. Nehmen wir noch eine dritte Aussage $C$ („Die Salamander freuen sich") hinzu. Wir halten $A \Rightarrow B$ für gültig und nehmen an, dass auch

> $B \Rightarrow C$ („Wenn die Wiese nass ist, freuen sich die Salamander.")

gilt. Was können wir daraus schließen? Betrachten wir die Wahrheitstabelle für alle acht Situationen bezüglich der Gültigkeit von $A$, $B$ und $C$ (siehe Tabelle 2.5). Weil $A \Rightarrow B$ gilt, sind die Situationen $S_3$ und $S_4$ ausgeschlossen. Analog sind wegen $B \Rightarrow C$ die Situationen $S_2$ und $S_6$ ausgeschlossen. Betrachten wir jetzt diese Tabelle nur aus Sicht von A und C. Wir sehen, dass folgende Situationen möglich sind:

(1)  $A$ und $C$ gelten beide ($S_1$).

|        | $A$        | $B$        | $C$        | $A \Rightarrow B$ | $B \Rightarrow C$ |
|--------|------------|------------|------------|-------------------|-------------------|
| $S_1$  | gilt       | gilt       | gilt       |                   |                   |
| $S_2$  | gilt       | gilt       | gilt nicht |                   | ausgeschlossen    |
| $S_3$  | gilt       | gilt nicht | gilt       | ausgeschlossen    |                   |
| $S_4$  | gilt       | gilt nicht | gilt nicht | ausgeschlossen    |                   |
| $S_5$  | gilt nicht | gilt       | gilt       |                   |                   |
| $S_6$  | gilt nicht | gilt       | gilt nicht |                   | ausgeschlossen    |
| $S_7$  | gilt nicht | gilt nicht | gilt       |                   |                   |
| $S_8$  | gilt nicht | gilt nicht | gilt nicht |                   |                   |

**Tabelle 2.5** Wahrheitstabelle für $A \Rightarrow B$, $B \Rightarrow C$

(2) $A$ und $C$ gelten beide nicht ($S_8$).

(3) $A$ gilt nicht und $C$ gilt ($S_5, S_7$).

Die Situationen $S_2$ und $S_4$, in denen $A$ gilt und $C$ nicht gilt, sind dank $A \Rightarrow B$ und $B \Rightarrow C$ ausgeschlossen. Damit erhalten wir, dass

$$A \Rightarrow C \ (\text{„\textit{Wenn es regnet, freuen sich die Salamander.}“})$$

gilt. Dies entspricht genau unserer Erwartung. Wenn es regnet, muss die Wiese nass sein ($A \Rightarrow B$). Wenn die Wiese nass ist, müssen sich die Salamander freuen ($B \Rightarrow C$). Also verursacht der Regen, indem er die Wiese durchnässt, die Freude der Salamander.

Die Überlegung

$$\text{„\textit{Wenn } A \Rightarrow B \textit{ und } B \Rightarrow C \textit{ gelten, dann gilt auch } A \Rightarrow C.“}$$

nennen wir direkte Argumentation. **Direkte Beweise** kann man aus beliebig vielen Folgerungen zusammenstellen. Zum Beispiel erlaubt uns die Gültigkeit der Implikationen

$$A_1 \Rightarrow A_2, A_2 \Rightarrow A_3, A_3 \Rightarrow A_4, \ldots, A_{k-1} \Rightarrow A_k$$

zu schließen, dass

$$A_1 \Rightarrow A_k$$

auch gelten muss. Damit sind direkte Beweise einfach Folgen korrekter Folgerungen. In der Schulmathematik führen wir Tausende von direkten Beweisen, um gewisse Aussagen zu belegen. Leider machen uns die Mathematiklehrer nicht immer hinreichend darauf aufmerksam, und deswegen zeigen wir jetzt ein kleines Beispiel aus dem Mathematikunterricht.

**Beispiel 2.2** Wir haben die lineare Gleichung $3x - 8 = 4$ gegeben und wollen beweisen, dass

$x = 4$ die einzige Lösung der Gleichung $3x - 8 = 4$ ist.

Mit anderen Worten: Wir wollen die Implikation

,,Wenn $3x - 8 = 4$ gilt, dann gilt $x = 4$.``

beweisen. Sei $A$ die Behauptung ,,$3x - 8 = 4$ gilt`` und sei $Z$ die Zielbehauptung ,,$x = 4$ gilt``. Um $A \Rightarrow Z$ zu beweisen, brauchen wir eine Reihe von Folgerungen, die mit $A$ anfangen, mit $Z$ enden und zweifellos korrekt sind.

Wir wissen, dass eine Gleichung erhalten bleibt[1], wenn man beide Seiten um die gleiche Zahl erhöht. Addieren wir zu beiden Seiten der Gleichung $3x - 8 = 4$ die Zahl 8, dann erhalten wir

$$3x - 8 + 8 = 4 + 8$$

und somit

$$3x = 12$$

Sei $B$ die Behauptung, dass $3x = 12$ gilt. Wir haben gerade die Gültigkeit der Folgerung ,,$A \Rightarrow B$`` (,,Wenn $3x - 8 = 4$ gilt, dann gilt auch $3x = 12$``) begründet.

Somit haben wir schon die erste Folgerung. Weiter wissen wir, dass eine Gleichung gültig bleibt, wenn beide Seiten durch die gleiche positive Zahl geteilt werden. Teilen wir also beide Seiten der Gleichung $3x = 12$ durch 3 und erhalten

$$\frac{3x}{3} = \frac{12}{3}$$

und damit

$$x = 4.$$

Somit haben wir die Gültigkeit der Folgerung $B \Rightarrow Z$ (,,Wenn $3x = 12$ gilt, dann gilt auch $x = 4$``) bewiesen.

Die Gültigkeit der Folgerungen $A \Rightarrow B$ und $B \Rightarrow Z$ erlaubt uns, die Gültigkeit der Folgerung $A \Rightarrow Z$ zu behaupten. Wenn $3x - 8 = 4$ gilt, muss somit $x = 4$ gelten. Also ist $x = 4$ die einzige Lösung der Gleichung $3x - 8 = 4$.                        $\Diamond$

**Aufgabe 2.6** Zeige durch eine Folge von Folgerungen, dass $x = 1$ die einzige Lösung der Gleichung $7x - 3 = 2x + 2$ ist. Dabei darf man als bekannt voraussetzen, dass das Addieren einer Zahl zu beiden Seiten und das Multiplizieren beider Seiten mit einer gleichen Zahl die Gültigkeit der Gleichung bewahrt.

---

[1]Genauer gesagt: Die Lösungen einer Gleichung ändern sich nicht, wenn man beide Seiten der Gleichung um die gleiche Zahl erhöht.

**Aufgabe 2.7** Betrachten wir die Wahrheitstabelle für die drei Aussagen $A$, $B$ und $C$ (siehe Tabelle 2.6).

|        | $A$ | $B$ | $C$ |                |
|--------|-----|-----|-----|----------------|
| $S_1$  | 1   | 1   | 1   |                |
| $S_2$  | 1   | 1   | 0   |                |
| $S_3$  | 1   | 0   | 1   | ausgeschlossen |
| $S_4$  | 1   | 0   | 0   | ausgeschlossen |
| $S_5$  | 0   | 1   | 1   | ausgeschlossen |
| $S_6$  | 0   | 1   | 0   | ausgeschlossen |
| $S_7$  | 0   | 0   | 1   | ausgeschlossen |
| $S_8$  | 0   | 0   | 0   |                |

**Tabelle 2.6** Wahrheitstabelle für $A$, $B$ und $C$ aus Aufgabe 2.7

Wir sehen, dass nur drei der Situationen ($S_1$, $S_2$ und $S_8$) möglich und alle anderen ausgeschlossen sind. Welche Implikationen gelten? Zum Beispiel gilt $C \Rightarrow A$, denn wenn in einer der möglichen Situationen $C$ gilt, dann gilt $A$ auch. Die Implikation $B \Rightarrow C$ gilt nicht, weil in der möglichen Situation $S_2$ die Behauptung $B$ gilt und die Behauptung $C$ nicht gilt. Welche anderen Implikationen gelten noch?

**Aufgabe 2.8** Betrachten wir die folgende Wahrheitstabelle für die vier Aussagen $X$, $Y$, $U$ und $V$ in Tabelle 2.7.

|          | $X$ | $Y$ | $U$ | $V$ |                |
|----------|-----|-----|-----|-----|----------------|
| $S_1$    | 1   | 1   | 1   | 1   |                |
| $S_2$    | 1   | 1   | 1   | 0   | ausgeschlossen |
| $S_3$    | 1   | 1   | 0   | 1   | ausgeschlossen |
| $S_4$    | 1   | 1   | 0   | 0   |                |
| $S_5$    | 1   | 0   | 1   | 1   |                |
| $S_6$    | 1   | 0   | 1   | 0   | ausgeschlossen |
| $S_7$    | 1   | 0   | 0   | 1   |                |
| $S_8$    | 1   | 0   | 0   | 0   | ausgeschlossen |
| $S_9$    | 0   | 1   | 1   | 1   | ausgeschlossen |
| $S_{10}$ | 0   | 1   | 1   | 0   | ausgeschlossen |
| $S_{11}$ | 0   | 1   | 0   | 1   |                |
| $S_{12}$ | 0   | 1   | 0   | 0   |                |
| $S_{13}$ | 0   | 0   | 1   | 1   |                |
| $S_{14}$ | 0   | 0   | 1   | 0   | ausgeschlossen |
| $S_{15}$ | 0   | 0   | 0   | 1   | ausgeschlossen |
| $S_{16}$ | 0   | 0   | 0   | 0   |                |

**Tabelle 2.7** Wahrheitstabelle für $X$, $Y$, $U$ und $V$ in Aufgabe 2.8

Bestimme die Gültigkeit aller Implikationen $A \Rightarrow B$ für $A, B \in \{X, Y, U, V\}$.

Das Schema der direkten Argumentation kann man auf zwei unterschiedliche Weisen betrachten. Bereits vorgestellt wurde jene mit dem Ziel, den Beweis der Gültigkeit einer Implikation $A \Rightarrow Z$ durch die Herstellung einer Folge von Implikationen

$$A \Rightarrow B_1, B_1 \Rightarrow B_2, \ldots, B_{k-1} \Rightarrow B_k, B_k \Rightarrow Z$$

zu führen.

Das andere Schema kann wie folgt dargestellt werden:

**Ausgangssituation:** $A$ gilt. (Wir wissen, dass eine bestimmte Behauptung gültig ist.)

**Ziel:** Zu beweisen, dass eine bestimmte Behauptung $Z$ gilt.

**Methode:**

1. Finde eine Folge von Folgerungen, die mit $A$ anfängt und mit $Z$ endet. Damit beweist man die Gültigkeit der Implikation $A \Rightarrow Z$.

2. Aus der Gültigkeit von $A$ und $A \Rightarrow Z$ schließen wir die Gültigkeit von $Z$.

Das vorgestellte Schema ist noch nicht ganz vollständig, weil es eine wichtige Tatsache verbirgt. Woher kommen die Implikationen, die wir in dem ersten Teil der Methode verwenden, um $A \Rightarrow Z$ zu beweisen? Wenn wir genau vorgehen wollen, müssen wir unter der Ausgangssituation alle Aussagen und alle Implikationen auflisten, deren Gültigkeit wir schon bewiesen haben. Zum Beispiel haben wir im Beweis der Implikation „$3x - 8 = 4$" $\Rightarrow$ „$x = 4$" die Tatsachen verwendet, dass Umformungen von Gleichungen durch Addieren der gleichen Zahl zu beiden Seiten oder durch die Division beider Seiten durch eine Zahl $d \neq 0$ die Lösungsmenge und somit die Bedeutung dieser Gleichung nicht ändern. Diese bewiesenen Aussagen, auch Sätze genannt, formen dann unsere bisherige **Theorie** und wir nutzen sie, um die Gültigkeit neuer Tatsachen wie $A \Rightarrow Z$ und $Z$ zu beweisen. Nach der Durchführung eines Beweises dürfen wir die neu bewiesenen Behauptungen zur Theorie hinzufügen und bei ihrer Erweiterung für das Beweisen der Gültigkeit weiterer Tatsachen verwenden. Dies ist auch die Vorgehensweise in den mathematischen Theorien und somit auch der gesamten Mathematik. Am Anfang stehen nur die Axiome, also Definitionen zur Verfügung. Davon leitet man nach und nach die mathematischen Sätze ab.

Illustrieren wir diesen Vorgang mit einem zahlentheoretischen Beispiel.

**Hinweis für die Lehrperson** Der folgende Teil bis zum Thema der indirekten Argumentation ist nur für die letzten zwei Jahrgänge des Gymnasialunterrichts mit einem mathematisch-naturwissenschaflichen Schwerpunkt geeignet.

**Beispiel 2.3** Sei $a \operatorname{div} b$ das Resultat der ganzzahligen Teilung von $a$ durch $b$. Zum Beispiel: $42 \operatorname{div} 5 = 8$, weil 8 die größte Zahl $x$ mit der Eigenschaft $5 \cdot x \leq 42$ ist. Sei $a \pmod{b}$ die Bezeichnung für den Rest der ganzzahligen Teilung von $a$ durch $b$. Somit ist zum Beispiel $42 \pmod 5 = 2$, weil $42 = 8 \cdot 5 + 2$. Unsere Aufgabe ist, die Gültigkeit folgender Aussage zu beweisen:

*Wenn $a \pmod p = b \pmod p$ für drei ganze positive Zahlen $a$, $b$ und $p$ (also wenn die Reste der ganzzahligen Divisionen $a \operatorname{div} p$ und $b \operatorname{div} p$ gleich sind), dann teilt $p$ die Differenz $a - b$.*

Unsere Zielsetzung ist also, eine Implikation

$$A \Rightarrow Z$$

zu beweisen, wobei

$A$ bedeutet „$a \pmod p = b \pmod p$"

und

$Z$ bedeutet „$p$ teilt $a - b$".

Bevor wir überhaupt mit einem direkten Beweis anfangen dürfen, müssen wir die Bedeutung unserer Anfangssituation formal beschreiben.

Die Definition von „$p$ **teilt** $a$" für zwei ganze Zahlen $p$ und $a$ bedeutet, dass sich $a$ als

$$a = k \cdot p$$

für eine ganze Zahl $k$ schreiben lässt. Weil es sich um eine Definition handelt, gelten die beiden folgenden Implikationen

„$p$ teilt $a$" $\Rightarrow$ „$a = k \cdot p$ für ein $k \in \mathbb{Z}$"
„$a = k \cdot p$ für ein $k \in \mathbb{Z}$" $\Rightarrow$ „$p$ teilt $a$"

und somit sprechen wir von der Äquivalenz zwischen diesen beiden Aussagen. Die Bezeichnung „$\Leftrightarrow$" steht für die Äquivalenz, also für die Gültigkeit der Implikationen in beiden Richtungen. Somit steht $A \Leftrightarrow B$ für gleichzeitiges Gelten von $A \Rightarrow B$ und $B \Rightarrow A$. Mit dieser Bezeichnung sieht unsere Definition der Teilbarkeit wie folgt aus:

„$p$ teilt $a$" $\Leftrightarrow$ „$a = k \cdot p$ für ein $k \in \mathbb{Z}$"

**Aufgabe 2.9** Für welche Aussagenpaare $(X, Y)$ für $X, Y \in \{A, B, C\}$ aus Tabelle 2.6 gilt die Äquivalenz $X \Leftrightarrow Y$?

Die nächste Tatsache, deren Zugehörigkeit zur bisherigen Theorie wir voraussetzen, ist die folgende Behauptung:

*Für zwei beliebige ganze positive Zahlen $a$ und $p$ kann man $a$ eindeutig als*

$$a = k \cdot p + r$$

*für ein $k \in \mathbb{Z}$ und ein $r \in \mathbb{Z}$, $r < p$ darstellen. Die Zahl $r$ nennen wir den Rest der ganzzahligen Division $a$ div $p$ und schreiben $r = a \pmod{p}$.*
*Die Zahl $k$ nennen wir das Resultat der ganzzahligen Division $a$ div $p$ und verwenden die Bezeichnung $k = a$ div $p$.*

In dieser Darstellung für $a = 23$ und $p = 5$ ist zum Beispiel $23 = 4 \cdot 5 + 3$ und somit gilt $r = 3 = 23 \pmod 5$ und $4 = 23$ div $5$. Damit können wir für beliebige $a$ und $p$ aus $\mathbb{Z}^+$ schreiben

$$a = (a \operatorname{div} p) \cdot p + a \pmod{p}.$$

**Hinweis für die Lehrperson** An dieser Stelle ist es sinnvoll, die Bedeutung des Begriffes „eindeutig" anzusprechen und zu thematisieren, wie wir diesen Begriff brauchen und warum wir in gewissen Situationen die Eindeutigkeit betonen. Es ist für uns selbstverständlich, dass das Resultat einer arithmetischen Operation über rationalen Zahlen eindeutig bestimmt ist und wir haben meistens keinen Bedarf es zu betonen. Eine Zahl $x$ als Produkt $a \cdot b$ zweier Zahlen $a$ und $b$ auszudrücken ist keine Aufgabe, die für alle $x$ eine eindeutige Lösung hat. Es gilt zum Beispiel für $15 = 3 \cdot 5$, dass die Lösung eindeutig ist. Für $x = 36$ hat man aber mehrere Möglichkeiten: $36 = 2 \cdot 18 = 4 \cdot 9 = 6 \cdot 6$. Die Darstellung von $a$ bezüglich $p$ als $a = k \cdot p + r$ ist nur dann eindeutig, wenn $0 \leq r < p$ (also wenn $r$ der Rest der ganzzähligen Division von $a$ durch $p$ ist). Sonst könnte man 23 bezüglich der Zahl 5 auch als $3 \cdot 5 + 8$ oder $2 \cdot 5 + 13$ darstellen.

Weiter setzen wir noch die Gültigkeit des Distributivgesetzes voraus, also

$$c \cdot d + c \cdot h = c \cdot (d + h)$$

für alle ganzen Zahlen $c$, $d$ und $h$.

Jetzt sind wir so weit, dass wir den Beweis führen können. Bei allen verwendeten Implikationen machen wir in geschweiften Klammern klar, um welche Implikation aus der schon bekannten Theorie es sich handelt.

$$\text{„}a \pmod{p} = b \pmod{p} = r \text{ für } a, b, p \in \mathbb{Z}\text{"}$$

$$\Rightarrow \text{„}a = (a \operatorname{div} p) \cdot p + r \text{ und } b = (b \operatorname{div} p) \cdot p + r\text{"}$$

$$\{\text{Eindeutigkeit der Darstellung von } a \text{ und } b \text{ bezüglich des Teilers } p.\}$$

$\Rightarrow$ „$a - b = (a \operatorname{div} p) \cdot p - (b \operatorname{div} p) \cdot p + r - r =$
$\quad p \cdot [(a \operatorname{div} p) - (b \operatorname{div} p)]$"
{Elementare Arithmetik und das Distributivgesetz.}

$\Rightarrow$ „$p$ teilt $a - b$"
{Definition der Teilbarkeit, denn wenn $a \operatorname{div} p$ und $b \operatorname{div} p$ ganze Zahlen sind, muss auch ihre Differenz eine ganze Zahl sein.}

In dieser direkten Beweisführung haben wir schon darauf verzichtet, die einzelnen Aussagen durch große Buchstaben zu benennen. Wir haben die Aussagen aber in Anführungszeichen gesetzt. Dadurch ist die Strukturierung unseres Beweises übersichtlich. $\Diamond$

**Aufgabe 2.10** Beweise mittels direkter Argumentation die folgende Aussage:

„Für alle ganzen Zahlen $a$, $b$, $c$ und $r$ impliziert $a \cdot b + r = a \cdot c + r$, dass $b = c$ gilt."

Zur Verfügung stehen alle Gesetze der Arithmetik und Gleichungsumformungen.

**Aufgabe 2.11** Beweise mittels direkter Argumentation die folgende Aussage:

„Wenn $a \pmod{p} = b \pmod{p}$ für $a, b, p \in \mathbb{Z}^+$ gilt, dann gibt es eine ganze Zahl $d$, so dass $a = b + d \cdot p$ gilt."

Zur Verfügung stehen dieselben Tatsachen (dieselben Theorien) wie in Beispiel 2.3.

**Aufgabe 2.12** Beweise mittels direkter Argumentation die folgende Aussage für ganze Zahlen $a$ und $b$ und eine positive ganze Zahl $p$:

„Wenn $p$ die beiden Zahlen $a$ und $b$ teilt, dann teilt $p$ auch $a + b$."

Versuchen wir jetzt die Aussage der vorherigen Übungsaufgabe zu erweitern. Nehmen wir an, $p$ ist eine ganze positive Zahl und $a$ und $b$ sind ganze Zahlen. Wir wollen die folgende Aussage beweisen:

„Wenn $p$ die beiden Zahlen $a$ und $b$ teilt, dann teilt $p$ auch die Zahl $2a + 5b$."

Wir fangen an unsere Folge von Implikationen zu entwickeln.

„$p$ teilt $a$ und $p$ teilt $b$"

$\Rightarrow$ „$a = k \cdot p$ für ein $k \in \mathbb{Z}$ und $b = l \cdot p$ für ein $l \in \mathbb{Z}$"
{Die Definition der Teilbarkeit.}

$\Rightarrow$ „$2a + 5b = 2kp + 5lp = (2k + 5l) \cdot p$"
{Eintreten für $a$ und $b$ und die Anwendung des Distributivgesetzes.}

$\Rightarrow$ „$p$ teilt $2a + 5b$"
{Definition der Teilbarkeit kann angewendet werden, weil $2k + 5l$ eine ganze Zahl ist.}

**Aufgabe 2.13** Beweise die Gültigkeit der folgenden Implikation für beliebige ganze Zahlen $a$ und $b$ und eine beliebige positive ganze Zahl $p$.

> „Wenn $p$ beide Zahlen $a$ und $b$ teilt, dann teilt $p$ auch $7a - 3b$."

**Aufgabe 2.14** Beweise mittels direkter Argumentation die folgende Aussage für beliebige $a, b \in \mathbb{Z}$ und $d \in \mathbb{Z}^+$:

> „Wenn $d$ die Zahl $a$ teilt und $d$ die Zahl $b$ teilt, dann teilt $d$ auch $ax + by$ für beliebige $x, y \in \mathbb{Z}$."

Zur Verfügung stehen dieselben Behauptungen wie in Beispiel 2.3.

**Aufgabe 2.15** Beweise direkt die folgende Aussage für beliebige $a, b \in \mathbb{Z}$:

> „Wenn „$a$ teilt $b$" und „$b$ teilt $a$" gelten, dann gilt $a = b$."

Zur Verfügung stehen alle bisher als gültig betrachteten Aussagen und die Tatsache, dass $a \leq b$ und $b \leq a$ die Gleichung $a = b$ implizieren.

Im Folgenden sind die Zahlen $a$ und $b$ immer ganze Zahlen. Wenn die Zahl $a$ die Zahl $b$ teilt, dann sagen wir, dass $a$ ein **Teiler** von $b$ ist. Mit

$$\text{Teiler}_b = \{a \in \mathbb{N} \mid a \text{ teilt } b\}$$

bezeichnen wir die Menge aller Teiler von $b$. Zum Beispiel

$$\text{Teiler}_{60} = \{1, 2, 3, 4, 5, 6, 10, 12, 15, 20, 30, 60\}.$$

Eine Zahl $p$ nennen wir eine **Primzahl**, wenn $\text{Teiler}_p = \{1, p\}$, das heißt wenn $p$ nur durch 1 und sich selbst teilbar ist. Für zwei positive ganze Zahlen $a$ und $b$ definieren wir

$$\text{Teiler}_{a,b} = \text{Teiler}_a \cap \text{Teiler}_b$$

als die Menge der gemeinsamen Teiler von $a$ und $b$. Damit ist $d$ ein **gemeinsamer Teiler** von $a$ und $b$ genau dann, wenn $d$ die Zahl $a$ und die Zahl $b$ teilt. Zum Beispiel

$$\text{Teiler}_{24,60} = \{1, 2, 3, 4, 6, 12\}.$$

Der **größte gemeinsame Teiler von $a$ und $b$** ist

$$\text{GGT}(a, b) = \text{maximum } \{c \mid c \in \text{Teiler}_{a,b}\},$$

das heißt die größte natürliche Zahl, die $a$ und $b$ teilt. Somit gilt $\text{GGT}(24, 60) = 12$.

**Aufgabe 2.16** Bestimme den GGT für folgende Zahlenpaare $(a, b)$:

1. $a = 375, b = 225$

2. $a = 32, b = 264$

3. $a = 1024, b = 725$

4. $a = 162, b = 125$

Wenn man $\text{GGT}(a, b)$ für zwei große Zahlen bestimmen soll, würde es extrem aufwändig werden, die Mengen $\text{Teiler}_a$ und $\text{Teiler}_b$ zu bestimmen und dann in der Schnittmenge der beiden Mengen nach dem Maximum zu suchen.

**Aufgabe 2.17** Erinnerst du dich, wie man $\text{GGT}(a, b)$ aus der Faktorisierung (Primfaktorzerlegung) der Zahlen $a$ und $b$ bestimmen kann? Erkläre, wie es geht. Wende diese Methode an, um $\text{GGT}(a, b)$ für die Zahlen $a$ und $b$ aus Aufgabe 2.16 zu bestimmen.

**Aufgabe 2.18** Begründe mit eigenen Worten, warum „$\text{GGT}(ka, a) = a$" für beliebige positive ganze Zahlen $k$ und $a$ gilt.

In Aufgabe 2.17 haben wir uns daran erinnert, dass wir, statt die Mengen $\text{Teiler}_a$ und $\text{Teiler}_b$ zu bestimmen, den $\text{GGT}(a, b)$ mit Hilfe der Primfaktorzerlegung der Zahlen $a$ und $b$ ermitteln können. Leider ist auch hier der Aufwand für große Zahlen sehr hoch, weil die Primfaktorzerlegung zu bestimmen rechnerisch sehr aufwändig ist. Ungefähr 200 v. Chr. hat man in China eine effizientere Methode zur Berechnung des größten gemeinsamen Teilers gefunden.[2] Die Methode basiert auf folgender Behauptung:

$$\text{GGT}(a, b) = \text{GGT}(a - b, b) \text{ \textit{für alle positiven ganzen Zahlen} } a \text{ \textit{und} } b \text{ \textit{mit}}$$
$$a > b.$$

---

[2]Die Methode ist in der chinesischen Sammlung „Mathematik in 9 Büchern" zu finden.

Bevor wir uns dem Beweis dieser Aussage widmen, beobachten wir, wie schnell wir mit dieser Methode den größten gemeinsamen Teiler bestimmen können.

$$
\begin{aligned}
\mathrm{GGT}(7854, 40664) &= \mathrm{GGT}(7854, 32810) \\
&\quad \{\text{Weil } 32810 = 40664 - 7854.\} \\
&= \mathrm{GGT}(7854, 24956) \\
&\quad \{\text{Weil } 24956 = 32810 - 7854.\} \\
&= \mathrm{GGT}(7854, 17102) \\
&= \mathrm{GGT}(7854, 9248) \\
&= \mathrm{GGT}(7854, 1394) \\
&= \mathrm{GGT}(6460, 1394) \\
&= \mathrm{GGT}(5066, 1394) \\
&= \mathrm{GGT}(3672, 1394) \\
&= \mathrm{GGT}(2278, 1394) \\
&= \mathrm{GGT}(884, 1394) \\
&= \mathrm{GGT}(884, 510) \\
&= \mathrm{GGT}(374, 510) \\
&= \mathrm{GGT}(374, 136) \\
&= \mathrm{GGT}(238, 136) \\
&= \mathrm{GGT}(102, 136) \\
&= \mathrm{GGT}(102, 34) \\
&= \mathrm{GGT}(68, 34) \\
&= \mathrm{GGT}(34, 34) = 34 \\
&\quad \{\text{Weil } \mathrm{GGT}(a, a) = a.\}
\end{aligned}
$$

**Aufgabe 2.19** Verwende diese chinesische Methode, um $\mathrm{GGT}(a, b)$ für folgende Zahlenpaare $a$ und $b$ zu berechnen:

 (a) $a = 162, b = 125$

 (b) $a = 109956, b = 98175$

 (c) $a = 990, b = 2160$

Um sicher zu sein, dass die chinesische Methode für alle Zahlen $a$ und $b$ erfolgreich $\mathrm{GGT}(a, b)$ ermittelt, müssen wir die Behauptung $\mathrm{GGT}(a, b) = \mathrm{GGT}(a - b, b)$ für alle

$a$, $b$ mit $a > b$ beweisen. Um nicht zu viel auf einmal machen zu müssen, ziehen wir oft vor, den Beweis einer Gleichung in zwei Beweise von entsprechenden Ungleichungen $\mathrm{GGT}(a, b) \leq \mathrm{GGT}(a - b, b)$ und $\mathrm{GGT}(a, b) \geq \mathrm{GGT}(a - b, b)$ zu zerlegen.

Beweisen wir zuerst $\mathrm{GGT}(a, b) \leq \mathrm{GGT}(a - b, b)$. Zur Verfügung stehen uns alle bisher bewiesenen Behauptungen aus dem Text und aus den Übungen. Unseren direkten Beweis fangen wir mit der Definition des GGT an.

$\quad$„$d = \mathrm{GGT}(a, b)$ für zwei positive ganze Zahlen $a$, $b$ mit $a > b$"

$\Rightarrow$ „$a > b$, $d$ teilt $a$, $d$ teilt $b$ und $d$ ist die größte positive ganze Zahl mit dieser Eigenschaft"
$\quad$ {Nach der Definition von $\mathrm{GGT}(a, b)$.}

$\Rightarrow$ „$d$ teilt $a - b$, $d$ teilt $a$, $d$ teilt $b$"
$\quad$ {Im Beispiel 2.3 wurde bewiesen, dass jede Zahl $p$, die $a$ und $b$ teilt, auch $a - b$ teilen muss.}

$\Rightarrow$ „$d \in \mathrm{Teiler}_{a-b,b}$"
$\quad$ {Weil $d$ die beiden Zahlen $a - b$ und $b$ teilt.}

$\Rightarrow$ „$d = \mathrm{GGT}(a, b) \leq \mathrm{GGT}(a - b, b)$"
$\quad$ {Weil $d \in \mathrm{Teiler}_{a-b,b}$ und $\mathrm{GGT}(a - b, b)$ die größte Zahl aus $\mathrm{Teiler}_{a-b,b}$ ist.}

Beweisen wir jetzt $\mathrm{GGT}(a - b, b) \leq \mathrm{GGT}(a, b)$.

$\quad$„$m = \mathrm{GGT}(a - b, b)$ für positive ganze Zahlen $a$, $b$ mit $a > b$"

$\Rightarrow$ „$m$ teilt $a - b$ und $b$, $a > b$"
$\quad$ {Nach der Definition von $\mathrm{GGT}(a - b, b)$.}

$\Rightarrow$ „$m$ teilt $a = (a - b) + b$ und $b$, $a > b$"
$\quad$ {Nach der Behauptung aus Aufgabe 2.12, wenn $m$ zwei Zahlen $a - b$ und $b$ teilt, dann muss $m$ auch ihre Summe $a - b + b = a$ teilen.}

$\Rightarrow$ „$m \in \mathrm{Teiler}_{a,b}$"

$\Rightarrow$ „$m = \mathrm{GGT}(a - b, b) \leq \mathrm{GGT}(a, b)$"
$\quad$ {Weil $m \in \mathrm{Teiler}_{a,b}$ und $\mathrm{GGT}(a, b)$ die größte Zahl aus $\mathrm{Teiler}_{a,b}$ ist.}

Unsere Beweisführung können wir damit abschließen, dass die bewiesenen Ungleichungen $\mathrm{GGT}(a - b, b) \leq \mathrm{GGT}(a, b)$ und $\mathrm{GGT}(a, b) \leq \mathrm{GGT}(a - b, b)$ gemeinsam die Gleichung $\mathrm{GGT}(a - b, b) = \mathrm{GGT}(a, b)$ implizieren.

**Aufgabe 2.20** Beweise für beliebige ganze Zahlen $a$ und $b$, dass die folgende Gleichung gilt:

$$\mathrm{GGT}(a,b) = \mathrm{GGT}(a+b,b)$$

Wenn wir uns die chinesische Methode anschauen, stellen wir fest, dass sie für $a = m \cdot b + r$ wie folgt funktioniert:

$$\begin{aligned}
\mathrm{GGT}(a,b) &= \mathrm{GGT}(a-b,b) \\
&= \mathrm{GGT}(a-2b,b) \\
&\;\;\vdots \\
&= \mathrm{GGT}(a-mb,b) \\
&= \mathrm{GGT}(r,b) \\
&\quad \{\text{Weil } r = a - mb.\}
\end{aligned}$$

Die Zahl $r = a \pmod{b}$ ist der Rest der ganzzahligen Division $a$ div $b$. Das deutet darauf hin, dass für $a > b$ „$\mathrm{GGT}(a,b) = \mathrm{GGT}(a \pmod{b}, b)$" gilt, weil wir $b$ von $a$ so viele Male abziehen, bis der Rest $r < b$ übrig bleibt. Die Griechen kannten diese noch schnellere Methode zur Berechnung des größten gemeinsamen Teilers schon vor 300 v. Chr. Wir finden die Beschreibung in dem Buch von Euklid, das die ganze damalige Mathematik umfasst und in den nächsten fast 2000 Jahren das verbreitetste wissenschaftliche Lehrbuch war. Obwohl man den Entdecker der Gleichung $\mathrm{GGT}(a,b) = \mathrm{GGT}(a \pmod{b}, b)$ nicht kennt, nennen wir die auf dieser Gleichung basierende Methode „Euklidischer Algorithmus". Wie schnell diese Methode zum Ziel führt, zeigt folgendes Beispiel:

$$\begin{aligned}
\mathrm{GGT}(127500136, 12750) &= \mathrm{GGT}(12750, 136) \\
&= \mathrm{GGT}(136, 102) \\
&= \mathrm{GGT}(102, 34)
\end{aligned}$$

Weil 34 die Zahl 102 teilt, gilt $\mathrm{GGT}(102, 34) = 34$.

**Aufgabe 2.21** Kannst du bestimmen, wie viele Anwendungen der von uns bewiesenen Gleichung $\mathrm{GGT}(a,b) = \mathrm{GGT}(a-b,b)$ die chinesische Methode braucht, um $\mathrm{GGT}(127500136, 12750)$ zu berechnen?

**Aufgabe 2.22** Bestimme mit Hilfe des Euklidischen Algorithmus $\mathrm{GGT}(a,b)$ für folgende Zahlen $a$ und $b$:

  (a) $a = 846836, b = 25654$

  (b) $a = 1969917, b = 5383167$

Wir können die Gleichung

$$\mathrm{GGT}(a, b) = \mathrm{GGT}(a \ (\mathrm{mod}\ b), b)$$

für beliebige ganze Zahlen auch mit Hilfe der schon bewiesenen Gleichung $\mathrm{GGT}(a, b) = \mathrm{GGT}(a - b, b)$ für $a > b$ beweisen. Um das direkte Beweisen zu üben, versuchen wir die Gleichung direkt aus den Teilbarkeiten zwischen den Zahlen herzuleiten.

Wie schon erwähnt, kann man eine Gleichung $x = y$ in zwei Schritten beweisen, indem man die zwei Ungleichungen $x \leq y$ und $x \geq y$ beweist.

Also reicht es zu zeigen, dass

$$\mathrm{GGT}(a, b) \leq \mathrm{GGT}(b, a \ (\mathrm{mod}\ b)) \quad \text{und} \quad \mathrm{GGT}(b, a \ (\mathrm{mod}\ b)) \leq \mathrm{GGT}(a, b)$$

gelten. Wir beweisen zuerst den ersten Teil der Aussage.

Zur Verfügung stehen uns alle bisher bewiesenen und in den Übungen formulierten Aussagen. Die Situation ist also folgende:

**Ausgangssituation:** Die bisherige Theorie $T$.
**Ziel:** Zu beweisen, dass „$\mathrm{GGT}(a, b) \leq \mathrm{GGT}(b, a \ (\mathrm{mod}\ b))$" gilt.

Für den Start einer Folge von Implikationen nehmen wir aus $T$ die Definition des gemeinsamen Teilers und die Zerlegung von $a$ bezüglich der Division durch $b$. Unsere Startaussage ist damit

„$\mathrm{GGT}(a, b)$ teilt $a$, $\mathrm{GGT}(a, b)$ teilt $b$ und $a = (a \ \mathrm{div}\ b) \cdot b + a \ (\mathrm{mod}\ b)$".

$\Rightarrow$ „$\mathrm{GGT}(a, b)$ teilt beide Zahlen $a$ und $b$, und $a \ (\mathrm{mod}\ b) = a - (a \ \mathrm{div}\ b) \cdot b$"
$\left\{ \begin{array}{l} \text{Eine Gleichung bleibt erhalten, wenn man von beiden Seiten die gleiche Zahl} \\ \text{subtrahiert.} \end{array} \right\}$

$\Rightarrow$ „$\mathrm{GGT}(a, b)$ teilt $a \ (\mathrm{mod}\ b)$ und $\mathrm{GGT}(a, b)$ teilt $b$"
$\left\{ \begin{array}{l} \text{Gemäß Aussage aus Aufgabe 2.14 teilt jeder Teiler der beiden Zahlen } a \text{ und } b \\ \text{auch jede „lineare" Kombination } xa + yb \text{ und somit auch für } x = 1 \text{ und } y = -(a \\ \text{div } b) \text{ die konkrete lineare Kombination } 1 \cdot a - (a \ \mathrm{div}\ b) \cdot b = a \ (\mathrm{mod}\ b). \end{array} \right\}$

$\Rightarrow$ „$\mathrm{GGT}(a, b) \in \mathrm{Teiler}_{a \ (\mathrm{mod}\ b)}$ und $\mathrm{GGT}(a, b) \in \mathrm{Teiler}_{b}$"
$\{\text{Nach der Definition der Mengen der Teiler.}\}$

$\Rightarrow$ „$\mathrm{GGT}(a, b) \in \mathrm{Teiler}_{a \ (\mathrm{mod}\ b), b} = \mathrm{Teiler}_{a \ (\mathrm{mod}\ b)} \cap \mathrm{Teiler}_{b}$"

$\Rightarrow$ „$\mathrm{GGT}(a, b) \leq \mathrm{GGT}(b, a \ (\mathrm{mod}\ b))$"
$\{\text{Weil } \mathrm{GGT}(a, b) \leq \mathrm{maximum}\ \{x \mid x \in \mathrm{Teiler}_{a \ (\mathrm{mod}\ b), b}\} = \mathrm{GGT}(b, a \ (\mathrm{mod}\ b))\}$

**Aufgabe 2.23** Beweise, dass $\mathrm{GGT}(b, a \pmod{b}) \leq \mathrm{GGT}(a, b)$ gilt.

**Aufgabe 2.24** Beweise, dass $\mathrm{GGT}(a, \mathrm{GGT}(b, c)) = \mathrm{GGT}(\mathrm{GGT}(a, b), c)$ für alle natürlichen Zahlen $a$, $b$ und $c$ gilt.


Die meisten Menschen haben wenig Schwierigkeiten, die direkte Argumentation zu verstehen. Die indirekte Argumentation hält man für weniger verständlich. Weil wir die indirekte Argumentation zur Erforschung grundlegender Erkenntnisse in anderen Modulen verwenden wollen, erklären wir sie auf der elementarsten Ebene, auf der man das richtige Verständnis am besten entwickeln kann.

Gehen wir wieder von unserem Beispiel aus. Die Aussage $A$ bedeutet „Es regnet", $B$ bedeutet „Die Wiese ist nass" und $C$ bedeutet „Die Salamander freuen sich". Für eine Behauptung $D$ bezeichnen wir mit $\overline{D}$ das Gegenteil. Somit bedeutet $\overline{A}$ „Es regnet nicht", $\overline{B}$ bedeutet „Die Wiese ist trocken (nicht nass)" und $\overline{C}$ bedeutet „Die Salamander freuen sich nicht". Nehmen wir jetzt an, die Folgerungen $A \Rightarrow B$ und $B \Rightarrow C$ gelten. Jetzt stellen wir oder die Biologen fest, dass

„sich die Salamander nicht freuen",

also dass $\overline{C}$ gilt. Kann man daraus etwas schließen?

Wenn sich die Salamander nicht freuen, kann die Wiese nicht nass sein, weil $B \Rightarrow C$ die Freude der Salamander bei nasser Wiese garantiert. Damit wissen wir mit Sicherheit, dass $\overline{B}$ („Die Wiese ist trocken") gilt. Analog liefert die Gültigkeit von $A \Rightarrow B$ und $\overline{B}$, dass es nicht regnet, da sonst die Wiese nass sein müsste. Also gilt $\overline{A}$. Damit beobachten wir, dass aus der Gültigkeit von

$$A \Rightarrow B,\, B \Rightarrow C \text{ und } \overline{C}$$

die Gültigkeit von

$$\overline{B} \text{ und } \overline{A}$$

folgt.

Wir können dies auch in einer Wahrheitstabelle beobachten (siehe Tabelle 2.8). Die Gültigkeit von $A \Rightarrow B$ schließt die Situationen $S_3$ und $S_4$ aus. Die Gültigkeit von $B \Rightarrow C$ schließt die Situationen $S_2$ und $S_6$ aus. Weil $\overline{C}$ gilt (weil C nicht gilt), sind die Situationen $S_1$, $S_3$, $S_5$ und $S_7$ ausgeschlossen. Damit ist $S_8$ die einzige Situation, die nicht ausgeschlossen wird. $S_8$ bedeutet, dass alle drei Aussagen $A$, $B$ und $C$ nicht gelten, also dass $\overline{A}$, $\overline{B}$ und $\overline{C}$ gelten.

|  | $A$ | $B$ | $C$ | $A \Rightarrow B$ | $B \Rightarrow C$ | $C$ gilt nicht |
|---|---|---|---|---|---|---|
| $S_1$ | gilt | gilt | gilt |  |  | ausg. |
| $S_2$ | gilt | gilt | gilt nicht |  | ausg. |  |
| $S_3$ | gilt | gilt nicht | gilt | ausg. |  | ausg. |
| $S_4$ | gilt | gilt nicht | gilt nicht | ausg. |  |  |
| $S_5$ | gilt nicht | gilt | gilt |  |  | ausg. |
| $S_6$ | gilt nicht | gilt | gilt nicht |  | ausg. |  |
| $S_7$ | gilt nicht | gilt nicht | gilt |  |  | ausg. |
| $S_8$ | gilt nicht | gilt nicht | gilt nicht |  |  |  |

**Tabelle 2.8** Wahrheitstabelle für $A$, $B$ und $C$

**Aufgabe 2.25** Betrachten wir die Aussagen $A$, $B$ und $C$ wie oben. Nehmen wir an, $A \Rightarrow B$, $B \Rightarrow C$ und $\overline{B}$ gelten. Was kann man daraus schließen? Zeichne die Wahrheitstabelle für alle acht Möglichkeiten bezüglich der Gültigkeit von $A$, $B$ und $C$ und stelle fest, welche Situationen bei geltenden $A \Rightarrow B$, $B \Rightarrow C$ und $\overline{B}$ möglich sind.

Wir beobachten, dass man aus der Gültigkeit von $A \Rightarrow B$, $B \Rightarrow C$ und $C$ nichts über die Gültigkeit von $A$ und $B$ schließen kann. Wenn $C$ gilt, freuen sich die Salamander. Aber das muss nicht bedeuten, dass die Wiese nass ist (dass $B$ gilt). Die Salamander können auch andere Gründe zur Freude haben. Die nasse Wiese ist nur eine der Möglichkeiten.

**Aufgabe 2.26** Zeichne die Wahrheitstabelle für $A$, $B$ und $C$ und stelle fest, welche Situationen bei geltenden $A \Rightarrow B$, $B \Rightarrow C$ und $C$ möglich sind.

**Aufgabe 2.27** Betrachte die folgenden Aussagen $C$ und $D$. $C$ bedeutet „Gelbe und blaue Farben werden gemischt" und $D$ bedeutet „Eine grüne Farbe entsteht". Die Implikation „$C \Rightarrow D$" bedeutet

„Wenn die gelben und blauen Farben gemischt werden, entsteht eine grüne Farbe."

Nehmen wir an, $C \Rightarrow D$ gilt. Zeichne die Wahrheitstabelle für $C$ und $D$ und erkläre, welche Situationen möglich und welche nicht möglich sind. Kannst du aus der Gültigkeit von $C \Rightarrow D$ schließen, dass die Behauptung

„Wenn keine grüne Farbe bei der Mischung entstanden ist, dann wurde nicht eine blaue Farbe mit einer gelben Farbe gemischt."

auch gilt?

Wir fangen langsam an, die Vorgehensweise der indirekten Argumentation zu verstehen. Bei direkten Beweisen wissen wir, dass eine Behauptung $A$ gilt und wollen die Gültigkeit einer Zielbehauptung $Z$ beweisen. Um dies zu erreichen, bilden wir eine Folge von korrekten Folgerungen

|        | $D$       | $Z$       | $\overline{D}$ | $\overline{Z}$ | $\overline{Z} \Rightarrow \overline{D}$ | $D$ gilt |
|--------|-----------|-----------|-----------|-----------|-----------|-----------|
| $S_1$ | gilt | gilt | gilt nicht | gilt nicht |  |  |
| $S_2$ | gilt | gilt nicht | gilt nicht | gilt | ausg. |  |
| $S_3$ | gilt nicht | gilt | gilt | gilt nicht |  | ausg. |
| $S_4$ | gilt nicht | gilt nicht | gilt | gilt |  | ausg. |

**Tabelle 2.9** Wahrheitstabelle für $D$ und $Z$

$$A \Rightarrow A_1, A_1 \Rightarrow A_2, \ldots, A_{k-1} \Rightarrow A_k, A_k \Rightarrow Z,$$

die uns die Gültigkeit von $A \Rightarrow Z$ garantiert. Aus der Gültigkeit von $A$ und $A \Rightarrow Z$ können wir dann die Gültigkeit von $Z$ schließen.

Ein **indirekter Beweis** ist wie folgt aufgebaut:

    **Ausgangssituation:** $D$ gilt.
    **Ziel:** $Z$ gilt.

Wir starten vom Gegenteil von $Z$, also von $\overline{Z}$, und entwickeln eine Folge von Folgerungen

$$\overline{Z} \Rightarrow A_1, A_1 \Rightarrow A_2, \ldots, A_{k-1} \Rightarrow A_k, A_k \Rightarrow \overline{D}.$$

Aus dieser Folge können wir schließen, dass $\overline{Z}$ nicht gilt und somit $Z$ gilt.

Die Richtigkeit unserer Schlussfolgerung können wir in der Wahrheitstabelle in Tabelle 2.9 beobachten. Die Situation $S_2$ ist durch die Gültigkeit der Folgerung $\overline{Z} \Rightarrow \overline{D}$ ausgeschlossen. Weil $D$ gilt, sind die Situationen $S_3$ und $S_4$ ausgeschlossen. In der einzig verbleibenden, möglichen Situation $S_1$ gilt $Z$ und somit haben wir unsere Zielsetzung erreicht.

Diese Beweismethode heißt indirekte Methode, weil wir in der Kette der Folgerungen von hinten nach vorne argumentieren. Wenn $\overline{D}$ nicht gilt (also wenn $D$ gilt), dann kann auch $\overline{Z}$ nicht gelten und somit gilt $Z$.

In unserem Beispiel (Tabelle 2.8) war $D = \overline{C}$, also wussten wir, dass sich die Salamander nicht freuen. Wir wollten beweisen, dass es dann nicht regnet, also unsere Zielsetzung $Z = \overline{A}$. Der Folgerung

$$A \Rightarrow B, B \Rightarrow C$$

entsprach in unserer neuen Notation

$$\overline{Z} \Rightarrow B, B \Rightarrow \overline{D}.$$

Aus $\overline{Z} \Rightarrow \overline{D}$ und $D$ konnten wir dann schließen, dass das Gegenteil von $\overline{Z} = A$ gelten muss. Das Gegenteil von $\overline{Z}$ ist $Z = \overline{A}$ und somit haben wir bewiesen, dass es nicht regnet (dass $\overline{A}$ gilt).

Im Allgemeinen geht man bei den indirekten Beweisen wie folgt vor: Man will beweisen, dass eine Behauptung $Z$ gilt. Wir bauen eine Kette von Folgerungen

$$\overline{Z} \Rightarrow A_1, A_1 \Rightarrow A_2, \ldots, A_k \Rightarrow U,$$

die mit $\overline{Z}$ anfängt und in einem Unsinn $U$ endet. Als „Unsinn" bezeichnen wir eine Behauptung, die offensichtlich nicht gelten kann. Zum Beispiel kann man das Gegenteil einer schon bewiesenen Behauptung unserer Theorie als Unsinn betrachten. Dann sagen wir, dank der Gültigkeit von

$$\overline{Z} \Rightarrow U,$$

dass die Folgerung der Behauptung $\overline{Z}$ (des Gegenteiles von $Z$) ein Unsinn $U$ ist. Weil der Unsinn $U$ nicht gelten kann, kann auch $\overline{Z}$ nicht gelten. Also gilt das Gegenteil von $\overline{Z}$, was $Z$ ist.

Versuchen wir jetzt, einige indirekte Beweise konkreter mathematischer Aussagen zu führen.

**Beispiel 2.4** Sei $x^2$ eine ungerade Zahl. Unsere Aufgabe ist zu beweisen, dass dann auch $x$ ungerade ist. Zum Beweis verwenden wir die indirekte Argumentation. Außer den bekannten Gesetzen der Arithmetik stehen folgende Definitionen zur Verfügung.

> Eine ganze Zahl $x$ ist genau dann gerade, wenn $x = 2i$ für ein $i \in \mathbb{Z}$ gilt (das heißt wenn $x$ durch 2 teilbar ist).

> Eine ganze Zahl $x$ ist genau dann ungerade, wenn $x = 2j + 1$ für ein $j \in \mathbb{Z}$ gilt (das heißt wenn $x$ nicht durch 2 teilbar ist).

Sei $A$ die Startbehauptung, dass „$x^2$ ungerade ist". Sei $Z$ die Zielbehauptung, dass „$x$ ungerade ist". Nach dem Schema des indirekten Beweises müssen wir durch eine Folge von Implikationen zeigen, dass die Implikation $\overline{Z} \Rightarrow \overline{A}$ gilt. Fangen wir also mit dem Gegenteil $\overline{Z}$ ($x$ ist gerade) von $Z$ ($x$ ist ungerade) an.

> „$x$ ist gerade"

$\Leftrightarrow$ „$x = 2i$ für ein $i \in \mathbb{Z}$"
  {Nach der Definition von geraden Zahlen.}

$\Rightarrow$ „$x^2 = (2i)^2 = 2^2 i^2 = 4i^2 = 2 \cdot (2i^2)$"
  {Nach den Rechenregeln der Arithmetik.}

$\Rightarrow$ „$x^2 = 2m$ für ein $m \in \mathbb{Z}$"
  $\left\{\begin{array}{l}\text{Weil } x^2 = 2 \cdot (2i^2) \text{ und } m = 2i^2 \text{ muss in } \mathbb{Z}, \text{ also eine ganze Zahl sein, weil} \\ i \in \mathbb{Z}.\end{array}\right\}$

$\Leftrightarrow$ „$x^2$ ist gerade"
  {Nach der Definition von geraden Zahlen.}

Damit haben wir die Implikation $\overline{Z} \Rightarrow \overline{A}$ bewiesen, das heißt es gilt

„$x$ ist gerade" $\Rightarrow$ „$x^2$ ist gerade".

Jetzt wissen wir, dass $A$ („$x^2$ ist ungerade") gilt und somit gilt $\overline{A}$ („$x^2$ ist gerade") nicht.
Nach dem Schema des indirekten Beweises können wir schließen, dass $Z$ („$x$ ist ungera-
de") gilt.                                                                                      $\Diamond$


**Aufgabe 2.28** Zeige mittels eines indirekten Beweises, dass gilt: Wenn $x^2$ eine gerade Zahl ist,
dann muss auch $x$ eine gerade Zahl sein. Gehe dabei so detailliert vor, wie wir es in Beispiel 2.4
vorgeführt haben.


Wir haben mit einem indirekten Beweis gerade gezeigt, dass die Behauptung „$x^2$ ist ungerade" die Behauptung „$x$ ist ungerade" impliziert. Analog habt ihr in Aufgabe 2.28
gezeigt, dass die Behauptung „$x^2$ ist durch 2 teilbar (gerade)" die Behauptung „$x$ ist
durch 2 teilbar (gerade)" impliziert. Gilt dies auch für die Teilbarkeit durch andere Zahlen? Wir zeigen es für die Zahl 3.

**Beispiel 2.5** Wir wissen, dass $x^2$ durch 3 teilbar ist und wollen beweisen, dass $x$ auch
durch 3 teilbar sein muss. Wir beweisen es durch den indirekten Beweis. Das Gegenteil
$\overline{Z}$ unserer Zielsetzung $Z$ = „$x$ ist durch 3 teilbar" ist „$x$ ist nicht durch 3 teilbar". Also
fangen wir mit $\overline{Z}$ an.

$\quad$ „$x$ ist nicht durch 3 teilbar"

$\Leftrightarrow$ „$x$ kann man nicht als $x = 3i$ schreiben für ein $i \in \mathbb{Z}$"
$\quad$ {Aus der Definition der Teilbarkeit.}

$\Leftrightarrow$ „$x = 3i + 1$ für ein $i \in \mathbb{Z}$ oder $x = 3j + 2$ für ein $j \in \mathbb{Z}$"
$\quad \left\{ \begin{array}{l} \text{Wenn } x \text{ nicht durch 3 teilbar ist, dann gibt es einen Rest nach der Teilung von} \\ x \text{ durch 3. Der Rest kann nur 1 oder 2 sein.} \end{array} \right\}$

$\Rightarrow$ „$x^2 = (3i + 1)^2 = 9i^2 + 6i + 1 = 3 \cdot (3i^2 + 2i) + 1$ oder $x^2 = (3j + 2)^2 =$
$9j^2 + 12j + 4 = 3 \cdot 3j^2 + 3 \cdot 4j + 3 + 1 = 3 \cdot (3j^2 + 4j + 1) + 1$"
$\quad$ {Nach dem Distributivgesetz und Regeln der Arithmetik.}

$\Rightarrow$ „$x^2 = 3m + 1$ für ein $m \in \mathbb{Z}$"
$\quad \left\{ \begin{array}{l} \text{Entweder gilt } m = 3i^2 + 2i \text{ oder } m = 3j^2 + 4j + 1 \text{ und somit ist } m \in \mathbb{Z}, \text{ weil} \\ i \in \mathbb{Z} \text{ bzw. } j \in \mathbb{Z}. \end{array} \right\}$

$\Rightarrow$ „$x^2$ ist nicht durch 3 teilbar"

Damit haben wir das Gegenteil unserer Annahme „$x^2$ ist durch 3 teilbar" erhalten und können daraus schließen, dass $Z$ („$x$ ist durch 3 teilbar") gilt. $\diamondsuit$

**Hinweis für die Lehrperson** Jetzt ist es ganz wichtig, von den Schülerinnen und Schülern zu fordern, dass sie ihre eigenen Beweise genauso sorgfältig und detailliert aufschreiben, wie wir es in den Beispielen vorgeführt haben. Es ist oft auch hilfreich, unterschiedliche Aufgaben in der Klasse zu verteilen und dann die Beweise vorführen zu lassen.

**Aufgabe 2.29** Beweise mittels eines indirekten Beweises die folgende Aussage: „Wenn $x^2$ nicht durch 3 teilbar ist, dann ist auch $x$ nicht durch 3 teilbar."

**Aufgabe 2.30** Beweise mittels eines indirekten Beweises die folgende Behauptung: „Wenn $x^2$ nicht durch 5 teilbar ist, dann ist auch $x$ nicht durch 5 teilbar."

**Aufgabe 2.31** Gilt die folgende Behauptung?

„Wenn $x^2$ durch 6 teilbar ist, dann ist auch $x$ durch 6 teilbar."

Begründe deine Antwort. Beachte, dass ein Beweis erforderlich ist, um die Gültigkeit dieser Behauptung zu begründen, während es für den Beweis der Ungültigkeit reicht, eine konkrete Zahl $x$ zu finden, für die die Behauptung nicht gilt. Ändert sich etwas an der Gültigkeit oder der Ungültigkeit dieser Implikation, wenn man 6 durch 12 ersetzt?

Die Aussagen, die wir gerade bewiesen haben, sind nützlich, um eine wichtige Entdeckung aus der Antike herzuleiten. Am Anfang waren Menschen, besonders die Pythagoreer, von Zahlen begeistert und wollten damit die ganze Welt erklären. Es gab die ganzen Zahlen und dann die Zahlen, die man aus den ganzen Zahlen durch die arithmetischen Operationen $+$, $-$, $\cdot$ und $/$ gewinnen konnte. Die Philosophen (so nannten sich die Wissenschaftler damals) haben beobachtet, dass alle diese Zahlen sich als Brüche darstellen lassen.

**Aufgabe 2.32** Zeige mittels direkter Beweise, dass die Zahlen $a+b$, $a-b$, $a \cdot b$ und $\frac{a}{b}$ (für $b \neq 0$) sich immer als Brüche $\frac{p}{q}$ darstellen lassen, wenn $a$ und $b$ auch Brüche sind.

Die Menschen in der Antike nannten daher diese Zahlen die rationale Zahlen, weil man sie durch arithmetische Berechnungen erzeugen konnte. Es war für sie ein Schock und damit ein Widerspruch zu ihrer Philosophie (alles kann man durch Zahlen und arithmetische Operationen über Zahlen beschreiben), als sie entdeckten, dass es in der realen Welt Zahlen gibt, die man nicht berechnen kann (das heißt nicht als Brüche darstellen kann). So eine Zahl ist die Zahl $\sqrt{2}$, die offensichtlich geometrisch nach dem Satz von Pythagoras erzeugbar ist (Abbildung 2.1).

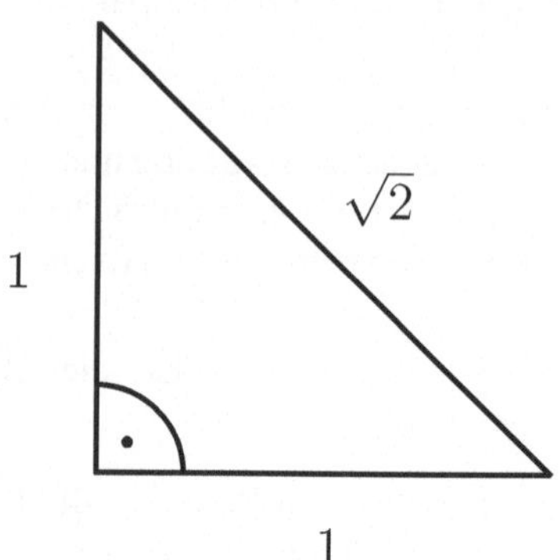


**Abbildung 2.1**  Geometrische Konstruktion der Zahl $\sqrt{2}$.

Die durch eine endliche Anzahl arithmetischer Operationen unberechenbaren Zahlen nannten sie „**irrationale**" Zahlen. Für die Pythagoreer war die Existenz der irrationalen Zahlen ein Paradoxon, mit dem sie nie fertig geworden sind. Später in Modul III „Berechenbarkeit und die Grenzen der Automatisierbarkeit" werden wir lernen, dass es noch schlimmer ist. Nicht nur, dass man gewisse Zahlen in endlicher Zeit nicht mit absoluter Genauigkeit berechnen kann, es gibt sogar auch Zahlen, die man auf endliche Weise auch nicht beschreiben kann (auch nicht geometrisch).

**Aufgabe 2.33**  Finde Zahlen $k$ und $x$, so dass $k$ die Zahl $x^2$ teilt und $k$ kein Teiler von $x$ ist.

Wie hat man damals gezeigt, dass $\sqrt{2}$ keine rationale Zahl ist? Mit einem indirekten Beweis, den wir jetzt vorführen. Wir nutzen dabei die Erkenntnisse, die wir über den Bezug zwischen der Teilbarkeit von $x^2$ und der Teilbarkeit von $x$ gewonnen haben.

**Satz 2.1**  *Die Zahl $\sqrt{2}$ (also die Lösung der Gleichung $x^2 = 2$) ist keine rationale Zahl.*

**Beweis:** Folgend dem Schema der indirekten Argumentation fangen wir mit dem Gegenteil unserer Zielsetzung an.

„$\sqrt{2}$ ist eine rationale Zahl (ein Bruch)"

$\Rightarrow$ „$\sqrt{2} = \frac{p}{q}$ für zwei Zahlen $p, q \in \mathbb{Z}$, $q \neq 0$, mit $\mathrm{GGT}(p,q) = 1$"

$\left\{\begin{array}{l}\text{Wenn } \mathrm{GGT}(p,q) \text{ größer als 1 wäre, könnten wir den Bruch } \frac{p}{q} \text{ kürzen und wür-}\\ \text{den den unkürzbaren Bruch } \frac{r}{s} \text{ mit } r = \frac{p}{\mathrm{GGT}(p,q)} \text{ und } s = \frac{q}{\mathrm{GGT}(p,q)} \text{ erhalten.}\\ \text{Damit wissen wir, dass sich jede rationale Zahl als unkürzbarer Bruch darstel-}\\ \text{len lässt.}\end{array}\right.$

$\Leftrightarrow$ „$\sqrt{2}q = p$ für $p, q \in \mathbb{Z}$, $q \neq 0$ mit $\mathrm{GGT}(p,q) = 1$"

$\left\{\begin{array}{l}\text{Die Gleichung bleibt erhalten, wenn wir ihre beiden Seiten mit der gleichen}\\ \text{Zahl } q \neq 0 \text{ multiplizieren.}\end{array}\right.$

$\Rightarrow$ „$2q^2 = p^2$ für $p, q \in \mathbb{Z}$, $q \neq 0$ mit $\mathrm{GGT}(p,q) = 1$"

$\{$Die Gleichung bleibt erhalten, wenn man beide Seiten quadriert.$\}$

$\Rightarrow$ „$2q^2 = p^2$ für $p, q \in \mathbb{Z}$, $q \neq 0$ mit $\mathrm{GGT}(p,q) = 1$ und $p^2$ ist gerade"

$\{p^2 = 2 \cdot q^2 = 2 \cdot i$ für ein $i \in \mathbb{Z}.\}$

$\Rightarrow$ „$2q^2 = p^2$ für $p, q \in \mathbb{Z}$, $q \neq 0$ mit $\mathrm{GGT}(p,q) = 1$ und $p$ ist gerade"

$\{$Die Behauptung „$p^2$ ist gerade" impliziert die Behauptung „$p$ ist gerade".$\}$

$\Rightarrow$ „$2q^2 = p^2$ für $p, q \in \mathbb{Z}$, $q \neq 0$ mit $\mathrm{GGT}(p,q) = 1$ und $p = 2k$ für ein $k \in \mathbb{Z}$"

$\{$Nach der Definition der Teilbarkeit.$\}$

$\Rightarrow$ „$2q^2 = (2k)^2 = 4k^2$ für $k, q \in \mathbb{Z}$, $p = 2k$ für ein $k \in \mathbb{Z}$ und $\mathrm{GGT}(p,q) = 1$"

$\Rightarrow$ „$q^2 = 2k^2$ für $k, q \in \mathbb{Z}$, $p = 2k$ für ein $k \in \mathbb{Z}$ und $\mathrm{GGT}(p,q) = 1$"

$\{$Die Gleichung bleibt erhalten, wenn man beide Seiten durch 2 teilt.$\}$

$\Rightarrow$ „$q^2$ ist gerade, $\mathrm{GGT}(p,q) = 1$ und $p = 2k$ für ein $k \in \mathbb{Z}$"

$\{$Weil $q^2 = 2 \cdot j$ für ein $j = k^2 \in \mathbb{Z}.\}$

$\Rightarrow$ „$q$ ist gerade, $\mathrm{GGT}(p,q) = 1$ und $p$ ist gerade ($p = 2k$ für ein $k \in \mathbb{Z}$)"

$\{$Weil die Behauptung „$q^2$ ist gerade" die Behauptung „$q$ ist gerade" impliziert.$\}$

Wir sehen schon, dass die Schlussbehauptung ein Unsinn ist. Wie können beide Zahlen $p$ und $q$ gerade sein und dabei $\mathrm{GGT}(p,q) = 1$ gelten? Da muss doch bei geraden $p$ und $q$ der größte gemeinsame Teiler mindestens 2 sein.

Nach dem Schema des indirekten Beweises muss das Gegenteil der Startbehauptung gelten und somit ist $\sqrt{2}$ nicht rational. $\qquad\square$

**Hinweis für die Lehrperson** Der häufigste didaktische Fehler bei der Darstellung der Beweise ist, dass man versucht, alles so kurz wie möglich aufzuschreiben. Das führt oft dazu, dass man am Ende eine Aussage erhält und dann argumentiert, dass diese Aussage im Widerspruch zu einer der Aussagen in der Implikationskette steht. Für Anfänger ist es aber viel besser, wenn man alle wichtigen Aussagen (verbunden mit einem „und") mitführt und dann in der letzten, abgeleiteten Aussage zwei mit „und" verknüpfte, widersprüchliche Behauptungen erhält. Damit ist die letzte Aussage ein offensichtlicher Unsinn und das ganze Vorgehen verfolgt konsequent das Schema des indirekten Beweises. Wenn man das Schema nicht einhält, ist es sehr schwierig für einen Anfänger, ein Gefühl dafür zu entwickeln, was erlaubt ist und was nicht.

**Aufgabe 2.34** Beweise, dass auch $\sqrt{3}$ keine rationale Zahl ist. Nutze dabei die Tatsache, dass die Teilbarkeit von $x^2$ durch 3 die Teilbarkeit von $x$ durch 3 impliziert.

**Hinweis für die Lehrperson** Spätestens ab dieser Stelle richtet sich der Stoff nur an Schülerinnen und Schüler in den letzten zwei Jahren der gymnasialen Ausbildung. Dies gilt bis zum Ende dieser Lektion.

**Aufgabe 2.35** Nehmen wir an, dass 4 eine Zahl $x^2$ teilt. Kann man daraus schließen, dass 4 auch die Zahl $x$ teilt? Begründe deine Antwort.

**Aufgabe 2.36** Nehmen wir an, dass 8 eine Zahl $x^2$ teilt. Kann man daraus schließen, dass 8 auch die Zahl $x$ teilt? Beweise die Gültigkeit deiner Behauptung.

**Aufgabe 2.37** $\star$ Beweise die folgende Behauptung: „Für jede Primzahl $p$ gilt, dass die Teilbarkeit von $x^2$ durch $p$ die Teilbarkeit von $x$ durch $p$ impliziert."

**Aufgabe 2.38** Beweise, dass die Behauptung „$x^2$ ist nicht durch 7 teilbar" die Behauptung „$x$ ist nicht durch 7 teilbar" impliziert.

**Aufgabe 2.39** $\star$ Beweise, dass $\sqrt{6}$ keine rationale Zahl ist.

**Aufgabe 2.40** $\star$ Versuche, einen direkten Beweis der Implikation

$$\text{„}x^2 \text{ ist gerade"} \Rightarrow \text{„}x \text{ ist gerade"}$$

zu führen. Warum ist es nicht ganz einfach? Erkennst du, welche zusätzliche Behauptung du brauchst, um auch den direkten Beweis dieser Tatsache effizient führen zu können?

Betrachten wir jetzt noch folgende Aufgabe, um die „Effizienz" des indirekten Beweises zu begreifen. Unsere Zielsetzung ist zu beweisen, dass $\sqrt{12}$ keine rationale Zahl ist. Der bisher gegangene Weg der Teilbarkeit wird nicht funktionieren, denn wenn $x^2$ durch 12 teilbar ist, bedeutet es noch nicht, dass auch $x$ durch 12 teilbar ist. Zum Beispiel für $x = 6$ haben wir $x^2 = 6 \cdot 6 = 36$. Die Zahl 36 ist offensichtlich durch 12 teilbar, aber 6 ist nicht durch 12 teilbar.

**Aufgabe 2.41** Finde weitere Zahlen $x$, so dass 12 die Zahl $x^2$ teilt, aber $x$ nicht teilt.

Trotzdem können wir mit folgendem indirekten Beweis schnell und leicht zeigen, dass $\sqrt{12}$ keine rationale Zahl ist.

„$\sqrt{12}$ ist rational und somit gilt $\sqrt{12} = \frac{p}{q}$ für geeignete $p, q \in \mathbb{Z}$"

$\Rightarrow$ „$\sqrt{12} = \sqrt{2^2 \cdot 3} = 2 \cdot \sqrt{3}$ ist rational, $\sqrt{12} = \frac{p}{q}$ für $p, q \in \mathbb{Z}$"

$\Rightarrow$ „$\sqrt{3} = \frac{\sqrt{12}}{2}$ und $\sqrt{12} = \frac{p}{q}$ für $p, q \in \mathbb{Z}$"

$$\left\{ \begin{array}{l} \text{Eine Gleichung bleibt erhalten, wenn man beide Seiten durch die gleiche Zahl,} \\ \text{hier 2, teilt.} \end{array} \right\}$$

$\Rightarrow$ „$\sqrt{3} = \frac{\left(\frac{p}{q}\right)}{2} = \frac{p}{2q}$"

$$\left\{ \text{Einsetzen von } \frac{p}{q} \text{ für } \sqrt{12} \text{ in die Gleichung } \sqrt{3} = \frac{\sqrt{12}}{2}. \right\}$$

$\Rightarrow$ „$\sqrt{3}$ ist rational"

$$\left\{ \text{Weil } \sqrt{3} \text{ sich als ein Bruch } \frac{v}{s} \text{ für } v = p \text{ und } s = 2q, \, v, s \in \mathbb{Z} \text{ darstellen lässt.} \right\}$$

Wir wissen schon, dass $\sqrt{3}$ keine rationale Zahl ist (Aufgabe 2.34) und somit ist die Behauptung „$\sqrt{3}$ ist rational" ein Unsinn. Somit haben wir bewiesen, dass $\sqrt{12}$ eine irrationale Zahl ist.

**Aufgabe 2.42** Beweise mit indirekten Beweisen, dass folgende Zahlen keine rationalen Zahlen sind.

(a) $\sqrt{18}$

(b) $\sqrt{50}$

(c) $\sqrt{54}$

In dem Teil über direkte Beweise haben wir die folgende Behauptung verwendet, ohne ihre Gültigkeit zu beweisen:

*Für beliebige positive ganze Zahlen a und b kann man a eindeutig als*

$$a = k \cdot b + r$$

*für geeignete $k, r \in \mathbb{Z}$, $r < b$, darstellen.*

Dass sich $a$ als $k \cdot b + r$ mit $r < b$ darstellen lässt, ist offensichtlich. Die Zahl $k = a \operatorname{div} b$ ist das Resultat der ganzzahligen Division von $a$ durch $b$ und $r$ ist einfach der Rest der Division ($r = a \pmod{b}$). Es ist zu beweisen, dass diese Darstellung eindeutig ist, das heißt, dass es nicht mehrere solche Darstellungen von $a$ für ein gegebenes $b$ gibt. Zeigen wir die Eindeutigkeit der Darstellung von $a$ mit einem indirekten Beweis. Wir starten mit dem Gegenteil unserer Zielsetzung.

> „Seien $a = k \cdot b + r$ und $a = k' \cdot b + r'$, $r < b$, $r' < b$ zwei unterschiedliche ($k \neq k'$ oder $r \neq r'$) Darstellungen von $a$ bezüglich der Division $a \operatorname{div} b$."

$\Rightarrow$ „$0 = a - a = k \cdot b + r - k' \cdot b - r' = (k - k') \cdot b + r - r'$ und $r < b$, $r' < b$"
$\{$Nach dem Distributivgesetz.$\}$

$\Rightarrow$ „$r' - r = (k - k') \cdot b$ und $r < b$, $r' < b$"
$\left\{\begin{array}{l}\text{Die Gleichung bleibt bestehen, wenn man zu beiden Seiten die gleiche Zahl}\\ r' - r \text{ addiert.}\end{array}\right\}$

$\Rightarrow$ „($k - k' = 0$ und $r' - r = (k - k') \cdot b$) oder ($b$ teilt $r' - r$ und $r' - r = (k - k') \cdot b$)"
$\left\{\begin{array}{l}\text{Nach der Definition der Teilbarkeit muss } b \text{ die Zahl } r - r' \text{ teilen oder es ist}\\ k - k' = 0.\end{array}\right\}$

$\Rightarrow$ „($k = k'$ und $r' - r = 0 \cdot b = 0$) oder ($r = r'$ und $r' - r = (k - k') \cdot b$)"
$\left\{\begin{array}{l}\text{Weil } r < b \text{ und } r' < b \text{ ist, muss } |r - r'| < b \text{ gelten. Die einzige nicht negative}\\ \text{Zahl kleiner als } b, \text{ die durch } b \text{ teilbar ist, ist die Zahl } 0.\end{array}\right\}$

$\Rightarrow$ „($k = k'$ und $r' = r$) oder ($r = r'$ und $0 = (k - k') \cdot b$)"

$\Rightarrow$ „($k = k'$ und $r' = r$) oder ($r = r'$ und $k = k'$)"
$\left\{\begin{array}{l}\text{Weil } b > 0 \text{ gilt. Und wenn } x \cdot y = 0 \text{ gilt, dann muss mindestens eine der Zahlen}\\ x \text{ und } y \text{ die Zahl } 0 \text{ sein.}\end{array}\right\}$

$\Rightarrow$ „$k = k'$ und $r' = r$"

Die Tatsache $k = k'$ und $r' = r$ widerspricht der Startbehauptung, dass $k \neq k'$ oder $r \neq r'$. Somit gilt das Gegenteil unserer Startbehauptung und daher gibt es nur eine Darstellung von $a$ bezüglich der ganzzahligen Division $a \operatorname{div} b$.


**Aufgabe 2.43** $\star$ Sei $a = p \cdot q$, wobei $p$ und $q$ Primzahlen sind. Beweise, dass $p$ und $q$ die einzigen Primzahlen sind, die $a$ teilen.

**Aufgabe 2.44** $\star$ Beweise, dass es unendlich viele Primzahlen gibt.


In dieser Lektion haben wir mehrere direkte und indirekte Beweise geführt. Zum Abschluss wollen wir einen wichtigen Zusammenhang zwischen diesen beiden Beweismethoden beobachten. Aus der Tabelle 2.10 können wir die beiden Folgerungen $A \Rightarrow Z$

|       | $A$ | $Z$ | $\overline{A}$ | $\overline{Z}$ | $A \Rightarrow Z$ | $\overline{Z} \Rightarrow \overline{A}$ |
|-------|-----|-----|-----|-----|-----------|-----------|
| $S_1$ | 1   | 1   | 0   | 0   |           |           |
| $S_2$ | 1   | 0   | 0   | 1   | ausg.     | ausg.     |
| $S_3$ | 0   | 1   | 1   | 0   |           |           |
| $S_4$ | 0   | 0   | 1   | 1   |           |           |

**Tabelle 2.10**

und $\overline{Z} \Rightarrow \overline{A}$ ableiten. Die Folgerung $A \Rightarrow Z$ entspricht dem direkten Beweis der Zielbehauptung $Z$ als Folge der Startbehauptung $A$. Die Implikation $\overline{Z} \Rightarrow \overline{A}$ entspricht dem indirekten Beweis der Behauptung $Z$ aus der Behauptung $A$. In beiden Fällen also beweisen wir die Gültigkeit von $Z$ bei der Voraussetzung der Gültigkeit von $A$. Das Ziel ist gleich, nur die Wege zum Ziel sind anders. In Tabelle 2.10 sehen wir, dass beide Implikationen $A \Rightarrow Z$ und $\overline{Z} \Rightarrow \overline{A}$ die gleiche Situation $S_2$ ausschliessen. Es bedeutet nichts anderes, als dass beide die gleiche Bedeutung haben. Oder mit anderen Worten ausgedrückt:

*Die Implikation $A \Rightarrow Z$ gilt genau dann, wenn die Implikation $\overline{Z} \Rightarrow \overline{A}$ gilt.*

Dies bestätigt die Tatsache, dass direkte und indirekte Beweise gleichwertig und somit gleich zuverlässig sind. Wenn wir in einem indirekten Beweis die Folgerung $\overline{Z} \Rightarrow \overline{A}$ beweisen, wissen wir sofort, dass auch die Folgerung $A \Rightarrow Z$ gilt, die einem direkten Beweis entspricht und umgekehrt.

**Aufgabe 2.45** Formuliere zu den folgenden Sätzen der Form $A \Rightarrow Z$ den Satz $\overline{Z} \Rightarrow \overline{A}$ mit äquivalenter Bedeutung.

(a) Wenn der Wind weht, spannen sich die Segel.

(b) Wenn man ins Wasser springt, wird man nass.

(c) Wenn wir schnell laufen, dann schwitzen wir.

(d) Wenn man sich gut vorbereitet hat, hat man gute Aussichten in der Prüfung.

(e) Wenn es schönes Wetter ist, hat man hier gute Aussicht.

Im Prinzip kann man die Axiome der korrekten Folgerung auch als eine Begriffsbildung ansehen, in der der Begriff der Implikation (oder der Folgerung) in einem formalen Denksystem definiert wird. Axiome sind oft nichts anderes als eine Festlegung der Bedeutung gewisser Begriffe. Wir werden später in Modul II „Das Konzept des Unendlichen" die Definition des Unendlichen kennenlernen, die unsere Vorstellung über die Bedeutung der Unendlichkeit mathematisch festlegt. Natürlich ist es nicht möglich zu beweisen, dass diese Definition unseren Vorstellungen entspricht. Aber es besteht die Möglichkeit, ein Axiom zu widerlegen. Zum Beispiel kann jemand etwas finden, was nach unseren Vorstellungen unendlich sein sollte, aber nach der Definition nicht unendlich ist. Wenn so etwas passieren würde, muss man das Axiom revidieren. Eine Revision eines Axioms oder einer Definition sollte man aber nicht als ein Unglück und schon gar nicht als eine Katastrophe betrachten. Die Ersetzung eines Bausteins des Wissenschaftsgebäudes könnte zwar zu einem aufwändigen Umbau führen, aber dies ist ein erfreuliches Ereignis, weil das neue Gebäude wesentlich stabiler und besser ist.

## Zusammenfassung

Der Begriff der Folgerung (der Implikation) spielt eine Schlüsselrolle für eine korrekte Argumentation. Die Bedeutung der Folgerung $A \Rightarrow B$ ($A$ impliziert $B$) ist, dass, wenn $A$ gilt (wahr ist), auch $B$ gilt. Es darf also nicht passieren, dass bei geltender Implikation $A \Rightarrow B$ die Aussage $A$ wahr ist und die Aussage $B$ nicht wahr ist. Alle anderen Situationen sind möglich. Wenn $A$ nicht gilt, stellt die Folgerung $A \Rightarrow B$ keine Anforderungen an die Gültigkeit von $B$.

Einen direkten Beweis kann man als eine Folge von Implikationen

$$A \Rightarrow B_1 \Rightarrow B_2 \Rightarrow \ldots \Rightarrow B_k \Rightarrow Z$$

betrachten. Wenn alle diese Implikationen gelten, dann gilt auch die Implikation $A \Rightarrow Z$. Wenn der Beweis der Implikation (der Aussage) „$A \Rightarrow Z$" unser Ziel war, dann sind wir fertig. Wenn wir schon wissen, dass $A$ eine allgemeine Wahrheit in unserer Theorie ist und $Z$ die Aussage ist, deren Gültigkeit wir beweisen sollen, dann dürfen wir nach der Definition der Implikation aus der Gültigkeit von

$$A \text{ und } A \Rightarrow Z$$

die Gültigkeit unserer Zielbehauptung $Z$ schließen.

Der indirekte Beweis basiert auf der Tatsache, dass die Gültigkeit einer Aussage $A$ und der Implikation $\overline{Z} \Rightarrow \overline{A}$ die Gültigkeit der Aussage $Z$ fordert. Mit anderen Worten: Die Bedeutungen der Implikationen $A \Rightarrow Z$ und $\overline{Z} \Rightarrow \overline{A}$ sind äquivalent. Mit beiden kann man aus der Gültigkeit der Aussage $A$ die Gültigkeit der Aussage $Z$ schließen. Somit arbeitet das Schema des indirekten Beweises wie folgt: Wir wissen, dass $A$ gilt und wollen die Gültigkeit von $Z$ beweisen. Wir fangen mit $\overline{Z}$ als dem Gegenteil von $Z$ an und erzeugen eine Folge von Implikationen

$$\overline{Z} \Rightarrow B_1 \Rightarrow B_2 \Rightarrow \ldots \Rightarrow B_k \Rightarrow U.$$

Damit ist die Implikation $\overline{Z} \Rightarrow U$ bewiesen. Wenn $U = \overline{A}$ gilt, sind wir fertig und können die Gültigkeit von $Z$ behaupten. Im Allgemeinen muss $U$ nicht identisch mit $\overline{A}$ sein. Es reicht, wenn $U$ eine unbestrittene Unwahrheit (Unsinn) ist, also eine Behauptung, die im Widerspruch in sich oder zu irgendwelchen Sätzen (Erkenntnissen) unserer Theorie steht.

In vielen Situationen ermöglichen indirekte Beweise eine vereinfachte und damit eine schnellere Beweisführung. Ohne Gebrauch dieses Instrumentes bei korrekter Argumentation würden wir uns das Leben unnötig schwer machen.

## Kontrollfragen

1. Wie viele unterschiedliche Situationen sind möglich und in einer Wahrheitstabelle beschrieben, wenn man drei Aussagen $A$, $B$ und $C$ betrachtet? Wie groß ist die Wahrheitstabelle bei vier Aussagen? Wie ist es im allgemeinen bei $n$ Behauptungen?

2. Erkläre mit eigenen Worten, wie du systematisch eine Wahrheitstabelle für gegebene Aussagen in beliebiger Anzahl konstruieren kannst.

3. Erkläre die Bedeutung der Implikation. Welche Situationen sind möglich und welche ausgeschlossen?

4. Warum kann man aus der Gültigkeit der Implikationen $A \Rightarrow B$ und $B \Rightarrow C$ auf die Gültigkeit der Implikation $A \Rightarrow C$ schließen?

5. Wie sieht das Schema des direkten Beweises aus?

6. Warum kann man aus der Gültigkeit der Aussage $A$ und der Implikation $A \Rightarrow Z$ die Gültigkeit der Aussage $Z$ ableiten?

7. Warum kann man aus der Gültigkeit der Aussage $A$ und der Implikation $\overline{Z} \Rightarrow \overline{A}$ auf die Gültigkeit der Aussage $Z$ schließen? Erkläre es mit eigenen Worten sowie mit der Wahrheitstabelle für die Behauptungen $A$ und $Z$!

8. Wie sieht das Schema des indirekten Beweises aus?

9. Wie hängen direkte und indirekte Beweise zusammen?

10. Warum kann es vorteilhaft sein, direkte und indirekte Beweise zur Verfügung zu haben? Gib ein konkretes Beispiel an, für das ein indirekter Beweis einfacher ist und schneller zum Ziel führt als ein direkter Beweis.

## Kontrollaufgaben

1. Seien $A$, $B$ und $C$ drei Behauptungen. Wir wissen, dass folgende Implikationen gelten.

   (a) $A \Rightarrow B$, $\overline{B} \Rightarrow C$, $C \Rightarrow A$, $\overline{A} \Rightarrow C$.

   (b) $A \Rightarrow \overline{B}$, $\overline{B} \Rightarrow \overline{C}$, $\overline{C} \Rightarrow A$, $\overline{C} \Rightarrow B$, $\overline{A} \Rightarrow \overline{C}$.

   (c) $B \Rightarrow C$, $\overline{B} \Rightarrow \overline{A}$, $C \Rightarrow \overline{B}$, $C \Rightarrow A$, $C \Rightarrow \overline{A}$, $\overline{A} \Rightarrow \overline{C}$.

   Bestimme für alle drei Fälle (a), (b) und (c), welche der acht Situationen möglich und welche ausgeschlossen sind.

2. Betrachte die folgende Tabelle:

|       | $A$ | $B$ | $C$ |              |
|-------|-----|-----|-----|--------------|
| $S_1$ | 1   | 1   | 1   | ausgeschlossen |
| $S_2$ | 1   | 1   | 0   |              |
| $S_3$ | 1   | 0   | 1   | ausgeschlossen |
| $S_4$ | 1   | 0   | 0   | ausgeschlossen |
| $S_5$ | 0   | 1   | 1   |              |
| $S_6$ | 0   | 1   | 0   | ausgeschlossen |
| $S_7$ | 0   | 0   | 1   | ausgeschlossen |
| $S_8$ | 0   | 0   | 0   |              |

Welche der 36 Implikationen $X \Rightarrow Y$ für $X, Y \in \{A, B, C, \overline{A}, \overline{B}, \overline{C}\}$ gelten und welche gelten nicht?

3. Betrachten wir die folgenden drei Aussagen:

   $A$ bedeutet: „Es ist unter $-20\,°\mathrm{C}$."
   $B$ bedeutet: „Die Kleinvögel frieren."
   $C$ bedeutet: „Die Kleinvögel singen."

Jetzt wissen wir, dass die Implikationen $A \Rightarrow B$ und $B \Rightarrow \overline{C}$ gelten. Wir stellen fest, dass die Kleinvögel singen. Was kann man daraus schließen?

4. In der folgenden Tabelle fehlen in der ersten Zeile drei Implikationen. Kannst du sie bestimmen?

|       | $A$ | $B$ | $C$ | $\Rightarrow$ | $\Rightarrow$ | $\Rightarrow$ |
|-------|-----|-----|-----|-------|-------|-------|
| $S_1$ | 1   | 1   | 1   | ausg. |       |       |
| $S_2$ | 1   | 1   | 0   | ausg. |       |       |
| $S_3$ | 1   | 0   | 1   |       |       | ausg. |
| $S_4$ | 1   | 0   | 0   |       | ausg. |       |
| $S_5$ | 0   | 1   | 1   |       |       |       |
| $S_6$ | 0   | 1   | 0   |       |       |       |
| $S_7$ | 0   | 0   | 1   |       |       | ausg. |
| $S_8$ | 0   | 0   | 0   |       | ausg. |       |

Jetzt stellen wir fest, dass $C$ gilt. Was kann man daraus schließen? Und was würde man schließen, wenn $\overline{C}$ gelten würde?

5. Sei $A$ die Behauptung „$3x - 6 = 5x - 10$" und sei $B$ die Behauptung „$x = 2$". Beweise die Gültigkeit der Implikation $A \Rightarrow B$.

6. Beweise für $A$ und $B$ aus Kontrollaufgabe 5 mit einem indirekten Beweis die Behauptung

   „Wenn $3x - 6 = 5x - 10$ gilt, dann gilt $x = 2$."

7. Beweise mit einem direkten Beweis die folgende Behauptung: „Wenn die linearen Gleichungen

$$2x + y = 0$$
$$7x - 2y = -11$$

gelten, dann gilt $x = -1$ und $y = 2$". Dabei darfst du alle dir bekannten Umformungen von Gleichungen und linearen Gleichungssystemen als gültige Behauptungen (Sätze) deiner Theorie verwenden.

8. Sei

$$ax + by = c$$
$$dx + ey = f$$

die allgemeine Darstellung eines Systems von zwei linearen Gleichungen und zwei Unbekannten $x$ und $y$. Beweise mittels des direkten Beweises, dass die Gültigkeit dieser zwei Gleichungen die Gültigkeit der folgenden Gleichung impliziert:

$$y = \frac{af + de}{ac + db}.$$

9. Kannst du die Formel für die Berechnung des Wertes der Unbekannten $x$ im Falle der Gültigkeit des Gleichungssystems in Kontrollaufgabe 8 überprüfen?

10. Beweise, dass „wenn $ax^2 - c = 0$ und $\frac{c}{a} > 0$ gelten, dann gilt $x \in \{\sqrt{\frac{c}{a}}, -\sqrt{\frac{c}{a}}\}$".

11. Nehmen wir an, dass $x^2 + bx + c = 0$ und $b^2 - 4c \geq 0$ gelten. Beweise, dass dann die Lösungen $x_1, x_2$ der quadratischen Gleichung die Gleichungen

$$b = -x_1 - x_2$$
$$c = x_1 \cdot x_2$$

erfüllen. Dabei kannst du folgende zwei Sätze als gültig in deiner Theorie betrachten:

(1) Zwei Polynome sind nur dann gleich, wenn alle ihre Koeffizienten gleich sind.

(2) Wenn $x_1$ und $x_2$ die Nullstellen eines quadratischen Polynoms $p(x)$ sind (Lösungen der entsprechenden quadratischen Gleichung), dann gilt: $p(x) = (x - x_1) \cdot (x - x_2)$.

12. Beweise die folgende Aussage: Wenn die Behauptung „$p$ teilt $a$ und $p$ teilt $b$" gilt, dann gilt auch die Behauptung „$p$ teilt $5a - 3b$".

13. Seien $a$ und $b$ beliebige ganze Zahlen und sei $p$ eine positive ganze Zahl. Sei $a \bmod p = b \bmod p$, also seien die Reste der Division von $a$ und $b$ durch $p$ gleich. Beweise oder widerlege die folgenden Aussagen:

(a) $p$ teilt $3a - 3b$

(b) $p$ teilt $6a - 3b$

(c) $p$ teilt $5a + 5b$

(d) $p$ teilt $\lambda a - \lambda b$ für jedes $\lambda \in \mathbb{Z}^+$.

14. Beweise die folgende Aussage: Wenn die Zahl $a$ die Zahl $b$ teilt, dann teilt der $\mathrm{GGT}(a, b)$ die Zahl $b$.

15. Beweise, dass für beliebige positive ganze Zahlen $a$ und $b$ die Zahl $\mathrm{GGT}(a, b)$ die kleinste positive ganze Zahl in der unendlichen Menge $\{\, a \cdot x + b \cdot y \mid x, y \in \mathbb{Z} \,\}$ ist.

16. Beweise mittels eines indirekten Beweises die folgende Behauptung: „Wenn 5 die Zahl $x^2$ teilt, dann teilt 5 auch $x$".

17. Beweise, dass $\sqrt{5}$ keine rationale Zahl ist.

18. Finde die kleinste Zahl $j$, so dass die folgende Implikation nicht für alle $x \in \mathbb{Z}^+$ gilt:

    „Wenn $j$ die Zahl $x^2$ teilt, dann teilt $j$ auch die Zahl $x$."

19. Nehmen wir an, dass wir in unserer Theorie schon bewiesen haben:

    (1) $\sqrt{2}$, $\sqrt{3}$ und $\sqrt{5}$ sind irrationale Zahlen.

    (2) Die Teilbarkeit von $x^2$ durch 2, 3 oder 5 lässt auf die Teilbarkeit von $x$ durch die entsprechende Zahl schließen.

    (a) Beweise, dass $\sqrt{10}$ und $\sqrt{15}$ irrationale Zahlen sind.

    (b) Nenne drei weitere irrationale Zahlen, deren Irrationalität durch einen indirekten Beweis auf die Irrationalität der Zahlen $\sqrt{2}$, $\sqrt{3}$ oder $\sqrt{5}$ zurückgeführt werden kann.

20. Formuliere zu den folgenden Sätzen der Form $A \Rightarrow Z$ den Satz $\overline{Z} \Rightarrow \overline{A}$ mit äquivalenter Bedeutung:

    (a) Wenn es zu kalt ist, singen die Vögel nicht.

    (b) Wenn man zu schnell fährt, dann riskiert man eine Buße.

    (c) Wer probiert (sich bemüht), der leidet.

    (d) Wer nicht probiert, der leidet nicht, sondern rostet.

    (e) Wer nichts versteht, der muss alles glauben.


## Lösungen zu ausgewählten Aufgaben

**Aufgabe 2.1** Das Gegenteil von $X$ ist „Es gibt eine lineare Gleichung mit rationalen Koeffizienten, die Jan nicht lösen kann". Auf keinen Fall ist das Gegenteil von $X$ die Behauptung „Jan kann keine lineare Gleichung lösen". Eine Aussage und ihr Gegenteil müssen zusammen alle Möglichkeiten bedecken. Die Aussage „Jan kann alle lineare Gleichungen lösen" und „Jan kann keine lineare Gleichung lösen" bedecken zusammen nicht die Möglichkeit, dass Jan einige Gleichungen lösen und einige nicht lösen kann. Somit ist das Gegenteil davon, dass man alle lineare Gleichungen lösen kann, die Aussage, dass es mindestens eine lineare Gleichung gibt, die Jan nicht lösen kann. Das Gegenteil von $Y$ ist „Jan kann die konkrete Gleichungen $3x - 7 = 5$ nicht lösen". Das Gegenteil von $Z$ ist „Jan hat noch nie eine rationale Zahl gesehen".

| Implikationen | Gültigkeit |
|:---:|:---:|
| $A \Rightarrow A$ | gilt |
| $A \Rightarrow B$ | gilt |
| $A \Rightarrow C$ | gilt nicht |
| $B \Rightarrow A$ | gilt |
| $B \Rightarrow B$ | gilt |
| $B \Rightarrow C$ | gilt nicht |
| $C \Rightarrow A$ | gilt |
| $C \Rightarrow B$ | gilt |
| $C \Rightarrow C$ | gilt |

**Tabelle 2.11**

**Aufgabe 2.7** Wie viele Implikationen sind zu betrachten? Wir haben drei Aussagen $A$, $B$ und $C$ und jedes Paar bestimmt eine Implikation. Die Implikation $A \Rightarrow B$ ist eine andere als die Implikation $B \Rightarrow A$, also ist die Reihenfolge wichtig. Somit gibt es $3 \cdot 3 = 9$ unterschiedliche Implikationen, über deren Gültigkeit wir entscheiden sollen. Die Tabelle in Tabelle 2.11 enthält alle. Weil die Argumentation in den meisten Fällen sehr ähnlich ist, begründen wir nicht jede der Feststellungen aus Tabelle 2.11. Offensichtlich sind die Implikationen $A \Rightarrow A$, $B \Rightarrow B$ und $C \Rightarrow C$ immer gültig, unabhängig davon, wie die Wahrheitstabelle für die Aussagen $A$, $B$ und $C$ aussieht. Für die Bestimmung der Gültigkeit der restlichen Implikationen reicht es, nur die drei möglichen Situationen $S_1$, $S_2$ und $S_3$ zu betrachten. Wenn $A$ gilt (Situationen $S_1$ und $S_2$), dann gilt auch $B$ und deswegen gilt die Implikation $A \Rightarrow B$. In der Situation $S_2$ gilt $A$ und $C$ gilt nicht. Deswegen gilt die Implikation $A \Rightarrow C$ nicht. Wenn $B$ gilt (in $S_1$ und $S_2$), gilt auch $A$ und somit gilt die Implikation $B \Rightarrow A$. Die Implikation $B \Rightarrow C$ gilt nicht, weil in $S_2$ die Aussage $B$ gilt, aber $C$ gilt nicht. Die Gültigkeit von $C \Rightarrow B$ kannst du selbst begründen.

Die Tabelle 2.11 hat neun Zeilen und zwei Spalten. Könntest du dir eine kompaktere Darstellung, zum Beispiel durch eine $3 \times 3$-Tabelle, der Übersicht über geltende Implikationen überlegen?

**Aufgabe 2.11** Wir sollen die folgende Implikation $A \Rightarrow Z$ beweisen:

„$a \pmod{p} = b \pmod{p}$ für geeignete $a, b, p \in \mathbb{Z}^{+}$"
$\Rightarrow$ „Es existiert eine ganze Zahl $d$, so dass $a = b + d \cdot p$ gilt."

Wenn man die Aussage $Z$ dieser Implikation $A \Rightarrow Z$ genauer betrachtet, sagt sie nichts anderes, als dass der Unterschied zwischen $a$ und $b$ ein Vielfaches von $p$ ist. Dies erinnert uns an Beispiel 2.3, weil jedes Vielfache von $p$ durch $p$ teilbar ist. Deswegen nutzen wir in unserem Beweis das Resultat von Beispiel 2.3.

„$a \pmod{p} = b \pmod{p}$ für $a, b, p \in \mathbb{Z}^{+}$"

$\Rightarrow$ „$p$ teilt $a - b$"
{Die in Beispiel 2.3 bewiesene Implikation.}

$\Rightarrow$ „Es existiert ein $d \in \mathbb{Z}$, so dass $a - b = d \cdot p$"
{Definition der Teilbarkeit angewendet auf $a - b$ und $p$.}

$\Rightarrow$ „Es existiert ein $d \in \mathbb{Z}$, so dass $a = b + d \cdot p$"
$\left\{\begin{array}{l}\text{Die Bedeutung einer Gleichung ändert sich nicht, wenn zu beiden Seiten die gleiche}\\ \text{Zahl } b \text{ addiert wird.}\end{array}\right\}$

Kannst du den Beweis führen, ohne die in Beispiel 2.3 bewiesene Aussage zu verwenden?

**Aufgabe 2.14** Wir sollen die Implikation $A \Rightarrow Z$ beweisen, wobei:

$A$ ist „$d$ teilt die Zahlen $a$ und $b$".
$B$ ist „$d$ teilt $ax + by$ für jedes $x$ und jedes $y$ aus $\mathbb{Z}$".

Der direkte Beweis geht wie folgt:

„$d$ teilt $a$ und $d$ teilt $b$"

$\Rightarrow$ „$a = k \cdot d$ und $b = l \cdot d$ für geeignete $k, l \in \mathbb{Z}$"

$\Rightarrow$ „Für alle $x, y \in \mathbb{Z}$ gilt: $ax + by = k \cdot d \cdot x + l \cdot d \cdot y = d \cdot (k \cdot x + l \cdot y)$"
$\{$Einsetzen von $k \cdot d$ für $a$ und $l \cdot d$ für $b$ und Distributivgesetz.$\}$

$\Rightarrow$ „$d$ teilt $d \cdot (k \cdot x + l \cdot y) = ax + by$ für alle $x, y \in \mathbb{Z}$"
$\{$Definition der Teilbarkeit.$\}$

**Aufgabe 2.18** Die Zahl $a$ ist ein Teiler von $a$ (das heißt $a \in \text{Teiler}_a$) sowie von $k \cdot a$ (das heißt $a \in \text{Teiler}_{k \cdot a}$). Somit gilt

$$a \in \text{Teiler}_{a, k \cdot a} = \text{Teiler}_a \cap \text{Teiler}_{k \cdot a}.$$

Weil offensichtlich $a$ der größte Teiler von $a$ ist, gilt

$$a = \text{maximum } \{c \mid c \in \text{Teiler}_{a, k \cdot a}\}$$

und somit gilt $a = \text{GGT}(a, k \cdot a)$.

**Aufgabe 2.25** Die Wahrheitstabelle sieht folgendermaßen aus:

|       | $A$ | $B$ | $C$ | $A \Rightarrow B$ | $B \Rightarrow C$ | $B$ gilt nicht |
|-------|-----|-----|-----|-------------------|-------------------|----------------|
| $S_1$ | 1   | 1   | 1   |                   |                   | ausg.          |
| $S_2$ | 1   | 1   | 0   |                   | ausg.             | ausg.          |
| $S_3$ | 1   | 0   | 1   | ausg.             |                   |                |
| $S_4$ | 1   | 0   | 0   | ausg.             |                   |                |
| $S_5$ | 0   | 1   | 1   |                   |                   | ausg.          |
| $S_6$ | 0   | 1   | 0   |                   | ausg.             | ausg.          |
| $S_7$ | 0   | 0   | 1   |                   |                   |                |
| $S_8$ | 0   | 0   | 0   |                   |                   |                |

**Tabelle 2.12**

Als Unterschied zu Tabelle 2.8 sehen wir, dass zwei Situationen $S_7$ und $S_8$ möglich geblieben sind. Über $C$ können wir hier nichts aussagen, weil $C$ in $S_7$ gilt und in $S_8$ nicht gilt. In beiden Situationen gelten $A$ und $B$ nicht. Für $B$ haben wir dies vorausgesetzt, deswegen konnte es auch nicht anders ausfallen. Damit ist die einzige neue Erkenntnis, dass $A$ nicht gilt. Dies entspricht aber unseren Erwartungen. Wir haben die Gültigkeit von $A \Rightarrow B$ und von $\overline{B}$ belegt und somit folgt aus dem Schema des indirekten Beweises die Gültigkeit von $\overline{A}$.

**Aufgabe 2.29** Wir wissen, dass $x^2$ nicht durch 3 teilbar ist und sollen die Zielaussage $Z$ „$x$ ist nicht durch 3 teilbar" beweisen. Nach dem Schema des indirekten Beweises fangen wir mit der Behauptung $\overline{Z}$ an:

„$x$ ist durch 3 teilbar"

$\Rightarrow$ „$x = 3i$ für ein $i \in \mathbb{Z}$"
{Definition der Teilbarkeit.}

$\Rightarrow$ „$x^2 = (3i)^2 = 9i^2 = 3 \cdot (3i^2)$"

$\Rightarrow$ „$x^2$ ist durch 3 teilbar"
{Definition der Teilbarkeit.}

Das Resultat der Folge von Implikationen ist das Gegenteil unserer Voraussetzung „$x^2$ ist nicht durch 3 teilbar". Somit kann die Startbehauptung $\overline{Z}$ nicht gelten. Wir können schließen, dass $Z$ gilt.

**Aufgabe 2.31** Diese Behauptung gilt. Wir beweisen es sogar mittels eines direkten Beweises.

„$x^2$ ist durch 6 teilbar"

$\Rightarrow$ „$x^2$ ist durch 2 und durch 3 teilbar"

$\Rightarrow$ „$x$ ist durch 2 teilbar und $x$ ist durch 3 teilbar"
$\left\{ \begin{array}{l} \text{Aus Aufgabe 2.28 wissen wir, dass } x \text{ gerade sein muss, wenn } x^2 \text{ gerade ist. Im Sinne} \\ \text{des direkten Beweises haben wir es auch in Beispiel 2.4 gezeigt. In Beispiel 2.5 haben} \\ \text{wir bewiesen, dass } x \text{ durch 3 teilbar sein muss, wenn 3 die Zahl } x^2 \text{ teilt.} \end{array} \right\}$

$\Rightarrow$ „$x$ ist durch 6 teilbar"
{Eine Zahl ist durch 6 genau dann teilbar, wenn sie durch 2 und durch 3 teilbar ist.}

Betrachten wir jetzt die Implikation

„Wenn $x^2$ durch 12 teilbar ist, dann ist auch $x$ durch 12 teilbar."

Diese Implikation gilt nicht für alle $x$. Wählen wir $x = 6$. Dann ist $x^2 = 36$ und wir sehen, dass 12 die Zahl 36 teilt. Die Zahl $x = 6$ ist aber nicht durch 12 teilbar.

Kannst du noch mehrere Zahlen $x$ finden, für welche die Implikation nicht gilt? Impliziert die Teilbarkeit von $x^2$ durch 18 die Teilbarkeit von $x$ durch 18?

**Aufgabe 2.32** Wir zeigen es für $a + b$ und $\frac{a}{b}$. Fangen wir mit $a + b$ an.

„$a$ und $b$ sind rationale Zahlen"

$\Rightarrow$ „$a = \frac{p}{q}$ und $b = \frac{r}{s}$ für $p, q, r, s \in \mathbb{Z}$ und $q \neq 0$, $s \neq 0$"
{Definition der rationalen Zahlen.}

$\Rightarrow$ „$a + b = \frac{p}{q} + \frac{r}{s} = \frac{ps+rq}{qs}$ mit $q \neq 0$, $s \neq 0$"

$\Rightarrow$ „$a + b$ ist eine rationale Zahl"
$\left\{ \begin{array}{l} \text{Die Zahl } ps + rq \text{ ist in } \mathbb{Z}, \text{ weil alle Zahlen } p, q, r \text{ und } s \text{ auch aus } \mathbb{Z} \text{ sind. Die Zahl } qs \\ \text{ist auch aus } \mathbb{Z} \text{ und } qs \neq 0 \text{ gilt, weil } q \neq 0 \text{ und } s \neq 0 \text{ gelten. Somit ist } a + b = \frac{m}{n} \text{ für} \\ m = ps + rq \in \mathbb{Z} \text{ und } n = qs \in \mathbb{Z} \setminus \{0\} \text{ und damit eine rationale Zahl.} \end{array} \right\}$

Der Beweis der Rationalität von $\frac{a}{b}$ für $b \neq 0$ ist noch einfacher.

„$a$ und $b$ sind ganze Zahlen und $b \neq 0$"

$\Rightarrow$ „$a = \frac{p}{q}$ und $b = \frac{r}{s}$ für $p, q, r, s \in \mathbb{Z}$ und $q \neq 0, r \neq 0, s \neq 0$"
$\{$Definition der rationalen Zahlen.$\}$

$\Rightarrow$ „$\frac{a}{b} = a \cdot \frac{1}{b} = \frac{p}{q} \cdot \frac{s}{r} = \frac{ps}{qr}$ und $q \neq 0, r \neq 0, s \neq 0$"

$\Rightarrow$ „$\frac{a}{b}$ ist eine rationale Zahl"
$\left\{\begin{array}{l}\text{Die Zahl } p \cdot s \text{ sowie die Zahl } q \cdot r \text{ sind ganze Zahlen und } qr \neq 0, \text{ weil } q \neq 0 \text{ und } r \neq 0 \\ \text{gelten.}\end{array}\right\}$

**Aufgabe 2.44** Wir führen einen indirekten Beweis der Aussage, dass es unendlich viele Primzahlen gibt.

„Es gibt endlich viele Primzahlen $p_1, p_2, \ldots, p_k$."

$\Rightarrow$ „Jede Zahl aus $\mathbb{Z}^+$ außer der 1 ist durch mindestens eine der Primzahlen $p_1, p_2, \ldots, p_k$ teilbar."
$\left\{\begin{array}{l}\text{Jede positive ganze Zahl größer als 1 lässt sich faktorisieren (als Produkt von Primzah-} \\ \text{len darstellen).}\end{array}\right\}$

$\Rightarrow$ „Die Zahl $n = p_1 \cdot p_2 \cdot \ldots \cdot p_k + 1$ ist durch eine der Primzahlen $p_1, p_2, \ldots, p_k$ teilbar."
$\left\{\begin{array}{l}\text{Wenn es für alle natürlichen Zahlen größer gleich 2 gilt, muss es auch für diese spezi-} \\ \text{elle Zahl } n \text{ gelten.}\end{array}\right\}$

Die letzte Aussage ist widersprüchlich. Egal, durch welche der Primzahlen $p_1, p_2, \ldots, p_k$ wir $n$ teilen, der Rest ist immer 1. Zum Beispiel

$$(p_1 \cdot p_2 \cdot \ldots \cdot p_k + 1) \operatorname{div} p_1 = p_2 \cdot \ldots \cdot p_k \text{ und}$$
$$(p_1 \cdot p_2 \cdot \ldots \cdot p_k + 1) \bmod p_1 = 1.$$

Somit teilt keine der Primzahlen $p_1, p_2, \ldots, p_k$ die Zahl $n$.

Ist die Formel $n = p_1 \cdot p_2 \cdot \ldots \cdot p_k + 1$ eine gute Strategie, um aus den bekannten ($k$ kleinsten) Primzahlen $p_1, p_2, \ldots, p_k$ eine neue Primzahl $n$ zu erzeugen? Oder ist es möglich, dass $n$ für gewisse Primzahlen $p_1, p_2, \ldots, p_k$ keine Primzahl ist?

# Lektion 3

# Geschichte der Informatik

**Hinweis für die Lehrperson** Das Ziel dieser Lektion ist nicht, Kompetenzen in Verwendung gewisser Methoden oder im Umgang mit gewissen Objekten zu erwerben. Sie bietet eine Vorschau auf unterschiedliche Themenbereiche der Informatik. Nicht alle hier diskutierten Themen müssen angesprochen werden. Wichtig und notwendig ist, nur die geschichtliche Entwicklung der Begriffsbildung in der Informatik zu vermitteln und eine erste Vorstellung von der Bedeutung der Grundbegriffe „Algorithmus" und „Berechnungskomplexität" zu erwerben. Dies ist insbesondere deswegen wichtig, weil diese zwei Konzepte (Begriffe) die Informatik von anderen Wissenschaftsgebieten abgesondert haben und somit führte ihre Einführung zur Entstehung der Informatik als einer selbstständigen Wissenschaftsdisziplin.

Ende des 19. und Anfang des 20. Jahrhunderts war die Gesellschaft in einem Zustand der Euphorie angesichts der Erfolge der Wissenschaft und der technischen Revolution, die das Wissen in die Herstellung von Maschinen umgewandelt hatte. Die Produkte der kreativen Arbeit von Wissenschaftlern und Entwicklern drangen in das tägliche Leben und erhöhten die Lebensqualität wesentlich. Unvorstellbares wurde zur Realität. Die entstandene Begeisterung führte unter den Wissenschaftlern nicht nur zu großem Optimismus, sondern sogar zu utopischen Vorstellungen über unsere Fähigkeiten. Es überwog die kausal-deterministische Vorstellung über die Welt, in der alles, was passiert, eine Ursache hat. Mit der Kette

$$\text{Ursache} \Rightarrow \text{Wirkung} \Rightarrow \text{Ursache} \Rightarrow \text{Wirkung} \Rightarrow \ldots$$

wollte man die Welt erklären. Man glaubte daran, dass wir fähig sind, alle Naturgesetze zu erforschen und dass dieses Wissen ausreicht, um die Welt zu verstehen. In der Physik zeigte sich diese Euphorie in dem Gedankenexperiment der so genannten Dämonen, die die Zukunft berechnen und somit vorhersagen könnten. Den Physikern war klar, dass das Universum aus einer riesigen Menge von Teilchen besteht und kein Mensch fähig ist, auf einmal alle ihre Positionen, inneren Zustände und Bewegungsrichtungen zu erfassen. Somit sahen die Physiker, dass auch mit der Kenntnis aller Naturgesetze ein Mensch nicht die Zukunft vorhersagen kann. Deswegen „führten" die Physiker den Begriff des Dämonen als den eines Übermenschen ein, der den Ist-Zustand des Universums (den

Zustand aller Teilchen und aller Interaktionen zwischen den Teilchen) vollständig sehen kann. Damit wurde der hypothetische Dämon fähig, mit der Kenntnis aller Naturgesetze die Zukunft zu kalkulieren und alles über sie vorherzusagen. Heute halten wir aber diese Vorstellung gar nicht für optimistisch, weil sie bedeuten würde, dass die Zukunft schon bestimmt ist. Wo bleibt dann Platz für unsere Aktivitäten? Können wir gar nichts beeinflussen, höchstens vorhersagen? Zum Glück hat die Physik selbst diese Vorstellungen zerschlagen. Einerseits stellte man mit der Chaostheorie fest, dass es reale Systeme gibt, bei denen unmessbar kleine Unterschiede in der Ausgangslage zu vollständig unterschiedlichen, zukünftigen Entwicklungen führen. Das definitive Aus für die Existenz von Dämonen war die Entwicklung der Quantenmechanik, die zur eigentlichen Grundlage der heutigen Physik geworden ist. Die Basis der Theorie der Quantenmechanik sind zufällige und damit unvorhersehbare Ereignisse auf der Ebene der Teilchen. Wenn man die Quantenmechanik akzeptiert (bisher waren die Resultate aller Experimente im Einklang mit dieser Theorie), dann gibt es keine eindeutig bestimmte Zukunft und damit wird uns der Spielraum für die Zukunftsgestaltung nicht entzogen.

Die Gründung der Informatik hängt aber mit anderen, aus heutiger Sicht „utopischen" Vorstellungen zusammen. David Hilbert, einer der berühmtesten Mathematiker seiner Zeit, glaubte an die Existenz von **Lösungsmethoden** für alle Probleme. Die Vorstellung war,

(1)  dass man die ganze Mathematik auf endlich vielen Axiomen aufbauen kann,

(2)  dass die so aufgebaute Mathematik in dem Sinne vollständig wird, dass alle in dieser Mathematik formulierbaren Aussagen auch in dieser Theorie als korrekt oder falsch bewiesen werden können und

(3)  dass zum Beweisen der Korrektheit von Aussagen eine Methode existiert.

Im Zentrum unseres Interesses liegt jetzt der Begriff **Methode**. Was verstand man damals in der Mathematik unter einer Methode?

*Eine **Methode** zur Lösung einer Aufgabe ist eine Beschreibung einer Vorgehensweise, die zur Lösung der Aufgabe führt. Die Beschreibung besteht aus einer Folge von Instruktionen, die für jeden, auch einen Nichtmathematiker, durchführbar sind.*

Wichtig ist dabei zu begreifen, dass man zur Anwendung einer Methode nicht zu verstehen braucht, wie diese Methode erfunden wurde und warum sie die gegebene Aufgabe löst. Zum Beispiel betrachten wir die Aufgabe (das Problem), quadratische Gleichungen der Form

$$x^2 + bx + c = 0$$

zu lösen. Wenn $b^2 - 4c > 0$ gilt, beschreiben die Formeln

$$x_1 = -\left(\frac{b}{2}\right) + \frac{\sqrt{b^2 - 4c}}{2}$$

$$x_2 = -\left(\frac{b}{2}\right) - \frac{\sqrt{b^2 - 4c}}{2}$$

die zwei Lösungen der quadratischen Gleichung. Wir sehen damit, dass man $x_1$ und $x_2$ berechnen kann, ohne zu wissen, warum die Formeln so sind, wie sie sind. Es reicht aus, einfach fähig zu sein, die arithmetischen Operationen durchzuführen. Somit kann auch ein maschineller Rechner, also ein Gegenstand ohne Intellekt, quadratische Gleichungen dank der existierenden Methode lösen.

Deswegen verbindet man die Existenz einer mathematischen Methode zur Lösung gewisser Aufgabentypen mit der **Automatisierung** der Lösung dieser Aufgaben. Heute benutzen wir nicht den Begriff „Methode" zur Beschreibung von Lösungswegen, weil dieses Fachwort viele Interpretationen in anderen Kontexten hat. Stattdessen verwenden wir heute den zentralen Begriff der Informatik, den Begriff des **Algorithmus**. Obwohl die Verwendung dieses Begriffes relativ neu ist, verwenden wir Algorithmen im Sinne von Lösungsmethoden schon seit Tausenden von Jahren. Das Wort „Algorithmus" verdankt seinen Namen dem arabischen Mathematiker Al-Khwarizmi, der im 9. Jahrhundert in Bagdad ein Buch über algebraische Methoden geschrieben hat.

Im Sinne dieser algorithmischen Interpretation strebte also Hilbert die Automatisierung der Arbeit von Mathematikern an. Er strebte nach einer vollständigen Mathematik, in der man für die Erzeugung der Korrektheitsbeweise von formulierten Aussagen einen Algorithmus (eine Methode) hat. Damit wäre die kreativste Haupttätigkeit eines Mathematikers, mathematische Beweise zu führen, automatisierbar. Eigentlich eine traurige Vorstellung, eine so hoch angesehene, intellektuelle Tätigkeit durch „dumme" Maschinen erledigen zu können.

Im Jahr 1931 setzte Kurt Gödel diesen Bemühungen, eine vollständige Mathematik zu bauen, ein definitives Ende. Er hat mathematisch bewiesen, dass eine vollständige Mathematik nach Hilbertschen Vorstellungen nicht existiert und somit nie aufgebaut werden kann. Ohne auf mathematische Formulierungen zurückzugreifen, präsentieren wir die wichtigste Aussage von Gödel für die Wissenschaft:

(1) Es gibt keine vollständige „vernünftige" mathematische Theorie. In jeder korrekten und genügend umfangreichen mathematischen Theorie (wie der heutigen Mathematik) ist es möglich, Aussagen zu formulieren, deren Korrektheit innerhalb dieser Theorie nicht beweisbar ist. Um die Korrektheit dieser Aussagen zu beweisen, muss man neue Axiome aufnehmen und dadurch eine größere Theorie aufbauen.

(2)  Es gibt keine Methode (keinen Algorithmus) zum automatischen Beweisen mathematischer Sätze.

Wenn man die Resultate richtig interpretiert, ist diese Nachricht eigentlich positiv. Der Aufbau der Mathematik als die formale Sprache der Wissenschaft ist ein unendlicher Prozess. Mit jedem neuen Axiom und damit mit jeder neuen Begriffsbildung wächst unser Vokabular und unsere Argumentationsstärke. Dank neuer Axiome und damit verbundener Begriffe können wir über Dinge und Ereignisse Aussagen formulieren, über die wir vorher nicht sprechen konnten. Und wir können die Wahrheit von Aussagen überprüfen, die vorher nicht verifizierbar waren. Die positive Nachricht ist also, dass durch die Einführung neuer Begriffe eine neue Theorie entstehen kann, deren Ausdrucksstärke sowie Argumentationsstärke gegenüber der alten Theorie gewachsen ist. Die negative Nachricht ist, dass die Ausdrucksstärke und die Argumentationsstärke weiterhin unterschiedlich bleiben, das heißt in der neuen Theorie kann man Aussagen formulieren, deren Korrektheit in dieser Theorie nicht überprüfbar ist. Somit können wir die Wahrheitsüberprüfung nicht automatisieren.

Die Resultate von Gödel haben unsere Sicht auf die Wissenschaft geändert. Wir verstehen dadurch die Entwicklung der einzelnen Wissenschaften zunehmend als einen Prozess der Begriffsbildung und Methodenentwicklung. Warum war aber das Resultat von Gödel maßgeblich für das Entstehen der Informatik? Einfach deswegen, weil vor den Gödelschen Entdeckungen kein Bedarf an einer formalen, mathematischen Definition des Begriffes Methode vorhanden war. Eine solche Definition brauchte man nicht, um eine neue Methode für gewisse Zwecke zu präsentieren. Die intuitive Vorstellung einer einfachen und verständlichen Beschreibung der Lösungswege reichte vollständig. Aber sobald man beweisen sollte, dass für gewisse Aufgaben (Zwecke) kein Algorithmus existiert, musste man vorher ganz genau wissen, was ein Algorithmus ist. Die Nichtexistenz eines Objektes zu beweisen, das nicht eindeutig spezifiziert ist, ist ein unmögliches Vorhaben. Wir müssen ganz genau (im Sinne einer mathematischen Definition) wissen, was ein Algorithmus zur Lösung eines Problems ist. Nur so können wir den Beweis führen, dass es zur Lösung dieser Aufgabe keinen Algorithmus gibt. Die erste mathematische Definition wurde von Alan Turing in Form der sogenannten Turingmaschine gegeben und später folgten viele weitere. Das Wichtigste ist, dass alle vernünftigen Versuche, eine formale Definition des Algorithmus zu finden, zu der gleichen Begriffsbeschreibung im Sinne des automatisch Lösbaren führten. Obwohl sie in mathematischen Formalismen auf unterschiedliche Weise ausgedrückt wurden, blieben die diesen Definitionen entsprechenden Mengen der algorithmisch lösbaren Aufgaben immer dieselben. Dies führte letztendlich dazu, dass man die Turingsche Definition des Algorithmus zum ersten[1] Axiom der Informatik erklärt hat.

---

[1] Alle Axiome der Mathematik werden auch als Axiome in der Informatik verwendet.

Jetzt können wir unser Verständnis für die Axiome nochmals überprüfen. Wir fassen die Definition des Algorithmus als Axiom auf, weil ihre Korrektheit nicht beweisbar ist. Wie könnten wir beweisen, dass die von uns definierte, algorithmische Lösbarkeit wirklich unserer Vorstellung über automatisierte Lösbarkeit entspricht? Wir können eine Widerlegung dieser Axiome nicht ausschließen. Wenn jemand eine nutzbare Methode zu einem gewissen Zweck entwickelt und diese Methode nach unserer Definition kein Algorithmus ist, dann war unsere Definition nicht gut genug und muss revidiert werden. Seit 1936 hat aber, trotz vieler Versuche, niemand die verwendete Definition des Algorithmus destabilisiert und somit ist der Glaube an die Gültigkeit dieser Axiome stark.

Der Begriff des Algorithmus ist so zentral für die Informatik, dass wir jetzt nicht versuchen werden, die Bedeutung dieses Begriffes in Kürze und unvollständig zu erklären. Lieber widmen wir eine ganze Unterrichtslektion dem Aufbau des Verständnisses für die Begriffe „Algorithmus" und „Programm".

Die erste fundamentale Frage der Informatik war:

*Gibt es Aufgaben, die man algorithmisch (automatisch) nicht lösen kann?*
*Und wenn ja, welche Aufgaben sind algorithmisch lösbar und welche*
*nicht?*

Wir werden diese grundlegende Frage in einem selbstständigen Unterrichtsmodul nicht nur beantworten, sondern große Teile der Forschungswege zu den richtigen Antworten so darstellen, dass man sie danach selbstständig nachvollziehen kann. Weil dieses Thema zu den schwierigsten in den ersten beiden Jahren des universitären Informatikstudiums gehört, gehen wir hier in sehr kleinen Schritten vor. Der Schlüssel zum Verständnis der Informatik liegt im korrekten Verstehen ihrer Grundbegriffe. Deswegen ist die nächste Lektion vollständig der Bildung und Erklärung der Schlüsselbegriffe „Algorithmus" und „Programm" gewidmet. Um eine erste Vorstellung der Bedeutung dieser Begriffe aufzubauen, fangen wir mit dem alltäglichen Kuchenbacken an.

Hast du schon einmal nach Rezept einen Kuchen gebacken oder ein Essen gekocht, ohne zu ahnen, warum man genau so vorgehen muss, wie in der Anweisung beschrieben? Die ganze Zeit warst du dir bewusst, dass eine korrekte Durchführung aller Einzelschritte enorm wichtig für die Qualität des Endprodukts ist. Was hast du dabei gelernt? Bei einem präzise formulierten und detaillierten Rezept kannst du etwas Gutes erzeugen, ohne ein Meisterkoch zu sein. Auch wenn man sich im Rausch des Erfolges kurz für einen hervorragenden Koch halten darf, ist man dies nicht, bevor man nicht alle Zusammenhänge zwischen dem Produkt und den Schritten seiner Herstellung verstanden hat – und selbst solche Rezepte schreiben kann.

Der Rechner hat es noch schwerer: Er kann nur ein paar elementare Rechenschritte durchführen, so wie man zum Beispiel die elementaren Koch-Operationen wie das Mischen von Zutaten und das Erwärmen zur Umsetzung eines Rezeptes beherrschen muss. Im Unterschied zu uns besitzt der Rechner aber keine Intelligenz und kann deshalb auch nicht improvisieren. Ein Rechner verfolgt konsequent die Anweisungen seiner Rezepte (seiner Programme), ohne zu ahnen, welche komplexe Informationsverarbeitung diese auslösen.

Auf diese Weise entdecken wir, dass die Kunst des Programmierens jene ist, Programme wie Rezepte zu schreiben, welche die Methoden und Algorithmen für den Rechner verständlich darstellen. So kann er unterschiedlichste Aufgaben lösen. Dabei stellen wir auch den Rechner vor und zeigen, welche Befehle (Instruktionen) er ausführen kann und was dabei in ihm passiert. Nebenbei lernen wir auch, was algorithmische Aufgaben (Probleme) sind und wo genau der Unterschied zwischen Programmen und Algorithmen liegt.

Nachdem die Forscher eine Theorie zur Klassifizierung von Problemen in automatisch lösbare und automatisch unlösbare erfolgreich entwickelt hatten, kamen in den sechziger Jahren die Rechner zunehmend in der Industrie zum Einsatz. In der praktischen Umsetzung von Algorithmen ging es dann nicht mehr nur um die Existenz von Algorithmen, sondern auch um deren Komplexität und somit um die Effizienz der Berechnung.

Nach dem Begriff des Algorithmus ist der Begriff der **Komplexität** der nächste zentrale Begriff der Informatik. Die Komplexität verstehen wir in erster Linie als Berechnungskomplexität, also als die Menge der Arbeit, die ein Rechner bewältigen muss, um zu einer Lösung zu gelangen. Am häufigsten messen wir die Komplexität eines Algorithmus in der Anzahl der durchgeführten Operationen oder der Größe des verwendeten Speichers. Wir versuchen auch, die Komplexität von Problemen zu messen, indem wir die Komplexität des besten (schnellsten bzw. mit dem Speicher am sparsamsten umgehenden) Algorithmus, der das gegebene Problem löst, heranziehen.

Die Komplexitätstheorie versucht die Probleme (Aufgabenstellungen) bezüglich der Komplexität in leichte und schwere zu unterteilen. Wir wissen, dass es beliebig schwere algorithmisch lösbare Probleme gibt, und wir kennen Tausende von Aufgaben aus der Praxis, für deren Lösung die besten Algorithmen mehr Operationen durchführen müssten, als es Protonen im bekannten Universum gibt. Weder reicht die ganze Energie des Universums noch die Zeit seit dem Urknall aus, um sie zu lösen. Kann man da überhaupt etwas unternehmen?

Beim Versuch, diese Frage zu beantworten, entstanden einige der tiefgründigsten Beiträge der Informatik. Man kann einiges tun. Und wie dies möglich ist, das ist die wahre Kunst der Algorithmik. Viele schwer berechenbare Probleme sind in folgendem Sinne instabil. Mit einer kleinen Umformulierung des zu lösenden Problems oder mit einer leichten Abschwächung der Anforderungen kann auf einmal aus einer physikalisch unrealisierbaren Menge an Computerarbeit, eine in Bruchteilen einer Sekunde durchführbare Rechnung werden. Wie dies durch die Kunst der Algorithmik gelingt, ist das zentrale Thema heutiger Grundlagenforschung in der Informatik.

Unerwartete und spektakuläre Lösungen entstehen dann, wenn unsere Anforderungen so wenig abgeschwächt werden, dass es aus Sicht der Praxis keine wirkliche Abschwächung ist und dabei trotzdem eine riesige Menge von Rechenarbeit eingespart wird.

Die wunderbarsten Beispiele in diesem Zusammenhang entstehen bei der Anwendung der Zufallssteuerung. Die Effekte sind hier so faszinierend wie wahre Wunder. Deswegen widmen wir dem Thema der zufallsgesteuerten Algorithmen ein ganzes Unterrichtsmodul. Die Idee ist dabei, die deterministische Kontrolle von Algorithmen dadurch aufzugeben, dass man hier und da den Algorithmus eine Münze werfen lässt. Abhängig von dem Ergebnis des Münzwurfs darf dann der Algorithmus unterschiedliche Lösungsstrategien wählen. Auf diese Weise verlieren wir die theoretisch absolute Sicherheit, immer die korrekte Lösung auszurechnen, weil wir bei einigen Zufallsentscheidungen erfolglose Berechnungen nicht vermeiden können. Unter erfolglosen Berechnungen verstehen wir Bemühungen, die zu keinem oder sogar zu einem falschen Resultat führen. Wenn man aber die Wahrscheinlichkeit des Auftretens von fehlerhaften Problemlösungen kleiner hält als die Wahrscheinlichkeit des Auftretens eines Hardwarefehlers während der Berechnung, verliert man dabei aus praktischer Sicht gar nichts. Wenn man mit diesem nur scheinbaren Sicherheitsverlust den Sprung von einer physikalisch unrealisierbaren Menge von Arbeit zu ein paar Sekunden Rechenzeit auf einem gewöhnlichen PC schafft, kann man von einem wahren Wunder sprechen. Ohne diese Art von Wunder kann man sich heute die Kommunikation im Internet, E-Commerce und Online-Banking gar nicht mehr vorstellen.

Außer den Anwendungen des Zufalls in der Informatik diskutiert man in der informatischen Grundlagenforschung die fundamentale Frage der Existenz des echten Zufalls. Wie sich die Einstellung zum Zufall in der Geschichte der Wissenschaft gewandelt hat, kann man im Buch *Sieben Wunder der Informatik* [3] erfahren.

Die Konzepte der Berechnungskomplexität haben die ganze Wissenschaft beeinflusst und befruchtet. Ein schönes Beispiel solcher Bereicherung ist die Kryptographie, die „Wissenschaft der Verschlüsselung". Die Kryptographie hat sich erst mit Hilfe der Algorithmik und ihren komplexitätstheoretischen Konzepten zu einer fundierten Wissenschaft entwickelt. Es ist schwer, andere Wissenschaftsgebiete zu finden, in denen so viele Wunder im Sinne unerwarteter Wendungen und unglaublicher Möglichkeiten auftreten.

Kryptographie ist eine uralte Wissenschaft der Geheimsprachen. Dabei geht es darum, Texte so zu verschlüsseln, dass sie niemand außer dem rechtmäßigen Empfänger dechiffrieren kann. Die klassische Kryptographie basiert auf geheimen Schlüsseln, die dem Sender sowie dem Empfänger bekannt sind.

Die Informatik hat wesentlich zur Entwicklung der Kryptographie beigetragen. Zunächst hat sie die Kryptologie mittels der Einführung eines neuen Sicherheitsbegriffes revolutioniert, in dem die Informatik das erste Mal ermöglichte, die Zuverlässigkeit eines Kryptosystems zu messen. Ein Kryptosystem ist schwer zu knacken, wenn jedes Computerprogramm, das den geheimen Schlüssel nicht kennt, eine physikalisch unrealisierbare Menge von Arbeit zur Kryptoanalyse von verschlüsselten Texten braucht. Ausgehend von dieser Definition der Güte eines Kryptosystems haben die Informatiker Verschlüsselungen gefunden, die effizient durchführbar sind, deren entsprechende Entschlüsselung ohne Kenntnis des Schlüssels aber einer algorithmisch schweren Aufgabe entspricht.

Daran sieht man, dass die Existenz von schweren Problemen uns nicht nur die Grenzen aufzeigt, sondern auch sehr nützlich sein kann. So entwickelte Kryptosysteme nennt man Public-Key-Kryptosysteme, weil die Verschlüsselungsmechanismen wie in einem Telefonbuch veröffentlicht werden dürfen. Denn das Geheimnis, das zur effizienten Entschlüsselung notwendig ist, ist nur dem Empfänger bekannt, und kein unbefugter Dritter kann die verschlüsselten Nachrichten lesen.

Dieses Thema ist nicht nur eine Brücke zwischen der Mathematik und der Informatik, sondern auch eine ungewöhnlich kurze Brücke zwischen Theorie und Praxis. Das Lehrbuch *Einführung in die Kryptologie* [1] präsentiert in der Form eines Modules die wichtigsten Meilensteine der Entwicklung der Kryptologie.

Mit der Entwicklung der Informations- und Kommunikationstechnologien (ICT) entstanden zahlreiche neue Konzepte und Forschungseinrichtungen, welche die ganze Wissenschaft und sogar das tägliche Leben verändert haben. Dank der Informatik wurde das Wissen der Mathematik zu einer Schlüsseltechnologie mit grenzenlosen Anwendungen. Es ist uns unmöglich, hier alle wesentlichen Beiträge der Informatik aus den letzten 30 Jahren aufzulisten. Sie reichen von der Hardware- und Softwareentwicklung über Algorithmik zur interdisziplinären Forschung in praktisch allen Wissenschaftsdisziplinen. Die Fortschritte in der Erforschung unserer Gensequenzen oder der Entwicklung der Gentechnologie wären ohne die Informatik genauso undenkbar wie die automatische Spracherkennung, Simulationen von ökonomischen Modellen oder die Entwicklung diagnostischer Geräte in der Medizin. Für alle diese unzähligen Beiträge erwähnen wir nur zwei neuere Konzepte, welche die Fundamente der ganzen Wissenschaft berühren.

Diese Beiträge sprechen die Möglichkeiten einer enormen Miniaturisierung von Rechnern und damit eine wesentliche Beschleunigung ihrer Arbeit an, indem man die Durchführung der Berechnungen auf die Ebene von Molekülen oder Teilchen bringt. Das erste Konzept entdeckt die biochemischen Technologien, die man zur Lösung konkreter, schwerer Rechenprobleme einsetzen könnte. Die Idee ist, die Computerdaten durch DNA-Sequenzen darzustellen und dann mittels einiger chemischer Operationen auf diesen Sequenzen die Lösung zu finden.

Wenn man die Arbeit von Rechnern genauer unter die Lupe nimmt, stellt man fest, dass sie nichts anderes tun, als gewisse Texte in andere Texte umzuwandeln. Die Aufgabenstellung ist dem Rechner als eine Folge von Symbolen (zum Beispiel Nullen und Einsen) gegeben, und die Ausgabe des Rechners ist wiederum ein Text in Form einer Folge von Buchstaben.

Kann die Natur so etwas nachahmen? Die DNA-Sequenzen kann man auch als Folge von Symbolen A, T, C und G sehen. Wir wissen, dass die DNA-Sequenzen genau wie Rechnerdaten Informationsträger sind. Genau wie die Rechner Operationen auf den symbolischen Darstellungen der Daten ausführen können, ermöglichen es unterschiedliche chemische Prozesse, biologische Daten zu verändern. Was ein Rechner kann, schaffen die Moleküle locker – sogar noch ein bisschen schneller.

Die Informatiker haben bewiesen, dass genau das, was man algorithmisch mit Rechnern umsetzen kann, man auch in einem Labor durch chemische Operationen an DNA-Sequenzen realisieren kann. Die einzige Schwäche dieser Technologie ist, dass die Durchführung der chemischen Operationen auf DNA-Sequenzen als Datenträgern eine unvergleichbar höhere Fehlerwahrscheinlichkeit aufweist, als es bei der Durchführung von Rechneroperationen der Fall ist.

Dieser Forschungsbereich ist immer für Überraschungen gut. Heute wagt niemand, Prognosen über die möglichen Anwendungen dieses Ansatzes für die nächsten zehn Jahre zu machen.

Wahrscheinlich hat keine Wissenschaftsdisziplin unsere Weltanschauung so stark geprägt wie die Physik. Tiefe Erkenntnisse und pure Faszination verbinden wir mit der Physik. Das Juwel unter den Juwelen ist die Quantenmechanik. Die Bedeutung ihrer Entdeckung erträgt den Vergleich mit der Entdeckung des Feuers in der Urzeit. Die Faszination der Quantenmechanik liegt darin, dass die Gesetze des Verhaltens von Teilchen scheinbar unseren physikalischen Erfahrungen aus der „Makrowelt" widersprechen. Die am Anfang umstrittene und heute akzeptierte Theorie ermöglicht zunächst hypothetisch eine neue Art von Rechnern auf der Ebene der Elementarteilchen. Hier spricht man vom *Quantenrechner*. Als man diese Möglichkeit entdeckt hatte, war die erste Frage, ob die Axiome der Informatik noch gelten. Mit anderen Worten: Können die Quantenalgorithmen etwas, was klassische Algorithmen nicht können? Die Antwort ist negativ und somit lösen die Quantenalgorithmen die gleiche Menge von Aufgaben wie die klassischen Algorithmen und unsere Axiome stehen noch stabiler und glaubwürdiger da. Was soll dann aber der Vorteil einer potenziellen Nutzung von Quantenrechnern sein? Wir können konkrete Aufgaben von großer praktischer Bedeutung mit Quantenalgorithmen effizient lösen, während die besten bekannten, klassischen deterministischen sowie zufallsgesteuerten Algorithmen für diese Aufgaben eine unrealistische Menge an Computerarbeit erfordern. Damit ist die Quantenmechanik eine vielversprechende Rechnertechnologie. Das Problem ist nur, dass wir es noch nicht schaffen, anwendbare Quantenrechner zu bauen. Das Erreichen dieses Ziels ist eine große Herausforderung derzeitiger physikalischer Forschung.

Trotzdem bieten Quanteneffekte schon heute eine kommerzielle Umsetzung in der Kryptographie. Geboren aus der Mathematik in der Grundlagenforschung und aus der Elektrotechnik beim Bau der Rechner, sorgt die Informatik heute für den Transfer der Methoden der Mathematik in die technischen Wissenschaften und dadurch in das tägliche Leben. Durch das Erzeugen eigener Begriffe und Konzepte bereichert sie zusätzlich auch die Mathematik in ihrer Grundlagenforschung. Die mit der Informatik entstandenen Informationstechnologien machen sie zum gleichwertigen Partner, nicht nur auf vielen naturwissenschaftlichen Gebieten der Grundlagenforschung, sondern auch in wissenschaftlichen Disziplinen wie Ökonomie, Soziologie, Didaktik oder Pädagogik, die sich lange gegen die Nutzung formaler Methoden und mathematischer Argumentation gewehrt haben.

Deswegen bieten die Spezialisierungen in der Informatik die Möglichkeit einer faszinierenden und interdisziplinären Grundlagenforschung sowie eine attraktive Arbeit in der Entwicklung von unterschiedlichen Systemen zur Speicherung und Bearbeitung von Informationen.

## Zusammenfassung

Die Begriffsbildung ist maßgeblich für das Entstehen und die Entwicklung der wissenschaftlichen Disziplinen. Mit der Einführung des Begriffes Algorithmus wurde die Bedeutung des Begriffes Methode genau festgelegt (ein formaler Rahmen für die Beschreibung mathematischer Berechnungsverfahren wurde geschaffen) und damit die Informatik gegründet. Durch diese Festlegung konnte man mit klarer Bedeutung die Grenze zwischen automatisch (algorithmisch) Lösbarem und Unlösbarem untersuchen. Nachdem man viele Aufgaben bezüglich der algorithmischen Lösbarkeit erfolgreich klassifiziert hatte, kam der Begriff der Berechnungskomplexität auf, der die Grundlagenforschung in der Informatik bis heute bestimmt. Dieser Begriff ermöglicht es, die Grenze zwischen „praktischer" Lösbarkeit und „praktischer" Unlösbarkeit zu untersuchen. Er hat der Kryptographie eine Basis für den Begriff der Sicherheit und damit die Grundlage für die Entwicklung moderner Public-Key-Kryptosysteme gegeben und ermöglicht es, die Berechnungsstärke von Determinismus, Nichtdeterminismus, Zufallssteuerung und Quantenberechnungen im Vergleich zu studieren. Auf diese Weise trug und trägt die Informatik nicht nur zum Verständnis der allgemeinen wissenschaftlichen Kategorien wie

*Determiniertheit, Nichtdeterminiertheit, Zufall, Information, Wahrheit,*

*Unwahrheit, Komplexität, Sprache, Beweis, Wissen, Kommunikation, Algorithmus, Simulation usw.*

bei, sondern gibt mehreren dieser Kategorien einen neuen Inhalt und damit eine neue Bedeutung. Die spektakulärsten Ergebnisse der Informatik sind meistens mit dem Versuch verbunden, schwere Aufgabenstellungen zu lösen.

## Kontrollfragen

1. Warum entstand ein Bedarf, den Begriff der Methode genau zu definieren?

2. Was strebte David Hilbert an, und woran haben viele Mathematiker am Anfang des zwanzigsten Jahrhunderts geglaubt?

3. Was war die wichtigste Entdeckung von Kurt Gödel?

4. Was verstand man unter den „Dämonen" in der Physik?

5. Was misst man mittels der Berechnungskomplexität?

6. Gibt es algorithmisch lösbare Aufgaben, die man praktisch nicht lösen kann?

7. Wo gibt es gemeinsame Interessen zwischen Informatik und Biologie?

8. In welchem Bereich treffen sich Physik und Informatik?

9. Was ist die Ausdrucksstärke einer mathematischen Theorie? Was ist die Beweisstärke einer mathematischen Theorie? Kann man sie vergleichen?

10. Welches sind die fundamentalen Begriffe der Informatik? Gib Beispiele für den Einfluss der Begriffsbildung in der Informatik auf andere Wissenschaften.

# Lektion 4

# Algorithmisches Kuchenbacken

Das Hauptziel dieser Lektion ist es, ein besseres Verständnis für den fundamentalsten Begriff der Informatik zu gewinnen. Dabei begreifen wir, warum die Frauen und Mädchen mindestens ebenso gute Programmiererinnen und Algorithmikerinnen sind wie die Männer, und warum die erste Person, die programmiert hat, eine Dame war. In den vorherigen Lektionen haben wir schon eine gewisse Vorstellung davon gewonnen, was man unter einem Algorithmus oder einer Methode verstehen kann. Wir könnten sagen:

*Ein Algorithmus ist eine gut verständliche Tätigkeitsbeschreibung, die uns zu unserem Ziel führt.*

Also gibt uns ein Algorithmus (eine Methode) einfache und eindeutige Hinweise, wie wir Schritt für Schritt vorgehen sollen, um das zu erreichen, was wir anstreben.

Das ist ähnlich wie bei einem Kochrezept. Dieses sagt uns ganz genau, was in welcher Reihenfolge zu tun ist und dementsprechend führen wir Schritt für Schritt die beschriebenen Tätigkeiten aus. Und dabei geht es genau um die Tugenden, die insbesondere bei der besseren Hälfte der Menschheit zu finden ist. Um Erfolg zu haben, muss man sehr systematisch, mit vollem Verständnis, verantwortungsvoll und echtem Sinn fürs Detail vorgehen. Beim Umsetzen von Algorithmen gibt es keinen Platz für chaotisches Probieren oder irgendeine Art von Mehrdeutigkeit.

*Inwiefern dürfen wir also ein Rezept für einen Algorithmus halten?*

Diese Frage direkt zu beantworten, ist nicht so einfach. Aber bei der Suche nach einer Antwort lernen wir besser zu verstehen, was sich wirklich hinter diesem Wort versteckt. Nehmen wir das Rezept für einen Aprikosenkuchen von 26 cm Durchmesser.

**Zutaten:**
```
3 Eiweiß

1 Prise Salz

6 Esslöffel Wasser
```

100 g Zuckerrohrgranulat (Rohrzucker)

  3 Eigelb

  1 Teelöffel abgeriebene Zitronenschale

150 g Buchweizen, fein gemahlen (Mehl)

 1/2 Teelöffel Backpulver

400 g Aprikosen, halbreif und enthäutet

 10 g Wildpfeilwurzelmehl

**Rezept:**
 1. Ein Backpapier in die Springform einspannen.

 2. Den Backofen auf 180 °C vorheizen.

 3. 6 Esslöffel Wasser erwärmen.

 4. Die drei Eiweiße mit einer Prise Salz und dem heißen Wasser zu
    steifem Schnee schlagen.

 5. 100g Zuckerrohrgranulat und die Eigelbe nach und nach unterrühren.
    Danach solange rühren, bis eine feste, cremige Masse entstanden ist.

 6. 1 Teelöffel abgeriebene Zitronenschale dazugeben und vermischen.

 7. 150g Mehl mit 1/2 Teelöffel Backpulver vermischen, auf die
    Schaummasse geben und mit dem Schneebesen vorsichtig unterheben.

 8. Die entstandene Masse in die Form füllen.

 9. Die halbreifen und enthäuteten Aprikosen dekorativ
    auf den Teig setzen.

10. Das Biskuit im Backofen unter 180 °C Umluft 25–30 Minuten
    hellbraun backen.

11. Danach den Kuchen aus dem Backofen nehmen und abkühlen lassen.

12. Den fertigen ausgekühlten Kuchen nach Belieben mit
    Wildpfeilwurzelmehl bestäuben.

Das Rezept liegt vor und die Frage ist, ob wirklich jeder nach Rezept diesen Kuchen
backen kann. Die Antwort ist wahrscheinlich, dass der Erfolg doch zu einem gewissen
Grad von den Erfahrungen und Kenntnissen des Zubereitenden abhängt.

Jetzt ist es an der Zeit, die erste Anforderung an Algorithmen zu formulieren.

*Die Algorithmen müssen eine so genaue Beschreibung der bevorstehenden Tätigkeit bieten, dass man diese Tätigkeit erfolgreich durchführen kann, auch wenn man keine Ahnung hat, warum die Umsetzung des Algorithmus zum gegebenen Ziel führt. Dabei muss die Beschreibung so eindeutig sein, dass unterschiedliche Interpretationen der Hinweise (Befehle) des Algorithmus ausgeschlossen sind. Egal, wer den Algorithmus auf seiner Eingabe anwendet, die entstehende Tätigkeit und damit auch das Resultat müssen gleich sein, das heißt jeder Anwender des Algorithmus muss zu demselben Ergebnis gelangen.*

Jetzt könnten wir eine lange Diskussion darüber anfangen, welche der 12 Schritte (Anweisungen) des Rezeptes eindeutige und für jeden verständliche Hinweise geben. Zum Beispiel:

- Was bedeutet *zu steifem Schnee schlagen* (Schritt 4)?

- Was bedeutet *vorsichtig unterheben* (Schritt 7)?

- Was bedeutet *dekorativ* auf den Teig setzen (Schritt 9)?

- Was bedeutet *hellbraun* backen (Schritt 10)?

- Was bedeutet *nach Belieben* bestäuben (Schritt 12)?

Eine erfahrene Köchin würde sagen: „Alles ist klar, genauer kann man es nicht angeben." Jemand, der das erste Mal in seinem Leben einen Kuchen backen will, könnte noch mehr Rat und Hilfe brauchen, bis er sich an die Arbeit traut. Und dabei ist unser Rezept einfacher formuliert als in den meisten Kochbüchern. Was denkst du zum Beispiel über Anweisungen wie:

Die *leicht abgekühlte* Gelatinemasse *zügig* unter die Quarkmasse geben und *gut* durchrühren.

Wir dürfen natürlich nicht zulassen, dass nur Erfahrene das Rezept für einen Algorithmus halten und der Rest der Welt nicht. Man muss eine Möglichkeit suchen, eine Einigung zu erzielen. Wir verstehen schon, dass ein Algorithmus eine Folge von Anweisungen ist, wobei jede angegebene Tätigkeit von jeder Person korrekt durchführbar sein muss. Dies bedeutet:

*Man muss sich zuerst auf eine Liste der Tätigkeiten (Operationen) einigen, die jede oder jeder der koch- und backwilligen Menschen mit Sicherheit beherrscht.*

So eine Liste kann zuerst zum Beispiel folgende Tätigkeiten enthalten, die möglicherweise sogar ein für diese Zwecke gebauter Roboter ohne jedes Verständnis der Kochkunst und ohne jede Improvisationsfähigkeit realisieren kann.

- `Gib` $x$ `Löffel Wasser in ein Gefäß.`

- `Trenne ein Ei in Eiweiß und Eigelb.`

- `Heize den Ofen auf` $x$ `Grad vor.`

- `Backe` $y$ `Minuten mit` $x$ `Grad.`

- `Wiege` $x$`g Mehl ab und gib es in eine Schüssel.`

- `Gieße` $x$`l Milch in eine Kanne.`

- `Koche` $y$ `Minuten.`

- `Mische mit dem Schneebesen` $x$ `Minuten.`

- `Rühre mit einer Gabel` $x$ `Minuten.`

- `Fülle eine Form mit einem Teig.`

- `Schäle` $x$`kg Kartoffeln.`

- `Mische den Inhalt zweier Gefäße.`

Sicherlich fallen dir viele weitere Tätigkeiten ein, die du für so einfach hältst, dass du sie
jedem, der backen will, ohne weitere Erklärung zutraust. Im Folgenden geht es darum,
ein Rezept so umzuschreiben, dass dabei die Befehle (Anweisungen) nur ausgewählte,
einfache Basistätigkeiten verwenden.


**Aufgabe 4.1** Versucht euch in 4- bis 5-köpfigen Gruppen auf eine Liste von Tätigkeiten zu einigen, die eurer Meinung nach jede und jeder aus der Klasse in der Küche beherrschen müsste.
Überprüft eure Wahl, indem ihr eure Liste dem Rest der Klasse vorstellt und nachfragt, ob jede
Person damit zurechtkommen würde. Überprüft eure Liste auf Vollständigkeit. Jede gewöhnliche
Kochtätigkeit müsste durch eine Folge der Tätigkeiten auf der Liste darstellbar sein.


Versuchen wir jetzt, den Schritt 4 des Rezeptes in eine Folge einfacher Anweisungen
umzuschreiben:

`4.1 Gib die drei Eiweiße in das Gefäß G.`

```
4.2 Gib 1g Salz in das Gefäß G.

4.3 Gib 6 Löffel Wasser in den Topf T.

4.4 Erwärme das Wasser im Topf T auf 60°C.

4.5 Gieße das Wasser aus T in G.
```

An dieser Stelle ist aber unklar, wann die Anweisung „zu steifem Schnee schlagen" umgesetzt wurde. Wir sollen rühren, bis der Eischnee steif ist. Ein Ausweg können Erfahrungswerte sein. Es dauert ungefähr zwei Minuten, bis das Eiweiß steif ist. Dann könnte man schreiben:

```
4.6 Rühre den Inhalt von G 2 Minuten lang.
```

Eine solche Anweisung birgt aber auch gewisse Risiken in sich. Die Fertigungszeit hängt davon ab, wie schnell und mit welchen Hilfsmitteln man rührt. Also wäre es uns lieber, wirklich ungefähr dann aufzuhören, wenn das gerührte Material steif geworden ist. Was brauchen wir dazu? Die Fähigkeit, Tests durchzuführen (um den Zeitpunkt zu erkennen, an dem die Anweisung „zu steifem Schnee schlagen" umgesetzt worden ist) und abhängig von dem Resultat die Entscheidung zu treffen, wie man weiter vorgehen soll. Wenn der Schnee noch nicht steif ist, soll man noch gewisse Zeit rühren und dann wieder testen. Wenn der Schnee steif ist, ist Schritt 4 abgeschlossen und wir sollen mit dem Schritt 5 die Arbeit fortsetzen.

Wie kann man dies als eine Befehlsfolge schreiben?

```
4.6 Rühre den Inhalt von G 10s lang.

4.7 Teste, ob der Inhalt von G „steif" ist.
    Falls JA, setze mit 5 fort.
    Falls NEIN, setze mit 4.6 fort.
```

Damit kehrt man zum Rühren in 4.6 so oft zurück, bis der gewünschte Zustand erreicht ist. In der Fachterminologie der Informatik nennt man 4.6 und 4.7 eine **Schleife**, in der man 4.6 so lange wiederholt, bis die Bedingung 4.7 erfüllt ist. Um dies zu veranschaulichen, benutzen wir oft eine graphische Darstellung wie in Abbildung 4.1 auf der nächsten Seite, die man **Flussdiagramm** nennt.

Ist aber der Test in 4.6 so leicht durchführbar? Wir müssen uns, genau wie bei der Tätigkeitsanweisung, auf eine sorgfältig gewählte Liste von einfachen Tests einigen. Den Test 4.6 kann man zum Beispiel so realisieren, dass man in die Masse einen kleinen, leichten Kunststofflöffel stecken kann, und wenn er stecken bleibt, betrachten wir die Masse als steif. Beispiele einfacher Tests könnten folgende sein:

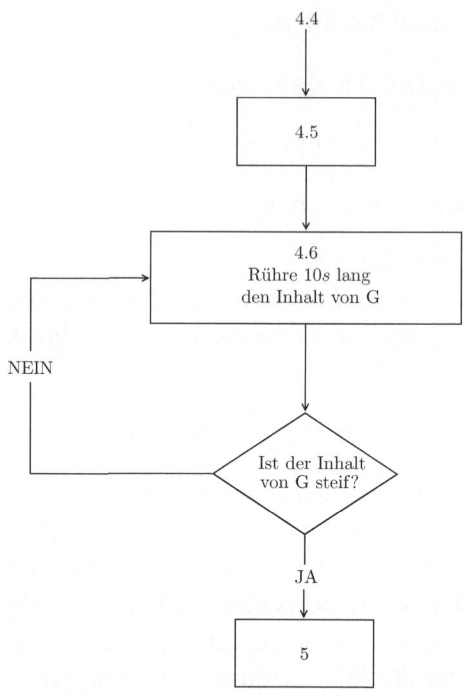


**Abbildung 4.1** Flussdiagramm

- Teste, ob die Flüssigkeit im Topf mindestens $x°$C hat.

- Teste, ob die Masse im Gefäß „löffelfest" ist.

- Wiegt der Inhalt eines Gefäßes genau $x$ g?

**Aufgabe 4.2** Setzt die Arbeit in Gruppen fort und stellt eine Liste von Testfragen her, die man beim Kuchenbacken braucht und die jeder Person in der Klasse zumutbar sind.

**Aufgabe 4.3** Schreibt den Schritt 5 des Rezeptes für den Aprikosenkuchen so um, dass in der Beschreibung dieser Tätigkeiten nur jene Tätigkeiten und Tests aus euren Listen vorkommen.

**Aufgabe 4.4** Schreibe ein Rezept für die Herstellung deines Lieblingsessens aus dem Kochbuch ab. Liste deiner Meinung nach einfache Anweisungen und Tests auf und schreibe dein Rezept so um, dass es nur Tätigkeiten aus deiner Liste enthält.

**Aufgabe 4.5** Wir wollen 1 Liter Wasser auf 90°C erwärmen. Folgende Operationen hast du zur Verfügung:

„Stelle den Topf $T$ für $x$ Sekunden auf eine heiße Herdplatte und nimm ihn dann weg.“
und „Gieße $y$ l Wasser in einen Topf $T$.“

Wir haben folgenden Test zur Verfügung:

„Hat das Wasser im Topf $T$ eine Temperatur von mindestens $z°$C?“

Nutze diese zwei Anweisungen und den Test zur Herstellung eines „Kochalgorithmus“, der 1 Liter Wasser auf mindestens 90°C erwärmt, so dass der Topf, nachdem das Wasser eine Temperatur von 90°C erreicht hat, nicht länger als 15 Sekunden auf der Herdplatte stehen bleibt.

Ob du es glaubst oder nicht: Wenn du diese zwei Aufgaben gelöst hast, hast du schon ein bisschen programmiert. Das Wichtigste, das wir hier beim Kuchenbacken gelernt haben, ist, dass man über Algorithmen nicht sprechen kann, bevor man nicht die Grundbausteine für das Herstellen von Algorithmen festgelegt hat. Die Bausteine sind einerseits einfache Tätigkeiten, die jeder zweifelsfrei durchführen kann und andererseits einfache Tests, die man ebenfalls problemlos umsetzen kann.

## Zusammenfassung

Unter einem Algorithmus verstehen wir eine eindeutig interpretierbare Tätigkeitsbeschreibung, die uns zu unserem Ziel führt. Diese Tätigkeitsbeschreibung besteht aus einer Folge von einfachen Tätigkeiten (Instruktionen, Operationen) und Tests, die jede in Frage kommende Person mit Sicherheit realisieren kann. Damit erfordert die Definition des Algorithmus, sich zuerst auf eine Liste von einfachen Tätigkeiten und auf eine Liste von einfachen Testfragen zu einigen. Unabhängig von der Person, die nach dem Algorithmus arbeitet, muss die ganze Tätigkeit und somit auch das Resultat der Algorithmusanwendung gleich sein.

### Kontrollfragen

1. Erkläre mit eigenen Worten, welche Anforderungen an den Begriff des Algorithmus gestellt werden und warum.

2. Unter welchen Umständen dürfen wir ein Rezept für einen Algorithmus halten?

# Lektion 5

# Programmieren in der Sprache des Rechners

Hier wollen wir zuerst auf die Ähnlichkeiten und Unterschiede zwischen algorithmischem „Kochen" und dem Rechnen mit einem Computer eingehen und dadurch die Anforderungen an einen Algorithmus als Computerprogramm genauer formulieren.

**Hinweis für die Lehrperson** Der folgende Teil bis zu Beispiel 5.1 eignet sich für einen Vortrag. Der Text ist zu lang für eine selbstständige Bearbeitung und enthält sehr wenige Übungen. Die Interaktion mit der Klasse sollte durch Fragestellungen und Diskussionen zum Thema „Begriffsbildung" im Zusammenhang mit der vorherigen Lektion gewährleistet werden.

Genauso wie beim Kochen muss man sich zuerst auf die Menge der einfachen Basistätigkeiten (Operationen) einigen, die ein Rechner mit Sicherheit ausführen kann. Diese Einigung fällt uns hier viel leichter als beim Kochen. Die Rechner haben keinen Intellekt und somit auch keine Improvisationsfähigkeiten. Damit ist die Rechnersprache sehr einfach. Niemand bezweifelt die Tatsache, dass Rechner Zahlen addieren, multiplizieren oder andere arithmetische Operationen durchführen – wir verwenden in diesem Zusammenhang den Fachausdruck „Operation über Zahlen" – sowie Zahlen bezüglich ihrer Größe vergleichen können. Das kann jeder einfache Taschenrechner. Diese einfachen Operationen zusammen mit der Fähigkeit, Eingabedaten zu lesen und Resultate auszugeben, reichen aus, um jeden Algorithmus als Folge solcher Operationen darzustellen.

Also egal, ob Kochalgorithmen oder Rechneralgorithmen, alle sind nichts anderes als Folgen von einfachen Operationen (Tätigkeitsanweisungen). Es gibt aber einen wesentlichen Unterschied zwischen Kochalgorithmen und Algorithmen in der Informatik. Die Kochalgorithmen haben als Eingabe die Zutaten und das Resultat ist ein Kuchen. Die einzige Aufgabe, die sie haben, ist, aus festgelegten Zutaten den gegebenen Kuchen zu backen. Bei algorithmischen Problemen ist es ganz anders. Wir wissen, dass ein Problem *unendlich viele* **Problemfälle** (auch **Probleminstanzen** genannt) als mögliche Eingabe für einen Algorithmus haben kann. Als Beispiel untersuchen wir das Problem der Lösung einer quadratischen Gleichung

$$ax^2 + bx + c = 0.$$

Die Eingabe sind die Zahlen $a, b$ und $c$ und die Aufgabe besteht darin, alle $x$ zu finden, die diese Gleichung erfüllen.

Ein konkreter Problemfall ist zum Beispiel, die folgende quadratische Gleichung zu lösen:

$$x^2 - 5x + 6 = 0$$

Hier ist $a = 1, b = -5$ und $c = 6$. Die Lösungen sind $x_1 = 2$ und $x_2 = 3$. Man kann durch Einsetzen leicht überprüfen, dass

$$2^2 - 5 \cdot 2 + 6 = 4 - 10 + 6 = 0$$

$$3^2 - 5 \cdot 3 + 6 = 9 - 15 + 6 = 0$$

und somit $x_1$ und $x_2$ wirklich die Lösungen der quadratischen Gleichung $x^2 - 5x + 6 = 0$ sind.

Weil es unendlich viele Zahlen gibt, haben wir unendlich viele Möglichkeiten, $a, b$ und $c$ in der quadratischen Gleichung zu wählen. Also gibt es *unendlich viele* quadratische Gleichungen. Von einem Algorithmus zur Lösung des Problems von quadratischen Gleichungen fordern wir, dass er für jede Eingabe $a, b$ und $c$ (also für jede quadratische Gleichung) die Lösung bestimmt.

Damit haben wir die zweite grundlegende Anforderung an eine Festlegung des Begriffes **Algorithmus** formuliert.

*Ein Algorithmus zur Lösung einer Aufgabe (eines Problems) muss garantieren, dass er für jeden möglichen Problemfall korrekt arbeitet. Korrekt arbeiten bedeutet hier, dass er für jede Eingabe in endlicher Zeit die Arbeit beendet und das korrekte Ergebnis liefert.*

Überlegen wir uns jetzt einen Algorithmus zur Lösung quadratischer Gleichungen. Die Mathematik bietet uns die folgende Formel an:

$$x_1 = \frac{-b + \sqrt{b^2 - 4ac}}{2a}$$

$$x_2 = \frac{-b - \sqrt{b^2 - 4ac}}{2a}$$

falls $b^2 - 4ac \geq 0$. Falls $b^2 - 4ac < 0$ gilt, existiert keine reelle Lösung[1] der Gleichung. Diese Formel liefert uns die folgende allgemeine Methode zur Lösung quadratischer Gleichungen direkt.

---

[1] Dies gilt, weil wir nicht die Wurzel aus einer negativen Zahl ziehen können.

**Eingabe:** Zahlen $a, b$ und $c$ für die quadratische Gleichung $ax^2 + bx + c = 0$.
**Schritt 1:** Berechne den Wert $b^2 - 4ac$.
**Schritt 2:** Falls $b^2 - 4ac \geq 0$, dann berechne

$$x_1 = \frac{-b + \sqrt{b^2 - 4ac}}{2a}$$
$$x_2 = \frac{-b - \sqrt{b^2 - 4ac}}{2a}.$$

**Schritt 3:** Falls $b^2 - 4ac < 0$, schreibe „Es gibt keine reelle Lösung".

Wir glauben zuerst einmal den Mathematikern, dass die Methode wirklich funktioniert. Wir brauchen nicht zu wissen warum, um sie in einen Algorithmus im Sinne eines Computerprogramms umzuschreiben.

**Aufgabe 5.1** Beschreibe auf eine ähnliche Art und Weise eine Methode zur Lösung linearer Gleichungen der Form $ax + b = cx + d$.

**Aufgabe 5.2** Beschreibe eine Methode zur Lösung des folgenden Systems von zwei linearen Gleichungen mit zwei Unbekannten $x$ und $y$.

$$ax + by = c$$
$$dx + ey = f$$

Wir wollen jedoch mehr, als solche Methoden in Programme umzusetzen. Den Begriff **Programm** verstehen wir hier als *Folge von rechnerunterstützten Operationen*, die in einer für den Rechner verständlichen Form dargestellt werden. Zwischen den Begriffen „Programm" und „Algorithmus" gibt es zwei wesentliche Unterschiede.

1. Ein Programm muss nicht einen Algorithmus darstellen, es kann eine sinnlose Folge von Operationen sein.

2. Ein Algorithmus muss nicht in der formalen Sprache des Rechners, also in einer Programmiersprache dargestellt werden. Einen Algorithmus kann man in einer natürlichen Sprache oder in der Sprache der Mathematik beschreiben. Zum Beispiel ist „multipliziere $a$ und $c$" oder „berechne $\sqrt{c}$" in einem Algorithmus als Anweisung zulässig, während in einem Programm diese Anweisung in einem ganz speziellen Formalismus der gegebenen Programmiersprache ausgedrückt werden muss.

Der erste Unterschied zwischen Programmen und Algorithmen ist wesentlich. Der zweite Unterschied liegt nur in der Darstellung. Wenn man bei einem exakten mathematischen Modell von Algorithmen fordert, dass Algorithmen in der Sprache des Rechnermodells dargestellt werden, kommt der zweite Unterschied nicht zum tragen. Dann sind Algorithmen spezielle Programme, die eine sinnvolle Tätigkeit ausüben, zum Beispiel ein konkretes Problem für jede Probleminstanz lösen.

Als **Programmieren** bezeichnen wir *die Tätigkeit, in der wir Algorithmen in Programme umschreiben*. Wir werden jetzt ein bisschen programmieren, um zu verstehen, wie Rechner arbeiten und um zu sehen, wie man aus einer Folge von sehr einfachen Befehlen (Operationen) komplexes Verhalten erzeugen kann.

Wir fangen damit an, die erlaubten, einfachen Operationen und ihre Darstellung in unserer Programmiersprache, die wir ASSEMBLER nennen wollen, aufzulisten. Dabei zeigen wir, wie man sich einen Rechner vorstellen kann und was genau bei der Ausübung dieser Operationen im Rechner passiert.

Wir stellen uns einen zu einem gewissen Grad idealisierten Rechner wie in Abbildung 5.1 vor. Dieses Rechnermodell nennen wir **Registermaschine**.

Der Rechner setzt sich aus folgenden Teilen zusammen:

- Einem **Speicher**, der aus einer großen Anzahl von Speicherzellen besteht. Diese Speicherzellen werden **Register** genannt und sind mit positiven ganzen Zahlen durchnummeriert (siehe Abbildung 5.1). Jedes Register kann eine beliebige Zahl speichern[2]. Am Anfang einer Berechnung enthalten alle Register die Zahl 0. Die Nummer eines Registers nennen wir die **Adresse** des Registers. Zum Beispiel ist 112 die Adresse des Registers `Register(112)`. Dies entspricht der Vorstellung, dass alle Register wie Häuser auf einer Seite einer langen Straße nebeneinander stehen.

- Einem besonderen Register, dem `Register(0)`, das die Nummer der Programmzeile enthält, die gerade bearbeitet wird oder zu bearbeiten ist.

- Einem speziellen Speicher, in dem das Programm zeilenweise gespeichert ist. Jede Zeile des Programms enthält genau eine **Instruktion** (Anweisung, Operation) des Programms. Somit sind die Zeilen des Programms durchnummeriert und die in `Register(0)` gespeicherte Nummer sagt dem Rechner, welcher Befehl (welche Zeile) des Programms auszuführen ist.

---

[2]In realen Rechnern bestehen die Register aus einer festen Anzahl von Bits, zum Beispiel 16 oder 32. Zu große ganze Zahlen oder reelle Zahlen mit vielen Nachkommastellen, die nicht auf 32 Bits gespeichert werden können, muss man gesondert behandeln. Hier idealisieren wir, um anschaulich zu bleiben und setzen voraus, dass man beliebig große Zahlen komplett (vollständig) in einem Register abspeichern kann.

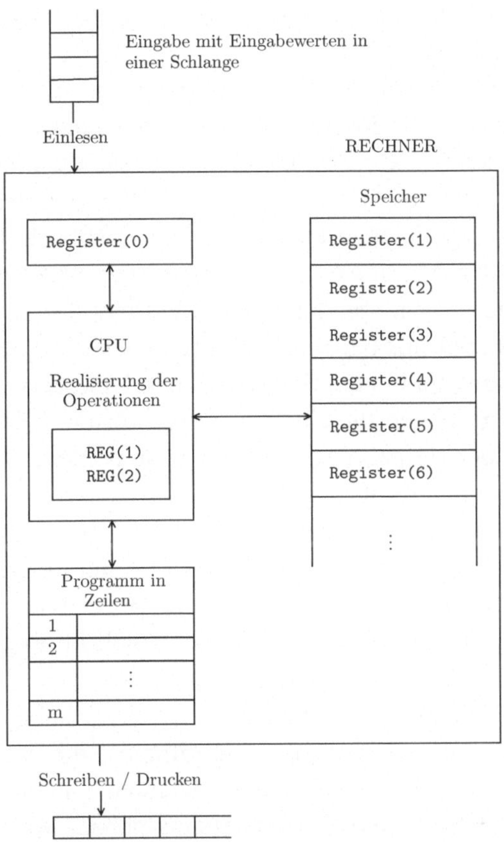



**Abbildung 5.1**

- Einer **CPU** (central processing unit), die mit allen anderen Teilen verbunden ist. Die CPU liest zuerst in der aktuellen Zeile des Programms (bestimmt durch den Inhalt des `Registers(0)`), welche Instruktion auszuführen ist. Danach holt sich die CPU die Inhalte (gespeicherten Zahlen) aus den in der Instruktion angesprochenen Registern und führt die entsprechende Operation auf den Daten durch. Am Ende speichert die CPU das Resultat in einem durch die Instruktion bestimmten Register und ändert den Inhalt des Registers `Register(0)` in die Zahl der nächsten auszuführenden Zeile des Programms um. Um diese Aktivitäten umsetzen zu können, hat die CPU zwei spezielle Register, die wir hier als `REG(1)` und `REG(2)` bezeichnen.

Zusätzlich ist der Rechner mit der Außenwelt verbunden. Die Eingabedaten stehen in einer Warteschlange und der Rechner kann immer die erste Zahl in der Warteschlange einlesen und in einem seiner Register abspeichern. Der Rechner hat auch ein Band, auf das er seine Resultate schreiben darf.

Überlegen wir uns eine Analogie zum Kuchenbacken oder allgemein zum Kochen. Der Rechner ist die Küche. Die Register des Speichers sind Gefäße aller Art, Schalen, Töpfe, Becher usw. Jedes Gefäß hat einen Namen (genau wie ein Register) und somit ist es immer klar, über welches Gefäß als Speicherzelle man gerade spricht. Der Speicher mit dem Programm ist ein Blatt Papier oder ein Kochbuch. Die CPU sind wir oder ein Kochroboter mit allen Maschinen wie Herd, Mixer, Mikrowelle usw., die für die Tätigkeit zur Verfügung stehen. Der Inhalt des Registers `Register(0)` ist für uns die Notiz, an welcher Stelle wir uns bei der Ausführung des Rezeptes befinden. Die Eingaben liegen im Kühlschrank und in der Speisekammer. Üblicherweise zwar nicht in einer Warteschlange, aber wir können die Zutaten immer vor dem Kochen herausholen und in der Reihenfolge, in der sie gebraucht werden, vorbereiten. Die Ausgabe wird nicht geschrieben, sondern auf den Esstisch gelegt.

Um uns bei der Beschreibung von Rechneraktivitäten kurz halten zu können, verwenden wir auch die kurze Bezeichnung `R(i)` für das Register `Register(i)`. Für die zwei Register in der CPU verwenden wir konsequent die Bezeichnung `REG(1)` und `REG(2)`. Mit `Inhalt(R(i))` bezeichnen wir die Zahl, die aktuell im Register `R(i)` gespeichert ist.

Wie wir schon am Beispiel des Kuchenbackens gelernt haben, ist das Erste und das Zentrale für die Bestimmung des Begriffes „Algorithmus" die Festlegung einer Liste von **durchführbaren** Instruktionen (Anweisungen, Befehlen, Operationen). Über die Durchführbarkeit muss es ein allgemeines Einverständnis geben. Von all diesen Synonymen ziehen wir beim Rechneralgorithmus die Fachbegriffe „**Operation**" und „**Instruktion**" vor.

Wir formulieren hier die Operationen auch umgangssprachlich und verwenden nicht die Sprache des Rechners (**Maschinencode**), die alle Befehle als Folgen von 0 und 1 darstellt. Die von uns verwendete Programmiersprache heißt **ASSEMBLER** und steht dem Maschinencode am nächsten. Im Prinzip sind die in ASSEMBLER verwendeten Befehle genau die Instruktionen, die ein Rechner ausführen kann. Der einzige Unterschied zur Maschinensprache besteht in einer verständlicheren Darstellung der Instruktionen. Wenn man es verstanden hat, in ASSEMBLER zu programmieren, dann hat man einerseits eine gute Vorstellung von der Entstehung und der Funktionalität des Rechners gewonnen und andererseits die Tatsache entdeckt, dass ein sehr komplexes Verhalten durch eine Folge von sehr einfachen Anweisungen erzeugt werden kann. Wir beginnen mit der Vorstellung der Leseoperationen.

**Hinweis für die Lehrperson** Das Rechnermodell und der ASSEMBLER wurden hier so ausgesucht, dass man die Liste der Rechneroperationen sauber in drei Typen von einfachen Instruktionen unterteilen kann: Input/Output-Operationen, Operationen zur Datenübertragung innerhalb des Rechners und arithmetische Operationen ausschließlich über den in der CPU gespeicherten Daten. Die Testinstruktionen beziehen sich nur auf die Daten in REG(1). Moderne Prozessoren erlauben heute schon stärkere (komplexere) Operationen und somit unterstützt die Hardware Datenübertragungen und Berechnnungen über Daten, die nicht extra in der CPU gespeichert werden müssen, bei der Ausführung einer komplexen Operation. Weil wir die Hardware von Prozessoren in diesem Modell gar nicht ansprechen wollen, ist es aus didaktischen Gründen vorteilhafter, in der einfachsten Sprache mit dem Rechner „kommunizieren" zu lernen und den ursprünglichen Weg der Programmierung der Rechner zu lernen.

(1)  READ

Lese ein in REG(1).

Diese Operation durchzuführen bedeutet, die erste Zahl in der Eingabewarteschlange in REG(1) zu speichern. Somit verschwindet diese Zahl aus der Warteschlange und die zweite Zahl in der Warteschlange rückt auf die Position 1. Der Inhalt von R(0) erhöht sich um 1 und somit wird im nächsten Schritt die Operation in der nächsten Zeile des Programms durchgeführt (Abbildung 5.2). Die Auswirkung dieser Instruktion beschreiben wir wie folgt:

$$REG(1) \leftarrow \text{die erste Zahl in der Warteschlange}$$
$$R(0) \leftarrow Inhalt(R(0)) + 1$$

Der Pfeil $\leftarrow$ bezeichnet den Datentransfer. Auf der linken Seite des Pfeiles steht der Name des Registers, in dem jene Zahl gespeichert wird, welche auf der rechten Seite des Pfeiles bestimmt wird.

(2)  STORE i

Speichere den Inhalt von REG(1) in R(i).

Die Zahl, die in REG(1) gespeichert ist, wird in R(i) abgespeichert. Der alte Inhalt von R(i) wird damit gelöscht und Inhalt(REG(1)) ändert sich nicht. Die Kurzbeschreibung der Auswirkung dieser Instruktion ist:

$$R(i) \leftarrow Inhalt(REG(1))$$
$$R(0) \leftarrow Inhalt(R(0)) + 1$$

**Beispiel 5.1** In der Warteschlange befinden sich drei Zahlen in der Reihenfolge 114, −67, 1 und warten darauf, abgeholt zu werden (Abbildung 5.2 (a)). Im Speicher beinhalten alle Register den Wert 0, nur R(0) enthält 1. Jetzt wird die Instruktion READ in der ersten Zeile des Programms

1 READ
2 STORE 1
3 READ

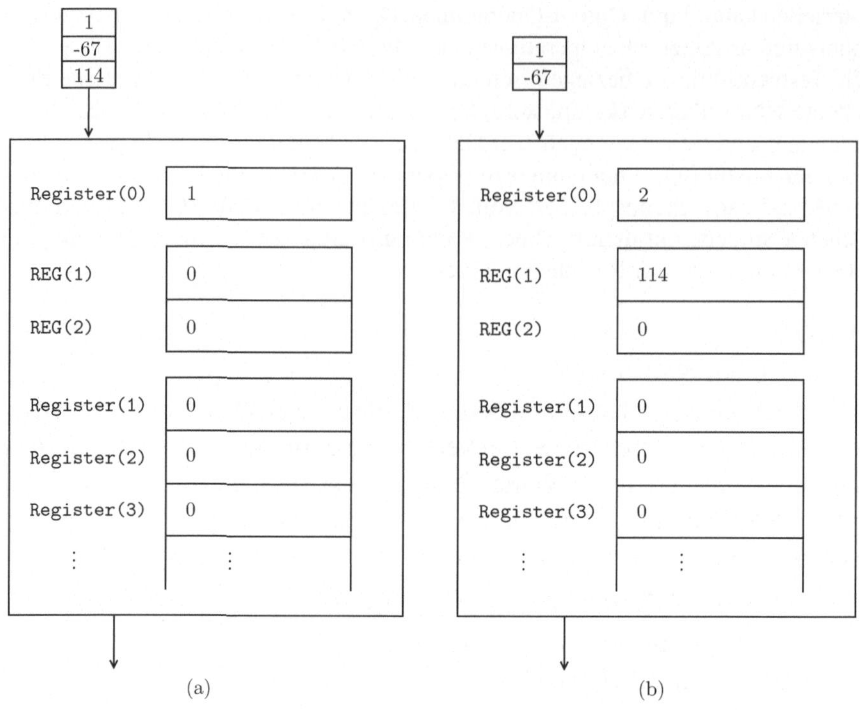

**Abbildung 5.2**

4 STORE 3
5 READ
6 STORE 2

bearbeitet. Nach ihrer Durchführung enthält REG(1) die gelesene Zahl 114. In der Eingabewarteschlange warten noch -67 und 1. Der Inhalt von R(0) wird um 1 auf 2 erhöht, weil man nach der Bearbeitung der ersten Zeile des Programms mit der nächsten fortfährt. Dieser Ablauf ist in Abbildung 5.2 veranschaulicht. Wir verzichten hier auf die vollständige Beschreibung des Rechners und zeichnen nur die Register und ihre Inhalte.

Weil Inhalt(R(0))=2 ist, wird im nächsten Schritt die Operation STORE 1 aus der zweiten Zeile des Programms ausgeführt. Dabei wird die Zahl 114=Inhalt(REG(1)) in R(1) abgespeichert. Der Inhalt von REG(1) ändert sich dabei nicht und der Inhalt von R(0) erhöht sich um 1 auf 3. Der Speicherzustand ist in der dritten Spalte der Tabelle 5.1 eingezeichnet. Allgemein dokumentiert die $i$-te Spalte der Tabelle den Zustand der Speicher nach der Durchführung des $i$-ten Rechnerschrittes.

Im dritten Schritt wird der Befehl READ in der dritten Zeile des Programms ausgeführt, weil Inhalt(R(0))=3 nach dem zweiten Schritt gilt. Damit wird -67 als die

| Schritte | 0 | 1 | 2 | 3 | 4 | 5 | 6 |
|---|---|---|---|---|---|---|---|
| Warteschlange | 1 | 1 | 1 | 1 | 1 | | |
| | -67 | -67 | -67 | | | | |
| | 114 | | | | | | |
| REG(1) | 0 | 114 | 114 | -67 | -67 | 1 | 1 |
| REG(2) | 0 | 0 | 0 | 0 | 0 | 0 | 0 |
| R(0) | 1 | 2 | 3 | 4 | 5 | 6 | 7 |
| R(1) | 0 | 0 | 114 | 114 | 114 | 114 | 114 |
| R(2) | 0 | 0 | 0 | 0 | 0 | 0 | 1 |
| R(3) | 0 | 0 | 0 | 0 | -67 | -67 | -67 |
| R(4) | 0 | 0 | 0 | 0 | 0 | 0 | 0 |
| R(5) | 0 | 0 | 0 | 0 | 0 | 0 | 0 |

**Tabelle 5.1**

erste Zahl in der Warteschlange in REG(1) abgespeichert und damit der alte Inhalt von REG(1) gelöscht. Der Inhalt von R(0) wird um 1 erhöht. Die Zahl -67 wird aus der Warteschlange entfernt. Sonst ändert sich nichts. $\diamondsuit$

**Aufgabe 5.3** Erkläre mit eigenen Worten, was die Durchführung der nächsten drei Operationen in den Zeilen 4, 5 und 6 des Programms in Beispiel 5.1 bewirkt. Beziehe dich dabei auf Tabelle 5.1.

**Aufgabe 5.4** Nehmen wir an, in die Warteschlange wird noch die Zahl $-7$ als weitere Eingabe gesetzt. Was wird sich im Rechnerspeicher abspielen, wenn das Programm in Beispiel 5.1 um die Zeilen

```
7 STORE 5
8 READ
9 STORE 1
```

erweitert wird? Wird danach die Zahl 114 noch irgendwo gespeichert? Erweitere die Tabelle 5.1 um die entsprechenden drei Spalten und den zusätzlichen Eingabewert $-7$.

**Aufgabe 5.5** In der Warteschlange warten die folgenden fünf Zahlen $-1, 0, 1, 2$ und 5. Zeichne eine Tabelle, welche die Entwicklung der Speicherinhalte bei der Durchführung des folgenden Programms dokumentiert:

```
1 READ
2 STORE 3
3 READ
4 READ
5 STORE 1
6 STORE 2
7 READ
```

8 STORE 1
9 READ

Es besteht auch die Möglichkeit, die Zahlen aus dem Hauptspeicher (aus den Registern $R(1)$, $R(2)$, $R(3)$, ...) in die Register $REG(1)$ und $REG(2)$ zu übertragen. Dies kann durch folgende Befehle bewirkt werden:

(3) LOAD1 i

Die Wirkung dieses Befehles kann man mittels

$$REG(1) \leftarrow Inhalt(R(i))$$
$$R(0) \leftarrow Inhalt(R(0)) + 1$$

beschreiben. Der Inhalt des Registers $R(i)$ wird im Register $REG(1)$ abgespeichert. Dabei ändert sich der Inhalt von $R(i)$ nicht, nur der alte Inhalt von $REG(1)$ wird gelöscht. Wie bei allen vorherigen Operationen wird der Zähler für die Zeilennummer des Programms um 1 erhöht und damit setzt das Programm seine Arbeit mit der Ausführung der Operation in der nächsten Zeile fort.

(4) LOAD2 i

Diese Operation hat fast die gleiche Wirkung wie LOAD1 i, mit dem einzigen Unterschied, dass die in $R(i)$ gespeicherte Zahl in $REG(2)$ abgespeichert wird. Kurz kann man die Wirkung dieser Operation wie folgt beschreiben:

$$REG(2) \leftarrow Inhalt(R(i))$$
$$R(0) \leftarrow Inhalt(R(0)) + 1$$

(5) LOAD1 =i

Diesen Befehl auszuführen, bedeutet nichts anderes als die Abspeicherung der Zahl i in $REG(1)$. Es wird damit kein Transfer von Daten aus dem Speicher in die CPU stattfinden. Eine kurze Beschreibung der Wirkung dieses Befehles ist:

$$REG(1) \leftarrow i$$
$$R(0) \leftarrow Inhalt(R(0)) + 1$$

(6) LOAD2 =j

Analog zu dem Befehl LOAD1 =j wird die Zahl j in $REG(2)$ gespeichert. Eine kurze Beschreibung der Wirkung dieser Operation ist damit wie folgt:

$$REG(2) \leftarrow j$$
$$R(0) \leftarrow Inhalt(R(0)) + 1$$

**Aufgabe 5.6** Dokumentiere mittels einer Tabelle die Entwicklung des Speichers bei der Ausführung des folgenden Programms:

1 LOAD1 =2
2 LOAD2 =3
3 STORE 4
4 LOAD2 4

**Aufgabe 5.7** Nimm an, dass R(1) den Wert $x$ und R(2) den Wert $y$ beinhaltet. Alle anderen Register bis auf R(0) beinhalten den Wert 0. Schreibe ein Programm, das die Werte R(1) und R(2) austauscht. Das heißt, am Ende gilt Inhalt(R(1)) = $y$, Inhalt(R(2)) = $x$ und alle anderen Register bis auf R(0) enthalten den Wert 0.

**Aufgabe 5.8** Schreibe ein Programm, das Folgendes bewirkt. Am Anfang beinhalten alle Register ausser R(0) die Zahl 0. Eine Eingabe $x$ wird eingelesen. Wenn das Programm endet, muss $x$ in REG(2) liegen (Inhalt(REG(2))=$x$). Alle anderen Register ausser R(0) müssen die Zahl 0 beinhalten.

Wie wir schon am Anfang erwähnt haben, dienen die Register REG(1) und REG(2) zur Speicherung von Operanden, über welche man dann die arithmetischen Operationen ausführt. Mittels der Befehle LOAD und STORE haben wir schon gelernt, die Daten zwischen Speicher und CPU in beiden Richtungen zu übertragen. Wir können damit jene Zahlen in REG(1) und REG(2) platzieren, mit denen wir rechnen wollen. Jetzt lernen wir die arithmetischen Grundoperationen des Rechners kennen.

(7) ADD

Die Inhalte der Register REG(1) und REG(2) werden addiert und das Resultat wird in REG(1) abgespeichert. Damit wird der alte Inhalt von REG(1) (der erste Operand der Addition) überschrieben. Wie üblich erhöht sich der Zeilenzähler dabei um 1. Eine kurze Beschreibung der Auswirkung dieses Befehles folgt:

$$\text{REG}(1) \leftarrow \text{Inhalt}(\text{REG}(1)) + \text{Inhalt}(\text{REG}(2))$$
$$\text{R}(0) \leftarrow \text{Inhalt}(\text{R}(0)) + 1$$

(8) SUB

Der Befehl SUB entspricht der Subtraktion, in welcher der Inhalt von REG(2) vom Inhalt von REG(1) subtrahiert wird. Das Resultat wird in REG(1) abgespeichert. Die Beschreibung der Umsetzung des Befehles ist:

$$\text{REG}(1) \leftarrow \text{Inhalt}(\text{REG}(1)) - \text{Inhalt}(\text{REG}(2))$$
$$\text{R}(0) \leftarrow \text{Inhalt}(\text{R}(0)) + 1$$

(9) MULT

Die Ausführung von MULT entspricht der Multiplikation der Inhalte der Register REG(1) und REG(2) und der Abspeicherung des Resultats in REG(1). Die Kurzbeschreibung ist wie folgt:

| Schritte | 0 | 1 | 2 | 3 | 4 | 5 | 6 | 7 | 8 | 9 | 10 | 11 | 12 | 13 | 14 | 15 |
|---|---|---|---|---|---|---|---|---|---|---|---|---|---|---|---|---|
| Warte-schlange | $z$ $y$ $x$ | $z$ $y$ | $z$ $y$ | $z$ | $z$ | | | | | | | | | | | |
| REG(1) | 0 | $x$ | | $y$ | | $z$ | | | $\frac{z}{2}$ | | $x$ | | $x+y$ | | $x+y-\frac{z}{2}$ | |
| REG(2) | 0 | | | | | | | $2$ | | | | $y$ | | $\frac{z}{2}$ | | |
| R(0) | 1 | 2 | 3 | 4 | 5 | 6 | 7 | 8 | 9 | 10 | 11 | 12 | 13 | 14 | 15 | |
| R(1) | 0 | | $x$ | | | | | | | | | | | | | |
| R(2) | 0 | | | | $y$ | | | | | | | | | | | |
| R(3) | 0 | | | | | | $z$ | | | | | | | | | |
| R(4) | 0 | | | | | | | | | $\frac{z}{2}$ | | | | | | |
| R(5) | 0 | | | | | | | | | | | | | | | $x+y-\frac{z}{2}$ |

**Tabelle 5.2**

$$\text{REG(1)} \leftarrow \text{Inhalt(REG(1))} * \text{Inhalt(REG(2))}$$
$$\text{R(0)} \leftarrow \text{Inhalt(R(0))} + 1$$

(10)  DIV

Die Bedeutung dieser Instruktion entspricht der Teilung der Zahl in REG(1) durch die Zahl in REG(2). Die Tätigkeit des Rechners bei der Ausführung von DIV kann kurz wie folgt beschrieben werden:

$$\text{REG(1)} \leftarrow \text{Inhalt(REG(1))} / \text{Inhalt(REG(2))}$$
$$\text{R(0)} \leftarrow \text{Inhalt(R(0))} + 1$$

Wenn Inhalt(REG(2))=0 ist, bricht der Rechner seine Arbeit ab und schreibt „ERROR" auf das Ausgabeband.

**Beispiel 5.2** In der Warteschlange warten drei Zahlen $x$, $y$ und $z$. Unsere Aufgabe ist es, den Wert $(x + y) - \frac{z}{2}$ zu berechnen und in R(5) abzuspeichern. Wir schreiben zu diesem Zweck das folgende Programm. In Tabelle 5.2 sieht man die Entwicklung der Speicherinhalte. Um die Anschaulichkeit zu erhöhen, tragen wir nur dann die Werte in die Tabelle ein, wenn der Inhalt des Registers im entsprechenden Schritt geändert wurde. In geschweiften Klammern neben den ersten neun Programmzeilen sehen wir die Auswirkung der jeweiligen Instruktionen bezüglich der Eingabewerte $x$, $y$ und $z$.

| | |
|---|---|
| 1 READ | $\{\texttt{REG(1)} \leftarrow x\}$ |
| 2 STORE 1 | $\{\texttt{R(1)} \leftarrow \texttt{Inhalt(REG(1))}\}$ |
| 3 READ | $\{\texttt{REG(1)} \leftarrow y\}$ |
| 4 STORE 2 | $\{\texttt{R(2)} \leftarrow y\}$ |
| 5 READ | $\{\texttt{REG(1)} \leftarrow z\}$ |
| 6 STORE 3 | $\{\texttt{R(3)} \leftarrow z\}$ |
| 7 LOAD2 =2 | $\{\texttt{REG(2)} \leftarrow 2\}$ |
| 8 DIV | $\{\texttt{REG(1)} \leftarrow \texttt{Inhalt(REG(1))}/\texttt{Inhalt(REG(2))} = \frac{z}{2}\}$ |
| 9 STORE 4 | $\{\texttt{R(4)} \leftarrow \frac{z}{2}\}$ |
| 10 LOAD1 1 | |
| 11 LOAD2 2 | |
| 12 ADD | |
| 13 LOAD2 4 | |
| 14 SUB | |
| 15 STORE 5 | |

Wir sehen, dass das Programm zuerst die Eingabewerte $x$, $y$ und $z$ in den Registern $\texttt{R(1)}$, $\texttt{R(2)}$ und $\texttt{R(3)}$ abspeichert. Dann berechnet es mit DIV den Wert $\frac{z}{2}$ und speichert ihn in $\texttt{R(4)}$ ab. Danach überträgt es den Wert $x$ in $\texttt{REG(1)}$ und den Wert $y$ in $\texttt{REG(2)}$, um sie addieren zu können. Abschließend überträgt das Programm den Wert $\frac{z}{2}$ in $\texttt{REG(2)}$, um mit SUB das definitive Resultat zu berechnen. $\diamond$

**Aufgabe 5.9** Seien $x = 2$, $y = 8$ und $z = 14$ die Eingabewerte des Programms. Simuliere die Arbeit des Programms auf dieser Eingabe und gib dabei die konkreten Werte der einzelnen Speicherregister nach jedem Schritt des Programms an.

**Aufgabe 5.10** Vervollständige die Programmkommentare in Beispiel 5.2, indem du fehlende Kommentare für die Zeilen 10 bis 15 einfügst.

**Aufgabe 5.11** Schreibe ein Programm, das für zwei gegebene Zahlen $x$ und $y$ den Durchschnitt $\frac{(x+y)}{2}$ berechnet und in $\texttt{R(1)}$ abspeichert. Dabei sollen die Eingabewerte $x$ und $y$ nicht verloren gehen und deswegen in irgendwelchen Speicherregistern abgespeichert werden. Zeichne zu deinem Programm eine Tabelle wie Tabelle 5.2, die die Änderungen der Speicherinhalte nach den einzelnen Schritten dokumentiert.

**Aufgabe 5.12** In der Warteschlange warten vier Zahlen $a$, $b$, $c$ und $x$. Schreibe ein Programm zur Berechnung des Polynomwertes $ax^2 + bx + c$. Dokumentiere in einer Tabelle für die Eingabe $a = 1$, $b = -14$, $c = 12$ und $x = 3$ die Entwicklung der Speicherinhalte während der Ausführung des Programms.

**Aufgabe 5.13** Schaffst du es, für die vorherige Aufgabe 5.12 ein Programm zu entwickeln, das nur zweimal den Befehl MULT verwendet?

**Aufgabe 5.14** In der Warteschlange steht nur ein Wert $x$. Schreibe ein Programm zur Berechnung des Polynomwertes $2x^2+2x-4$. Zeichne ähnlich wie in Tabelle 5.2 eine Tabelle, welche die Änderungen der Inhalte aller Register nach der Ausführung einzelner Zeilen deines Programms dokumentiert.

**Aufgabe 5.15** Kannst du für die Aufgabe 5.14 ein Programm schreiben, das nur einmal die Operation MULT verwendet?

Für die Vereinfachung von Programmen führen wir noch die zwei einfachen Operationen $+1$ und $-1$ ein.

(11)  ADD1

Nach der Ausführung dieser Operation wächst der Inhalt von REG(1) um 1. Die formale Beschreibung lautet:

$$\text{REG(1)} \leftarrow \text{Inhalt(REG(1))} + 1$$
$$\text{R(0)} \leftarrow \text{Inhalt(R(0))} + 1$$

(12)  SUB1

Nach der Ausführung dieser Operation verringert sich der Inhalt von REG(1) um 1. Also entspricht SUB1 folgenden Aktionen:

$$\text{REG(1)} \leftarrow \text{Inhalt(REG(1))} - 1$$
$$\text{R(0)} \leftarrow \text{Inhalt(R(0))} + 1$$

Beobachte, dass du die gleiche Wirkung wie ADD1 auch mittels

```
LOAD2 = 1
ADD
```

bewirken kannst. Das Einzige, was dabei verloren geht, ist der vorherige Inhalt von REG(2). Dies kann man dadurch korrigieren, dass man den ursprünglichen Inhalt von REG(2) noch unverändert in dem Register behält, aus welchem die Zahl durch das letzte LOAD2 i in REG(2) geladen wurde. Wenn also R(i) diesen Wert behalten hat, kann man ADD1 durch folgendes Programm ersetzen:

```
LOAD2 = 1
ADD
LOAD2 i
```

**Aufgabe 5.16** Durch welches Programm kann man die Operation SUB1 ersetzen?

Die nächsten Instruktionen dienen der Ausgabe der berechneten Resultate.

(13) WRITE i

Der Inhalt von `R(i)` wird auf das Ausgabeband gedruckt. Wir beschreiben es kurz mittels

$$\text{Ausgabe} \leftarrow \text{Inhalt}(R(i))$$
$$R(0) \leftarrow \text{Inhalt}(R(0)) + 1.$$

Auf dem Ausgabeband wird nie etwas gelöscht. Wenn man den Befehl WRITE mehrmals hintereinander verwendet, entsteht auf dem Ausgabeband des Rechners die entsprechende Folge von Zahlen, die durch Kommata abgetrennt sind.

(14) WRITE1

Dieser Befehl dient zur direkten Ausgabe des Inhaltes des CPU-Registers `REG(1)`. Die Auswirkung dieser Instruktion ist die folgende:

$$\text{Ausgabe} \leftarrow \text{Inhalt}(REG(1))$$
$$R(0) \leftarrow \text{Inhalt}(R(0)) + 1$$

(15) WRITE =j

Die Zahl j wird zur Ausgabe des Programms:

$$\text{Ausgabe} \leftarrow j$$
$$R(0) \leftarrow \text{Inhalt}(R(0)) + 1$$

**Aufgabe 5.17** Erweitere deine Programme aus Aufgabe 5.12 und Aufgabe 5.14 um die Ausgabe der berechneten Polynomwerte.

**Aufgabe 5.18** In der Warteschlange warten drei Zahlen $x$, $y$ und $z$. Schreibe ein Programm, das zuerst diese drei Zahlen als Ausgabe liefert und danach den Durchschnittswert dieser drei Zahlen ausgibt.

Alle bisher vorgestellten Instruktionen führen zur zeilenweisen Ausführung der Programme und beinhalten somit keine Testfragen. Wir wissen schon vom Kuchenbacken, dass Tests ein notwendiger Bestandteil einer Instruktionsliste sind. Abhängig von den berechneten Zwischenresultaten kann der Bedarf entstehen, auf unterschiedliche Art und Weise die Arbeit fortzusetzen. Wenn wir aber die Berechnung abhängig vom Inhalt eines Registers mit unterschiedlichen Strategien fortsetzen wollen, müssen wir dies durch Sprünge (Änderungen des Inhalts von `R(0)`) bewirken. Das Ganze kann man sich wie folgt vorstellen: Unterschiedliche Rechenverfahren sind in unterschiedlichen Teilen des Programms implementiert. Wenn wir ein konkretes Verfahren verwenden wollen, müssen wir statt in der nächsten Zeile des Programms in jener Zeile fortfahren, in der die Implementierung des Verfahrens steht. Dies bewirkt man durch die passende Einstellung des Wertes in R(0), wie wir es auch in folgenden Instruktionen machen.

(16) JZERO j

Das J in JZERO steht für „Jump" und ZERO steht für den Test auf Null. Falls Inhalt(REG(1))=0, dann ersetze den Inhalt des Registers R(0) durch j. Eine kurze Beschreibung der Auswirkung dieses Befehls sieht wie folgt aus:

> **if** Inhalt(REG(1)) = 0
> **then** R(0) ← j
> **else** R(0) ← Inhalt(R(0)) + 1

Damit setzt das Programm die Arbeit in der nächsten Zeile fort, wenn die Bedingung (0 in REG(1)) nicht erfüllt ist. Wenn die Bedingung erfüllt ist, setzt das Programm die Ausführung in der j-ten Zeile fort.

(17) JGTZ j

Wieder steht J in JGTZ für „Jump" und GTZ steht für „greater than zero". Damit ist die Auswirkung des Befehls die folgende:

> **if** Inhalt(REG(1)) > 0
> **then** R(0) ← j
> **else** R(0) ← Inhalt(R(0)) + 1

Manchmal wünscht man sich auch, bei der Ausführung des Programms bedingungslos zu einer anderen als der nächsten Zeile zu springen. Dies kann vorkommen, wenn wir in der letzten Zeile einer Verfahrensimplementierung sind und mit einem anderen Verfahren fortfahren wollen. Zu diesem Zweck dient der folgende Befehl:

(18) JUMP j

Diese Instruktion hat die folgende einfache Wirkung:

> R(0) ← j

Beim Schreiben von Programmen erwarten wir auch einen klaren Befehl, wann die Ausführung des Programms beendet werden soll. Dazu dient der Befehl

(19) END

Nach dem Lesen des Befehls END beendet der Rechner die Ausführung des Programms.

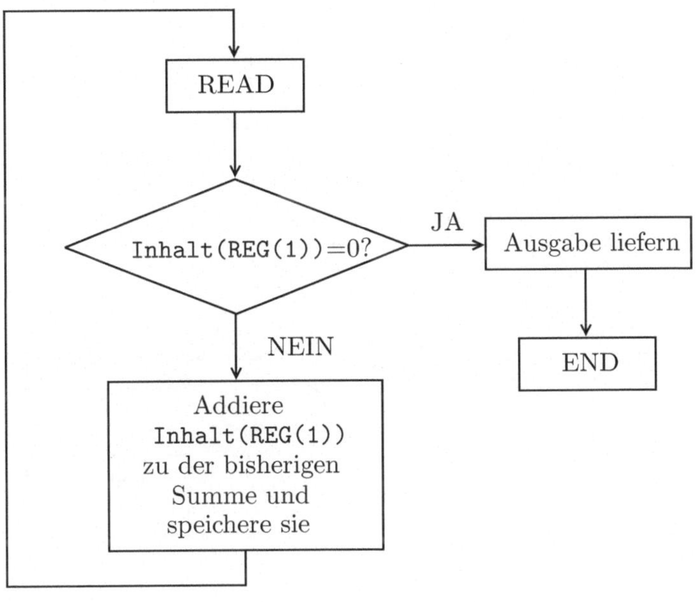


**Abbildung 5.3**

**Beispiel 5.3** In der Warteschlange warten mehrere Zahlen und wir wissen nicht wie viele. Wir wissen nur, dass sich die Zahlen bis auf die letzte von 0 unterscheiden. Wenn 0 eingelesen wird, ist dies ein Zeichen dafür, dass die Folge von Eingabewerten zu Ende ist. Unsere Aufgabe ist, die Summe aller Zahlen in der Warteschlange zu berechnen. Wenn man 0 einliest, soll man die berechnete Summe als Ausgabe liefern und die Arbeit beenden. Unsere Berechnungsstrategie kann durch das Flussdiagramm aus Abbildung 5.3 dargestellt werden.

Jetzt implementieren wir die Strategie aus Abbildung 5.3. Vor der Implementierung ist es immer gut zu entscheiden, in welchen Registern die Zwischenresultate gespeichert werden sollen. Hier berechnen wir nur die Summe der gelesenen Zahlen und müssen damit nur dieses eine Zwischenresultat speichern. Wir machen dies in R(1).

1 READ
2 JZERO 7
3 LOAD2 1
4 ADD
5 STORE 1
6 JUMP 1
7 WRITE 1
8 END $\diamond$

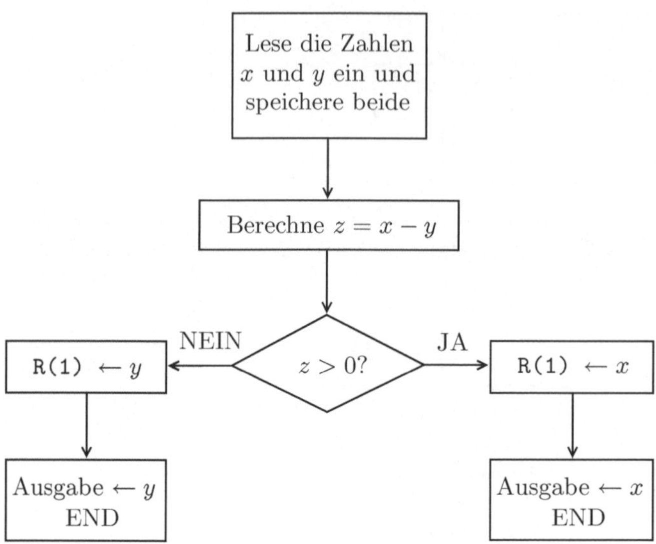


**Abbildung 5.4**

**Aufgabe 5.19** Simuliere die Arbeit des Programms aus Beispiel 5.3 für die Eingabe 1, −7, 13, 0 und zeichne dabei die Tabelle der Speicherinhalte.

**Aufgabe 5.20** Modifiziere das Programm aus Beispiel 5.3 so, dass es zusätzlich noch den Durchschnittswert der aufsummierten Zahlen berechnet. Veranschauliche dein Vorgehen mittels eines Flussdiagramms wie in Abbildung 5.3.

**Aufgabe 5.21** Ähnlich wie in Beispiel 5.3 soll man die Zahlen in der Warteschlange aufsummieren, bis die Null als Signal für das Ende der Eingabe gelesen wird. Der Unterschied liegt in der Forderung, dass alle Zahlen in der Warteschlange positiv sind. Wenn noch vor der Null eine negative Zahl vorkommt, sollte das Programm abbrechen, ohne ein Resultat zu liefern.

**Beispiel 5.4** Die Eingabe ist eine Folge von zwei Zahlen $x$ und $y$ und unsere Aufgabe ist es, die größere der beiden Zahlen in R(1) zu speichern und auszugeben. Wenn beide Zahlen gleich groß sind, spielt es keine Rolle, welche ausgegeben wird. Wir haben keine Operation zur Verfügung, welche die Inhalte von zwei Registern vergleichen kann. Wir können den Vergleich so realisieren, dass wir die Differenz $x - y$ berechnen und dann testen, ob $x - y > 0$ oder $x - y \leq 0$ gilt. Falls $x - y > 0$ gilt, dann gilt $x > y$ und wir nehmen $x$ als das Maximum von $\{x, y\}$. Ansonsten nehmen wir $y$ als das Maximum von $\{x, y\}$ an. Die Programmstruktur kann man durch das Flussdiagramm aus Abbildung 5.4 anschaulich darstellen.

Das entsprechende Programm in ASSEMBLER sieht wie folgt aus.

```
1 READ
2 STORE 2
3 READ
4 STORE 3
5 LOAD1 2
6 LOAD2 3
7 SUB
8 JGTZ 13
9 LOAD1 2
10 STORE 1
11 WRITE 1
12 END
13 LOAD1 3
14 STORE 1
15 WRITE 1
16 END
```

◇

**Aufgabe 5.22** Simuliere das Programm aus Beispiel 5.4 für $x = 3$ und $y = 5$ und schreibe dabei die entsprechenden Änderungen der Inhalte in den einzelnen Registern in einer Tabelle auf.

**Aufgabe 5.23** Das Programm aus Beispiel 5.4 kann man um zwei Zeilen kürzen, ohne das Vorgehen wesentlich zu ändern. Weißt du wie?

**Aufgabe 5.24** Was tut das folgende Programm? Zeichne zu dem Programm das entsprechende Flussdiagramm und die Tabelle, die die Entwicklung der Registerinhalte schrittweise dokumentiert.

```
1 READ
2 STORE 2
3 READ
4 LOAD2 2
5 SUB
6 JGTZ 9
7 ADD
8 JUMP 10
9 LOAD1 2
10 WRITE 1
11 END
```

**Aufgabe 5.25** In der Warteschlange ist eine Folge von positiven Zahlen, die mit einer Null endet. Entwickle ein Programm, welches das Maximum der Zahlen dieser Folge in R(1) abspeichert und ausgibt. Wenn nur eine Null kommt, soll das Programm 0 ausgeben. Zum Vergleich von Zahlenpaaren kannst du die Strategie aus Beispiel 5.4 verwenden. Veranschauliche zuerst deine Vorgehensweise mittels eines Flussdiagramms.

**Aufgabe 5.26** In der Warteschlange warten zehn Zahlen. Entwickle ein Programm, das sich wie folgt verhält: Wenn mindestens eine der zehn Zahlen 0 ist, gibt das Programm 0 aus. Wenn keine der Zahlen 0 ist und die Anzahl der positiven Zahlen gleich der Anzahl der negativen Zahlen ist, gibt das Programm 1 aus. Sonst gibt das Programm $-1$ aus.

Es ist interessant zu bemerken, dass ziemlich komplexe Aufgaben mit so einfachen Instruktionen wie der Übertragung von Zahlen zwischen Registern, arithmetischen Operationen oder dem Vergleich einer Zahl mit 0 gelöst werden können. Im Prinzip geht es noch einfacher. Mit Ausnahme der Übertragungsbefehle reichen der Test auf 0 und die Operationen ADD1 (+1) und SUB1 ($-1$) aus. Alle anderen arithmetischen Operationen kann man durch Programme ersetzen, die in der Berechnung nur +1 und $-1$ verwenden.

**Beispiel 5.5** In der Warteschlange warten zwei positive ganze Zahlen $a$ und $b$. Wir wollen ein Programm entwickeln, das $a + b$ berechnet und in R(1) speichert. Dabei dürfen keine arithmetischen Operationen außer ADD1 und SUB1 verwendet werden.

Die Idee ist, $a + b$ als

$$a + \underbrace{1 + 1 + \ldots + 1}_{b\text{-mal}}$$

zu berechnen. Wir gehen wie folgt vor: Wir speichern $a$ in R(1) ab und addieren $b$-mal 1 zum Inhalt von R(1). Die Zahl $b$ wird in R(2) gespeichert. Wir verringern diese Zahl um 1 nach jeder Erhöhung des Wertes in R(1) um 1. Wenn Inhalt(R(2))=0 gilt, wissen wir, dass wir $b$-mal den Inhalt von R(1) um 1 erhöht haben und somit, dass R(1) die Summe $a + b$ beinhaltet. Diese Vorgehensweise ist im Flussdiagramm von Abbildung 5.5 veranschaulicht. Bemerke, dass das Flussdiagramm nur eine gröbere Beschreibung der Vorgehensweise darstellt. Zum Beispiel können wir nicht direkt testen, ob Inhalt(R(2)) gleich 0 ist oder direkt mit einer Instruktion den Inhalt von R(1) um 1 erhöhen.

Das entsprechende Programm in ASSEMBLER sieht wie folgt aus:

```
1 READ
2 STORE 1
3 READ
4 STORE 2
5 LOAD 1
6 ADD1
7 STORE 1
8 LOAD 2
9 SUB1
10 STORE 2
```

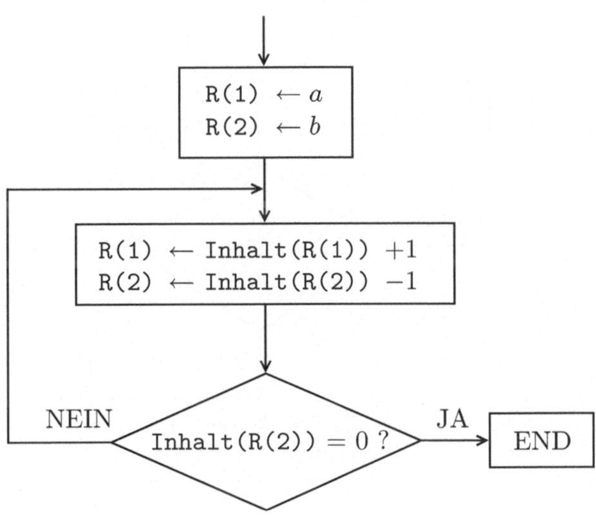



**Abbildung 5.5**

```
11 JZERO 13
12 JUMP 5
13 END
```

$\diamond$

**Aufgabe 5.27** Ersetze den Befehl JZERO 13 in der Zeile 11 des Programms aus Beispiel 5.5 durch den Testbefehl JGTZ. Was muss man noch ändern, damit das Programm weiterhin korrekt arbeitet? Wird das Programm dadurch kürzer?

**Aufgabe 5.28** Entwickle das Programm aus Beispiel 5.5 weiter, so dass es $a + b$ für alle ganzen Zahlen (auch negative) korrekt berechnet.

**Aufgabe 5.29** Entwirf ein Programm, das für zwei gegebene Zahlen $a$ und $b$ die Multiplikation $a \cdot b$ berechnet. Dabei darf es nur die arithmetischen Befehle ADD, SUB, ADD1 und SUB1 verwenden.

**Aufgabe 5.30** Verwende das von dir in Aufgabe 5.28 entwickelte Programm, um das aus Beispiel 5.3 so umzuschreiben, dass es außer ADD1 und SUB1 keine andere arithmetische Operation verwendet.

Eine unserer wichtigsten Anforderungen an die Definition eines Algorithmus für ein Problem (für eine Aufgabenstellung) ist, dass der Algorithmus in endlicher Zeit die Arbeit beendet und eine Antwort liefert. In der Fachsprache der Informatik sprechen wir vom **Halten**. Wenn ein Algorithmus $A$ auf einer Eingabe $x$ endlich lange arbeitet und danach

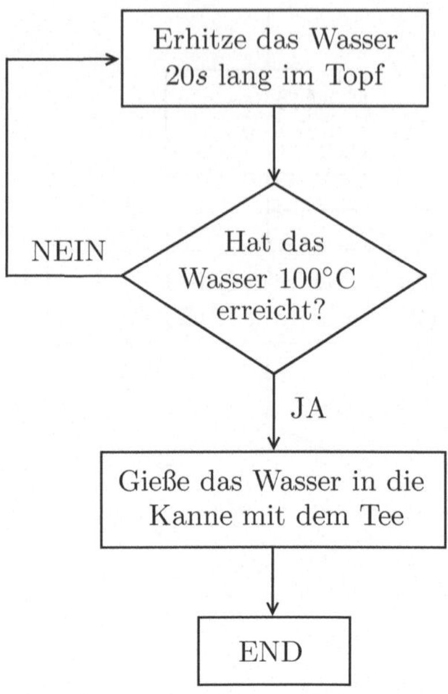


**Abbildung 5.6**

die Arbeit beendet, dann sagen wir, dass der **Algorithmus** $A$ **auf der Probleminstanz** $x$ **hält**. Mit den Worten eines Informatikers ausgedrückt, fordern wir, dass ein Algorithmus **immer hält**, was bedeutet, dass er auf jeder möglichen Eingabe hält.

Jemand könnte natürlich einwenden: „Das ist doch logisch. Wer würde schon Programme zur Problemlösung entwickeln, die endlos arbeiten und niemals eine Ausgabe liefern?" Das Problem ist aber, dass die Entwickler unbeabsichtigt ein Programm bauen können, das für einige Eingaben (Problemfälle) in eine endlose Wiederholung einer Schleife gerät. Wie kann so etwas einem Profi passieren? Ganz einfach, er vergisst zum Beispiel Sondersituationen zu betrachten, die unter gewissen Umständen vorkommen können. Kehren wir zurück zu den Kochalgorithmen, um zu sehen, wie leicht so etwas passieren kann.

Wir wollen das Wasser in einem Topf zum Kochen bringen und es danach für Tee verwenden. Dabei wollen wir mit der Energie sparsam umgehen und das Wasser nicht länger als 20 Sekunden kochen lassen. Jemand könnte dazu das Kochprogramm aus Abbildung 5.6 vorschlagen.

Auf den ersten Blick scheint alles in Ordnung zu sein, der Algorithmus sollte funktionieren – bis ein Bergsteiger den Kochalgorithmus für das Zubereiten seines Nachmittagstees auf dem Matterhorn verwenden will. In dieser Höhe kocht das Wasser wegen des geringeren Luftdrucks schon bei niedrigeren Temperaturen. So kann es dem Bergsteiger passieren, dass der Test auf $100\,°C$ nie mit einer positiven Antwort endet. (Das Wasser wird natürlich nicht wirklich ewig kochen, weil irgendwann der Brennstoff zur Neige geht oder das Wasser verdampft ist.)

Wir sehen schon, wo der Fehler steckt. Beim Aufschreiben des Kochrezeptes hat man einfach nicht an diese Sondersituation gedacht. Und genau das Gleiche kann passieren, wenn man nicht an alle Sonderfälle des zu lösenden Problems und an alle Sonderentwicklungen denkt, die während des Rechnens vorkommen können.

So etwas kann auch einem Programmierer passieren, insbesondere wenn das entworfene Programm mehrere hunderttausend Zeilen enthält.

Ein gutes Beispiel für diese Situation ist eine unbeabsichtigte Verwendung des Programms aus Beispiel 5.5 für die Addition zweier beliebiger ganzer Zahlen $a$ und $b$, obwohl das Programm nur für positive $a$ und $b$ geschrieben wurde. Wenn $a$ negativ und $b$ positiv ist, wird das Programm korrekt arbeiten. Aber wenn $b$ negativ ist, wird man durch die wiederholte Verringerung von $b$ um 1 nie Null erhalten. Deswegen wird der Test „$\texttt{Inhalt(R(2))=0}$" immer mit der Antwort NEIN enden und das Programm wird unendlich viele Male den Teil des Programms von der Zeile 5 bis zur Zeile 12 wiederholen. Das Programm hält für eine negative Eingabe $b$ nicht und somit ist es kein Algorithmus zur Addition beliebiger ganzer Zahlen.

**Aufgabe 5.31** Was passiert, wenn $b$ zwar positiv, aber keine ganze Zahl ist?


## Zusammenfassung

Die Begriffe **Programm** und **Algorithmus** sind keine Synonyme. Ein Programm kann eine sinnlose Tätigkeit ausüben oder unendlich lange ohne jede Ausgabe laufen. Von einem Programm erwarten wir nur, dass es eine Folge von Rechnerbefehlen ist. Ein Algorithmus zur Lösung eines Problems ist ein Programm, das immer (auf jeder zulässigen Eingabe) hält und das richtige Resultat liefert. Über einen Algorithmus im Kontrast zu einem Programm kann man nur im Zusammenhang mit einem Problem sprechen.

Manchmal verwenden wir den Begriff des Algorithmus auch für eine Methodenbeschreibung, die nicht einem Programm in einer Programmiersprache entspricht. Wenn wir eine solche Vorgehensweise in ein Programm umschreiben, dann sprechen wir von Programmieren im engeren Sinn. Programmieren im weitesten Sinn bedeutet auch Probleme lösen und beinhaltet damit den ganzen Weg von der Problemstellung über den Algorithmenentwurf bis zu einem funktionsfähigen Programm.

Das einfache Rechnermodell, genannt Registermaschine, besteht aus einem Speicher, einer CPU, einem Input- und einem Outputmedium und Kommunikationskanälen zwischen seinen Einheiten. Der Hauptspeicher besteht aus vielen Registern, die mit natürlichen Zahlen durchnummeriert sind. Die Nummer eines Registers bezeichnet man als seine Adresse. In der CPU sind drei spezielle Register R(0), REG(1) und REG(2) enthalten. Das Register R(0) dient der Speicherung der Zeilennummer, in der sich der Rechner bei der Ausführung des Programms gerade befindet. Die Instruktionen (Befehle) des Rechners beinhalten:

(1) Kommunikationsanweisungen zur Übertragung von Daten (gespeicherten Zahlen) zwischen der CPU, dem Hauptspeicher, dem Input- und dem Outputmedium,

(2) arithmetische Operationen,

(3) Vergleiche einer Zahl mit 0 und

(4) Sprünge zwischen Programmzeilen.

Bevor man anfängt ein Programm zu schreiben, sollte der Algorithmus (die Vorgehensweise) klar sein und vorzugsweise in Form eines Flussdiagramms dargestellt werden. Die Ausführung eines Programms kann man gut kontrollieren, indem man die Änderungen der Speicherinhalte beobachtet und in einer Tabelle dokumentiert.

## Kontrollfragen

1. Was ist ein Algorithmus? Beschreibe mit eigenen Worten alles, was du über diesen Begriff in den letzten drei Lektionen erfahren hast.

2. Was ist ein Programm? Warum unterscheiden wir zwischen Programmen und Algorithmen?

3. Was bezeichnen wir als eine Probleminstanz? Wie viele Probleminstanzen kann ein Problem haben?

4. Wie sieht das Modell der Registermaschine aus? Aus welchen Hauptteilen besteht die Registermaschine?

5. Wie ist der Speicher der Registermaschine organisiert? Was kann man in einem Register abspeichern?

6. Welche Register sind in der CPU enthalten? Was für eine Funktion haben sie?

7. Wie weiß der Rechner bei der Ausführung eines Programms, wo im Programm er sich gerade befindet?

8. Welche Befehle zum Einlesen von Daten hat die Registermaschine? Nenne alle und beschreibe ihre Wirkung.

9. Welche Befehle zur Ausgabe von Resultaten stehen zur Verfügung?

10. Welche Instruktionen stehen für die Übertragung von Daten zwischen dem Speicher und der CPU zur Verfügung?

11. Welche Testfragen kann man in ASSEMBLER stellen? Wie setzt man Sprünge zwischen den Programmzeilen um?

12. Was würdest du versuchen, um die korrekte Funktionalität deiner Programme zu überprüfen?

13. Wozu sind Flussdiagramme nützlich?

14. Wie kann es vorkommen, dass ein Programm unendlich lange läuft? Zeige ein Beispiel.

15. Was bedeutet der Satz: „Das Programm hält immer."?

## Kontrollaufgaben

1. Im Register R(1) liegt eine Zahl $a$ und in R(2) eine Zahl $b$. Schreibe ein Programm, das die Inhalte der Register R(1) und R(2) austauscht, falls in R(3) eine Zahl unterschiedlich von 0 liegt. Das heißt, dass nach der Ausführung des Programms $b$ in R(1) und $a$ in R(2) liegen muss. Kannst du dir vorstellen, wo ein solches Programm eine Verwendung finden könnte?

2. In der Warteschlange warten drei positive ganze Zahlen $a$, $b$ und $c$. Dein Programm soll diese Zahlen nach der Größe in den Registern R(1), R(2) und R(3) abspeichern. Das Minimum von $\{a, b, c\}$ soll in R(1) liegen und das Maximum in R(3).

3. In der Warteschlange liegen $n + 1$ ganze Zahlen $n$, $x_1$, $x_2$, ..., $x_n$ für eine beliebige positive ganze Zahl $n$. Die erste Zahl besagt, wie viele Eingaben (Zahlen) hinter ihr in der Warteschlange warten. Entwirf ein Programm, welches

   (a) den Durchschnittswert der Zahlen $x_1$, $x_2$, ..., $x_n$ berechnet

   (b) die Anzahl der positiven Zahlen aus $\{x_1, \ldots, x_n\}$ bestimmt

   (c) das Maximum und das Minimum von $\{x_1, \ldots, x_n\}$ findet und in R(1) und R(2) speichert

   (d) die größte und die zweitgrößte Zahl aus $\{x_1, \ldots, x_n\}$ bestimmt

   Bevor du anfängst, die einzelnen Programme zu schreiben, erkläre deine Vorgehensweise mittels Flussdiagrammen.

4. Schreibe ein Programm, das für die Eingabe $a$, $b$, $c$, $d$ die lineare Gleichung

$$ax + b = cx + d$$

   löst. Wenn die Gleichung eine Lösung hat, soll in R(1) eine 1 stehen und R(2) soll die Lösung enthalten. Wenn alle reellen Zahlen die Gleichung erfüllen, dann soll in R(1) die Zahl 0 stehen. Wenn die Gleichung keine Lösung hat, soll R(1) die Zahl $-1$ beinhalten.

5.  Entwirf ein Programm, das für die Eingabe $a$, $b$, $c$, $d$, $e$, $f$ das System von zwei linearen Gleichungen

$$ax + by = c$$
$$dx + ey = f$$

mit zwei Unbekannten $x$ und $y$ löst. Du darfst voraussetzen, dass du nur solche Eingaben $a$, $b$, $c$, $d$, $e$, $f$ bekommst, so dass das entsprechende System genau eine Lösung hat.

6.  Entwickle ein Programm, das für gegebene ganze Zahlen $a$ und $b$ die Zahl $a - b$ berechnet. Dabei sind die einzigen erlaubten, arithmetischen Operationen des ASSEMBLER die Operationen ADD1 und SUB1.

7.  Entwickle ein Programm, das für zwei positive ganze Zahlen $a$ und $b$ bestimmt, ob $a > b$ oder $a \leq b$ gilt. Wenn $a > b$ gilt, gibt das Programm die Zahl 1 aus, ansonsten die Zahl 0. Das Programm darf den Testbefehl JGTZ nicht verwenden und muss nur mit dem Testbefehl JZERO auskommen. Kann dein Programm unendlich lange laufen, wenn $a$ und $b$ beliebige ganze (also auch negative) Zahlen sind? Erweitere das Programm so, dass es für beliebige ganze Zahlen $a$ und $b$ richtig funktioniert.

## Lösungen zu ausgewählten Aufgaben

**Aufgabe 5.2** Hier wollen wir eine Methode zur Lösung eines Systems von zwei linearen Gleichungen entwickeln, indem wir Formeln für die Berechnung von $x$ und $y$ herleiten. Wir verwenden dazu das Substitutionsverfahren.

Aus der ersten Gleichung drücken wir $x$ als

$$x = \frac{c - by}{a} \tag{5.1}$$

aus. Dann setzen wir $x$ in die zweite Gleichung ein und erhalten die folgende Gleichung mit einer Unbekannten $y$:

$$d \cdot \frac{c - by}{a} + ey = f \qquad\qquad \left| - \frac{dc}{a} \right.$$
$$-\frac{db}{a} \cdot y + ey = f - \frac{dc}{a}$$
$$\left(e - \frac{db}{a}\right) \cdot y = f - \frac{dc}{a}$$
$$\frac{ea - db}{a} \cdot y = \frac{fa - dc}{a} \qquad\qquad \left| \cdot \frac{a}{ea - db} \right.$$
$$y = \frac{fa - dc}{ea - db} \tag{5.2}$$

Jetzt setzen wir (5.2) für $y$ in der Formel (5.1) ein und erhalten

$$x = \frac{c - b \cdot \frac{(fa-dc)}{(ea-db)}}{a}$$
$$= \frac{1}{a} \cdot \frac{cea - dbc - bfa + bdc}{ea - db}$$
$$= \frac{1}{a} \cdot \frac{cea - bfa}{ea - db} = \frac{ce - bf}{ea - db}.$$

Somit erhält man die folgende Methode für die Lösung von Systemen zweier linearer Gleichungen:

**Eingabe:** Zahlen $a$, $b$, $c$, $d$, $e$ und $f$.
**Schritt 1:** Berechne den Wert $m = ea - db$.
**Schritt 2:** Falls $m \neq 0$, dann berechne

$$x = \frac{ce - bf}{m}$$
$$y = \frac{af - cd}{m}.$$

**Schritt 3:** Falls $m = 0$ und $fa - dc \neq 0$, dann schreibe: „Es gibt keine reelle Lösung."
Falls $m = 0$ und $fa - dc = 0$, dann schreibe: „Es gibt unendlich viele reelle Lösungen."

**Aufgabe 5.13** Dank des Distributivgesetzes erhalten wir:

$$ax^2 + bx + c = x(ax + b) + c$$

Diese Formel enthält nur zwei Multiplikationen $a \cdot x$ und $x \cdot (\quad)$ und zwei Additionen. Deswegen kannst du, dieser Formel folgend, ein Programm schreiben, das nur zwei Befehle MULT verwendet.

**Aufgabe 5.15** Die Idee ist es, die Lösungen $x_1$ und $x_2$ des Polynoms $2x^2 + 2x - 4$ zu bestimmen und dann das Polynom als

$$(x - x_1) \cdot (x - x_2)$$

darzustellen. Offensichtlich enthält diese Darstellung nur eine Multiplikation. Lösen wir die Gleichung

$$2x^2 + 2x - 4 = 0 \qquad\qquad\qquad | : 2$$
$$x^2 + x - 2 = 0$$
$$(x + 2) \cdot (x - 1) = 0.$$

Im letzten Schritt haben wir die bekannte Tatsache verwendet, dass $x_1 \cdot x_2 = -2$ und $x_1 + x_2 = -1$ gilt.

Das Programm kann wie folgt aussehen:

```
 1 READ
 2 STORE 1
 3 LOAD2 =2
 4 ADD
 5 STORE 2
 6 LOAD1 1
 7 LOAD2 =−1
 8 ADD
 9 LOAD2 2
10 MULT
11 WRITE1
12 END
```

Die Entwicklung der Speicherinhalte ist in Tabelle 5.3 dargestellt.

**Tabelle 5.3**

| Schritte | 0 | 1 | 2 | 3 | 4 | 5 | 6 | 7 | 8 | 9 | 10 |
|---|---|---|---|---|---|---|---|---|---|---|---|
| Warteschlange | $x$ | | | | | | | | | | |
| REG(1) | 0 | $x$ | | | $x+2$ | | $x$ | | $x-1$ | | $(x-1)\cdot(x-2)$ |
| REG(2) | 0 | | | 2 | | | | $-1$ | | $x+2$ | |
| R(0) | 1 | 2 | 3 | 4 | 5 | 6 | 7 | 8 | 9 | 10 | 11 |
| R(1) | 0 | | $x$ | | | | | | | | |
| R(2) | 0 | | | | | $x+2$ | | | | | |

**Aufgabe 5.16** Die Operation SUB1 kann man durch

```
LOAD2 =−1
ADD
```

oder durch

```
LOAD2 =1
SUB
```

ersetzen. Man muss vorsichtig sein, weil dabei der Inhalt von REG(2) gelöscht wird. Wie würdest du vorgehen, wenn du diese Information nach der Durchführung des Programms für SUB1 in REG(2) behalten willst?

**Aufgabe 5.25** Am Anfang ist es immer wichtig, zuerst zu entscheiden, wozu welches Register dienen soll. Wir halten während der ganzen Laufzeit des Algorithmus in R(1) das bisherige Maximum und in R(2) die letzte eingelesene Zahl. Wir enden, wenn die neu gelesene Zahl gleich 0 ist. Sonst vergleichen wir das bisherige Maximum mit der neuen Zahl. Wenn die neue Zahl größer als das bisherige Maximum ist, legen wir sie in R(1) und wiederholen den Vorgang, indem wir die nächste Zahl lesen. Diese Strategie ist im Flussdiagramm aus Abbildung 5.7 auf der nächsten Seite dargestellt.

Die entsprechende Implementierung dieser Strategie kann wie folgt aussehen:

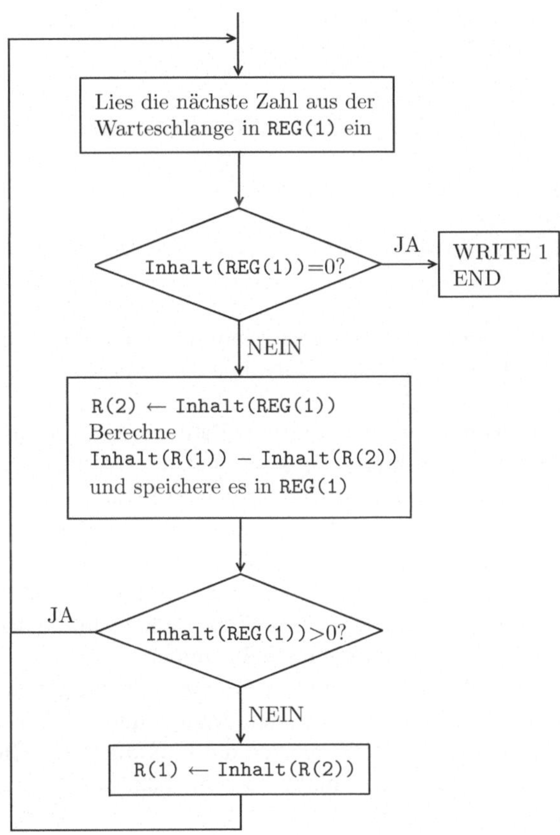


**Abbildung 5.7**

```
 1 READ
 2 JZERO 11
 3 STORE 2
 4 LOAD1 1
 5 LOAD2 2
 6 SUB          {REG(1) ← Inhalt(R(1)) − Inhalt(R(2))}
 7 JGTZ 1
 8 LOAD1 2
 9 STORE 1      {R(1) ← Inhalt(R(2))}
10 JUMP 1
11 WRITE 1
12 END
```

**Kontrollaufgabe 1** Wir können nicht einfach ohne Weiteres den Inhalt von $R(2)$ in $R(1)$ legen, weil wir bei so einem Vorgang den Inhalt von $R(1)$ löschen und damit verlieren würden. Also legen wir zuerst Inhalt(R(1)) in R(3). Dann können wir Inhalt(R(2)) in R(1) übertragen und folglich Inhalt(R(3)) in R(2) speichern.

```
1 LOAD1 1
2 STORE 3        {R(3) ← Inhalt(R(1))}
3 LOAD1 2
4 STORE 1        {R(1) ← Inhalt(R(2))}
5 LOAD1 3
6 STORE 2        {R(2) ← Inhalt(R(3))}
7 END
```

Überprüfe den korrekten Lauf dieses Programms, indem du die Entwicklung der Speicherinhalte nach jedem Rechenschritt in einer Tabelle aufzeichnest.

**Kontrollaufgabe 3** (b) Wir speichern die erste Zahl $n$ in R(1). Danach lesen wir eine Zahl nach der anderen ein. Um zu kontrollieren, dass wir genau $n$ Nachfolgerzahlen von $n$ gelesen haben, verkleinern wir nach jedem Lesen den Inhalt von R(1) um 1. Damit enthält R(1) die Anzahl noch zu lesender Zahlen. Wenn dann in R(1) die Zahl 0 liegt, wissen wir, dass die ganze Eingabe gelesen wurde. Für jede der $n$ Zahlen prüfen wir, ob sie positiv ist. Falls ja, addieren wir 1 zum Inhalt des Registers R(2). Somit enthält während der ganzen Ausführung des Programms R(2) die bisherige Anzahl positiver Zahlen. Diese Strategie kann durch das Flussdiagramm aus Abbildung 5.8 auf der nächsten Seite veranschaulicht werden.

Die Voraussetzung in der Aufgabe war, dass $n$ eine positive ganze Zahl ist. Wir haben uns auf die Einhaltung dieser Voraussetzung verlassen. Man könnte es aber überprüfen und für negative $n$ oder $n = 0$ die Ausgabe 0 liefern. Kannst du das Flussdiagramm entsprechend erweitern?

Eine Implementierung des vorgeschlagenen Vorgehens aus Abbildung 5.8 folgt:

```
 1 READ
 2 STORE 1        {R(1) ← n}
 3 READ
 4 JGTZ 6
 5 JUMP 9
 6 LOAD1 2
 7 SUB1
 8 STORE 2        {R(2) ← Inhalt(R(2)) − 1}
 9 LOAD1 1
10 SUB1
11 STORE 1        {R(1) ← Inhalt(R(1)) − 1}
12 JZERO 14
13 JUMP 3
14 WRITE 2
15 END
```

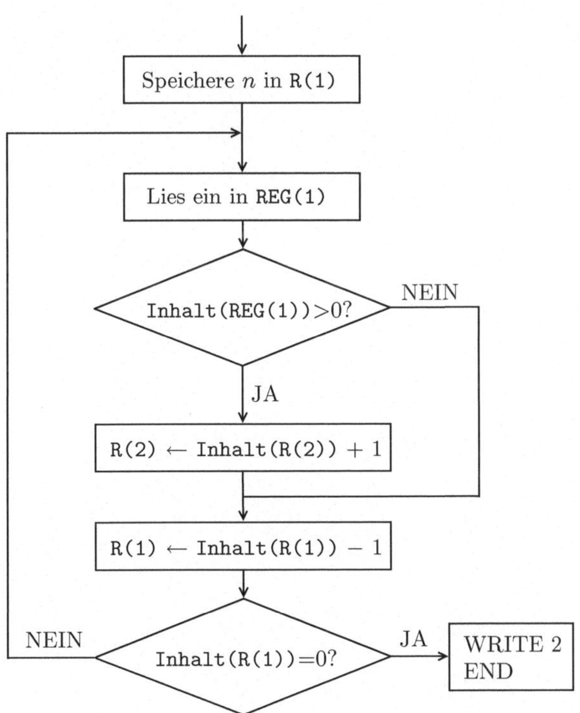


**Abbildung 5.8**

# Lektion 6

# Indirekte Adressierung

In der vorherigen Lektion haben wir angedeutet, dass alles, was ein Rechner mit ganzen Zahlen machen kann, nur mit

- den arithmetischen Operationen ADD1 und SUB1,

- dem Test JZERO auf Null und

- den Kommunikationsoperationen vom Typ LOAD und STORE

umgesetzt werden kann. Arithmetisch gesehen reichen der Test auf 0, das Vergrößern um 1 und das Verkleinern um 1 vollständig für die Arithmetik mit ganzen Zahlen aus. Aus arithmetischer Sicht stimmt es, aber es stimmt nicht ganz aus Sicht der Kommunikationsbefehle zur Übertragung von Daten (Zahlen) zwischen dem Speicher und der CPU. Um wirklich alles machen zu können, müssen wir die Befehle der indirekten Adressierung einführen. Was das genau ist und warum sie gebraucht werden, entdecken wir bei den Versuchen, die folgende einfache Aufgabe zu lösen, welche mit der bisherigen Liste von Befehlen nicht lösbar ist.

Als Eingabe sind in der Warteschlange unbekannt viele ganze Zahlen. Es können zwei oder Tausende sein. Wir erkennen das Ende der Folge daran, dass alle Zahlen der Folge unterschiedlich von 0 sind und wenn eine Null eingelesen wird, ist es das Zeichen dafür, dass wir am Ende der Folge sind. Die Aufgabe ist keine Rechenaufgabe, sondern eine Aufgabe der Datenübertragung. Wir sollen alle Zahlen in der Warteschlange nacheinander einlesen und in den Registern R(101), R(102), R(103) usw. abspeichern. Das bedeutet, dass die i-te Zahl in der Warteschlange im Register R(100+i) gespeichert werden muss. Das Abspeichern endet, wenn eine 0 gelesen wird.

Die Strategie zur Umsetzung dieser Aufgabe könnte die folgende sein:

*Lies die nächste Zahl aus der Warteschlange in* REG(1) *ein. Wenn sie nicht 0 ist, speichere die Zahl in das nächste freie (noch nicht verwendete) Register ab der Adresse 101. Wenn die Zahl 0 ist, beende die Arbeit.*

Eine halbformale Beschreibung eines Implementierungssversuches könnte wie folgt aussehen:

```
1 Lies ein in REG(1)
2 Falls Inhalt(REG(1))=0, dann gehe in Zeile □
3 R(101) ← Inhalt(REG(1))
4 Lies ein in REG(1)
5 Falls Inhalt(REG(1))=0, dann gehe in Zeile □
6 R(102) ← Inhalt(REG(1))
7 Lies ein in REG(1)
8 Falls Inhalt(REG(1))=0, dann gehe in Zeile □
9 R(103) ← Inhalt(REG(1))
⋮
```

Das Symbol □ steht für die Nummer der Zeile, in der sich der Befehl END befindet. Wir kennen aber die Nummer dieser Zeile nicht, weil wir nicht wissen, wann wir mit dem Einlesen von Daten und somit mit dem Schreiben des Programms aufhören dürfen. Wenn in der Warteschlange nur drei Zahlen und dann die Zahl 0 stehen (zum Beispiel $-17$, 6, 3, 0), dann ist das Programm fertig. Wenn dort aber 10000 Zahlen stehen, müssen wir auf diese Weise 30000 Zeilen schreiben.

Das Hauptproblem ist nicht die unbekannte Zeilennummer für den Befehl END. Dies kann man gleich auf die folgende Weise umgehen: Das Programm fängt mit

```
1 JUMP 3
2 END
```

an und danach geht alles wie oben beschrieben weiter. Der einzige Unterschied ist, dass man jetzt alle Symbole □ durch die Zahl 2 ersetzen kann.

Das ernsthafte Problem ist aber, dass wir kein unendliches Programm schreiben können. Egal, wie lang unser Programm ist, es können immer noch mehr Zahlen in der Warteschlange stehen und somit wird das Programm nicht alle abspeichern. Eine natürliche Idee wäre, die drei nacheinander stehenden Befehle in eine Schleife zu legen. Das Problem ist, dass es sich nicht um eine Wiederholung dreier gleicher Befehle handelt. Die ersten zwei READ und JZERO 2 sind zwar gleich, aber die dritten

```
R(101) ← Inhalt(REG(1)), R(102) ← Inhalt(REG(1)),
R(103) ← Inhalt(REG(1))
```

unterscheiden sich in der Adresse der Register, in welchen die aktuelle Zahl gespeichert wird. Um das Problem zu veranschaulichen, zeichnen wir unsere Strategie der Schleife mittels eines Flussdiagrammes (siehe Abbildung 6.1) auf.

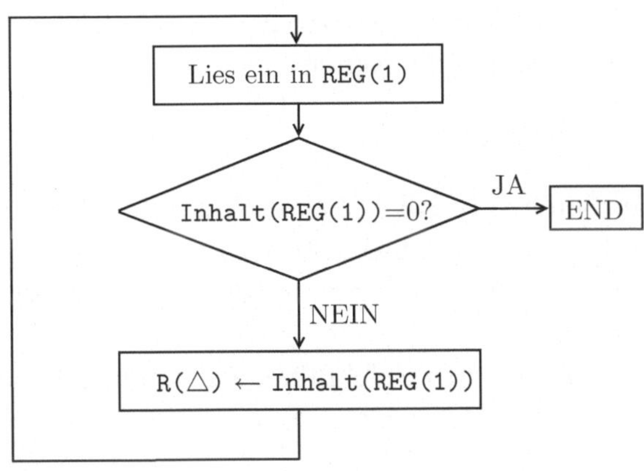


**Abbildung 6.1**

Wir sehen in Abbildung 6.1, dass wir die Adresse $\triangle$ des Registers R($\triangle$) nicht festlegen können. Es kann nicht immer das gleiche Register sein, weil wir alle Zahlen abspeichern wollen. Genauer: Beim i-ten Durchlauf der Schleife muss man die aktuelle Zahl in das Register R(100+i) speichern. Wir können dies aber mit den vorhandenen Befehlen nicht umsetzen, weil diese (genau STORE $\triangle$) nur erlauben, eine feste Zahl für $\triangle$ in R($\triangle$) zu schreiben.

Deswegen führt man die Operationen (Instruktionen) der sogenannten **indirekten Adressierung** ein:

(20) STORE *i

Der Befehl STORE *i für eine beliebige positive ganze Zahl i verursacht die folgende Aktivität: Der Rechner liest den Inhalt von R(i) und speichert danach Inhalt(REG(1)) im Register mit der Adresse Inhalt(R(i)). Die Auswirkung kann folgendermaßen mit der Pfeilschreibung beschrieben werden:

R(Inhalt(R(i))) ← Inhalt(REG(1))
R(0) ← Inhalt(R(0)) + 1

Kompliziert? Machen wir es an einem konkreten Beispiel anschaulich. Nehmen wir an, dass der Inhalt von R(3) die Zahl 112 und der Inhalt von REG(1) die Zahl 24 ist. Was passiert bei der Ausführung des Befehls

STORE *3

das heißt, was bedeutet die entsprechende Aktion

R(Inhalt(R(3))) ← Inhalt(REG(1))?

Als erstes betrachtet der Rechner den Inhalt von R(3) und stellt fest, dass der Inhalt die Zahl 112 ist. Danach führt er die Aktion

$$R(112) \leftarrow \mathtt{Inhalt(REG(1))}$$

aus, die unserem Befehl STORE 112 entspricht. Nach der Ausführung von STORE $*3$ liegt in R(112) die Zahl 24=Inhalt(REG(1)). Der Inhalt von R(0) hat sich um 1 erhöht, ansonsten sind in allen Registern die gleichen Werte wie vor der Ausführung von STORE $*3$ enthalten.

Es gibt auch einen ähnlichen Befehl für die Übertragung von Daten aus dem Speicher in die CPU.

(21)  LOAD1 $*j$

Der Befehl LOAD1 $*j$ verursacht die folgende Aktivität:

$$\mathtt{REG(1)} \leftarrow \mathtt{Inhalt(R(Inhalt(R(j))))}$$
$$\mathtt{R(0)} \leftarrow \mathtt{Inhalt(R(0))} + 1$$

Der Rechner liest die Zahl $a$ =Inhalt(R(j)) aus R(j) und führt dann den Befehl

LOAD1 $a$

aus.

**Aufgabe 6.1** Betrachten wir die folgende Situation. Das Register REG(1) enthält die Zahl $-7$, R(0) enthält die Zahl 4, R(1) enthält 101, R(2) enthält 207 und R(110) enthält -2. Alle anderen Register beinhalten die Zahl 0. Führe das folgende Programmstück aus, indem du eine Tabelle erzeugst, in welcher die Änderungen der Speicherinhalte nach einzelnen Schritten dokumentiert sind.

    4 STORE $*2$
    5 LOAD2 = 117
    6 ADD
    7 STORE $*1$
    8 LOAD $*1$

**Aufgabe 6.2** Es gibt ein Programm, das die Änderung der Speicherinhalte wie in Tabelle 6.1 verursacht. Kannst du das Programm aufschreiben? Die Zeilen 6, 10, 11 und 14 müssen Befehle mit indirekter Adressierung beinhalten, auch wenn die Auswirkungen ohne indirekte Adressierung erreichbar wären.

Mit Hilfe der indirekten Adressierung kann man unser Problem der Speicherung von unbekannt vielen Daten lösen. Den Befehl

| Schritte | 0 | 1 | 2 | 3 | 4 | 5 | 6 | 7 | 8 | 9 | 10 | 11 | 12 | 13 | 14 |
|---|---|---|---|---|---|---|---|---|---|---|---|---|---|---|---|
| Warteschlange | 15 | | | | | | | | | | | | | | |
| | 11 | 15 | 15 | 15 | 15 | | | | | | | | | | |
| | −7 | 11 | 11 | 11 | 11 | 15 | 15 | 15 | 15 | | | | | | |
| REG(1) | 0 | −7 | | 10 | | 11 | | 12 | | 15 | | 11 | 12 | | 15 |
| REG(2) | 0 | | | | | | | | | | | | | | |
| R(0) | 1 | 2 | 3 | 4 | 5 | 6 | 7 | 8 | 9 | 10 | 11 | 12 | 13 | 14 | 15 |
| R(1) | 0 | | −7 | | | | | | 12 | | | | | | |
| R(2) | 0 | | | | 10 | | | | | | | | | | |
| R(3) | 0 | | | | | | | | | | | | | 12 | |
| R(10) | 0 | | | | | | 11 | | | | | | | | |
| R(12) | 0 | | | | | | | | | | 15 | | | | |

**Tabelle 6.1**

$$R(\triangle) \leftarrow \texttt{Inhalt(REG(1))}$$

ersetzt man durch die Aktion

$$R(\texttt{Inhalt}(R(1))) \leftarrow \texttt{Inhalt(REG(1))},$$

das heißt durch den Befehl

    STORE *1.

Somit muss man in R(1) immer die passende Adresse haben. Am Anfang legen wir in R(1) die Zahl 101 und nach jeder Abspeicherung erhöhen wir den Inhalt von R(1) um 1. Damit ändert sich das Flussdiagramm aus Abbildung 6.1 in das Flussdiagramm aus Abbildung 6.2. Das Diagramm kann wie folgt in ASSEMBLER implementiert werden:

```
1  LOAD1 =101
2  STORE 1        {R(1) ← 101}
3  READ
4  JZERO 10
5  STORE *1       {R(Inhalt(R(1))) ← Inhalt(REG(1))}
6  LOAD1 1
7  ADD1
8  STORE 1        {R(1) ← Inhalt(R(1)) + 1}
9  JUMP 3
10 END
```

**Aufgabe 6.3** Als Eingabe steht in der Warteschlange die Zahlenfolge 113, −7, 20, 8, 0. Simuliere Schritt für Schritt das oben beschriebene Programm und zeichne dabei die Änderungen der Inhalte der Register mit den Adressen 1, 2, 3, 100, 101, 102, 103, 104 und 105 auf. Wir nehmen an, dass vor der Ausführung des Programms alle Register außer R(0) den Inhalt 0 haben.

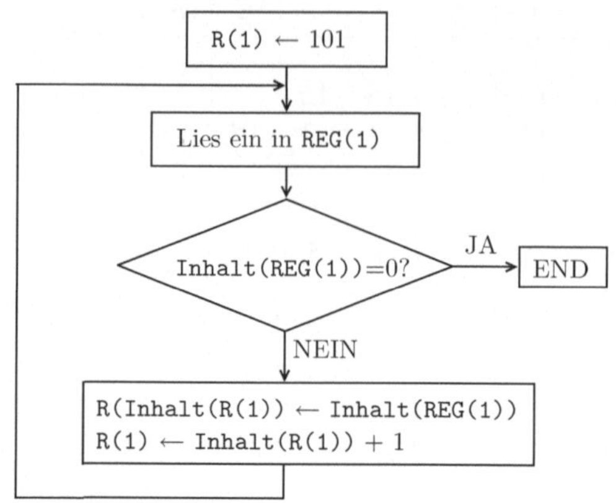


**Abbildung 6.2**

**Aufgabe 6.4** Was muss man im Programm (siehe Abbildung 6.2) ändern, damit die Zahlen aus der Warteschlange in den Registern mit den Adressen 10, 12, 14, 16 usw. (also auf geraden Adressen angefangen mit 10) abgespeichert werden?

**Aufgabe 6.5** In der Warteschlange warten ganze Zahlen, alle unterschiedlich von 0. Die Anzahl der Zahlen ist unbekannt und die Zahl 0 signalisiert das Ende der Folge. Schreibe ein Programm in ASSEMBLER, das alle positiven Zahlen aus dieser Folge in den Registern mit den Adressen 50, 60, 70, 80 usw. abspeichert.

**Hinweis für die Lehrperson** Es ist wichtig zu beobachten, dass die indirekte Adressierung im Zusammenhang mit der Einführung von Feldern $A[i]$ steht. Es ist sinnvoll und sehr hilfreich, die Klasse später, im Unterricht über höhere Programmiersprachen, daran zu erinnern.

**Beispiel 6.1** In der Warteschlange warten zwei nichtleere Folgen $a_1, \ldots, a_n$ und $b_1, \ldots, b_n$ von positiven ganzen Zahlen, welche durch die Zahl 0 getrennt werden. Demnach sieht der Anfang der Warteschlange folgendermaßen aus:

$$a_1, a_2, \ldots, a_n, 0, b_1, b_2, \ldots, b_n, 0$$

Die Zahl $n$ (die Länge der Folgen) ist unbekannt und somit erkennen wir das Ende der ersten Folge durch das Einlesen von 0. Die Aufgabe ist, das Resultat

$$c_1 = a_1 + b_1, c_2 = a_2 + b_2, \ldots, c_n = a_n + b_n$$

zu berechnen und in $n$ Registern zu speichern.

Wir werden wie folgt vorgehen: In R(1) werden wir die Elemente der ersten Folge $a_1$, $\ldots, a_n$ zählen, um ihre Länge $n$ zu erfahren. Wir speichern zuerst die Folge $a_1, a_2, \ldots,$

$a_n$ in Registern mit den Adressen 10, 12, 14, $\ldots$, $10 + 2(n - 1)$. Danach speichern wir $b_1, b_2, \ldots, b_n$ in Registern mit den Adressen 11, 13, 15, $\ldots$, $11 + 2(n - 1)$. Wenn alle Daten in Registern sind, berechnen wir

```
c₁ = Inhalt(R(10)) + Inhalt(R(11))
c₂ = Inhalt(R(12)) + Inhalt(R(13))
⋮
cₙ = Inhalt(R(10+2(n-1))) + Inhalt(R(11+2(n-1)))
```

und speichern die daraus resultierenden Werte in Registern mit den Adressen 10, 12, 14, $\ldots$, $10 + 2(n - 1)$. Dieses Konzept kann wie in Abbildung 6.3 gezeichnet umgesetzt werden.  $\Diamond$

**Aufgabe 6.6** Setze das Flussdiagramm aus Abbildung 6.3 mit einem Programm in ASSEMBLER um. Simuliere seine Arbeit auf der Eingabe 3, 7, 2, 0, 14, 12, 2, 0.

**Aufgabe 6.7** Das Programm enthält drei Schleifen: die ersten zwei zum Abspeichern der beiden Eingabefolgen und die dritte zur Berechnung der Werte $c_i$. Dies ist unnötig kompliziert. Du musst die zweite Folge $b_1, b_2, \ldots, b_n$ nicht abspeichern und kannst stattdessen direkt $c_i$ ausrechnen. Die Zahl $c_i$ ist die Summe des Inhalts von R(10+2(i-1)) und der gelesenen i-ten Zahl $b_i$. Zeichne ein entsprechendes Flussdiagramm, das nur zwei Schleifen enthält. Implementiere dein Flussdiagramm in ASSEMBLER.

**Aufgabe 6.8** Beim Entwurf unseres Programms aus Abbildung 6.3 haben wir vorausgesetzt, dass die Eingabe immer die korrekte Form hat. Erweitere das Programm so, dass es erkennt, wenn die Längen der beiden Eingabefolgen unterschiedlich sind. Wenn es so ist, wird dieses durch WRITE =−1 nach außen signalisiert.

Ein erfahrener Programmierer würde sofort bemerken, dass man die ersten beiden Schleifen mit Hilfe der indirekten Adressierung zusammenfassen kann. Genauer gesagt wird er die erste Schleife nochmals zum Einlesen der zweiten Folge $b_1, b_2, \ldots, b_n$ verwenden. Die beiden ersten Schleifen sind fast identisch. Das Problem liegt nur im Bestimmen der Längen beider Folgen. Dies kann man mittels indirekter Adressierung durch gleiche Befehle über unterschiedliche Adressen bewirken. Das entsprechende Flussdiagramm in Abbildung 6.4 speichert die Länge der ersten Folge in R(1) und die Länge der zweiten Folge in R(5). Die Werte 1 oder 5 in R(4) bestimmen jeweils, welche Länge ermittelt wird. Der Inhalt von R(6) sagt aus, ob wir die erste oder die zweite Folge einlesen.

**Aufgabe 6.9** Implementiere die Strategie aus Abbildung 6.4 in ASSEMBLER und teste dein Programm für die Eingabe 2, 3, 13, 0, 7 , 8, 0.

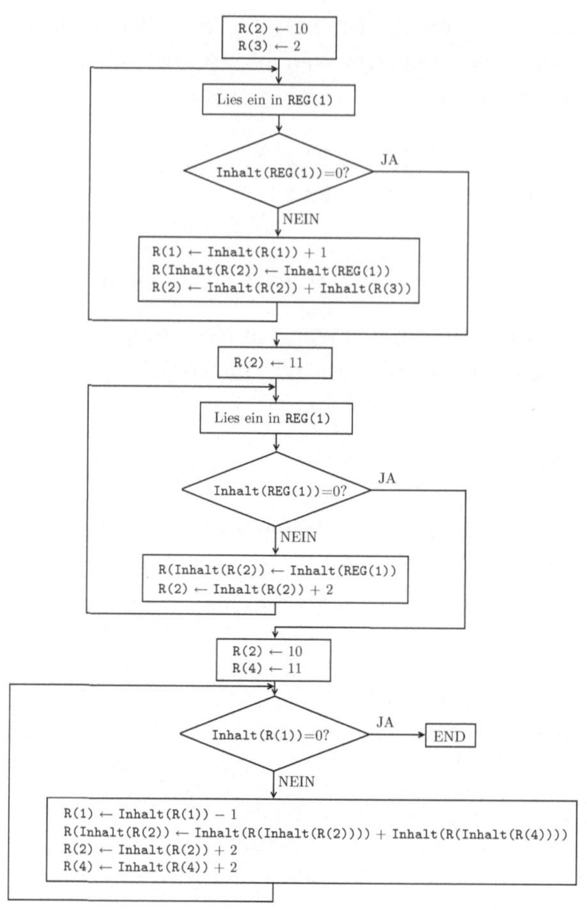


**Abbildung 6.3**

## Zusammenfassung

Die Tabelle 6.2 auf Seite 123 beinhaltet alle 21 Befehle unseres ASSEMBLERS und zeigt in kurzer Beschreibung ihre Wirkung.

Die indirekte Adressierung ist ein wichtiges Programmierkonzept. Man kann die Adresse des Registers, mit welchem gearbeitet wird, durch den Inhalt eines anderen Registers $R'$ angeben. Durch Rechnungen mit dem Inhalt von $R'$ können wir dann die Adresse jenes Registers bestimmen, mit dem wir als nächstes arbeiten wollen. Der Vorteil liegt darin, dass wir den Inhalt von $R'$ bei jedem Durchlauf in einer Schleife ändern können und damit soviele unterschiedliche Register während der Ausführung der Schleife verwenden können wie die vorher unbekannte Anzahl der Schleifendurchläufe.

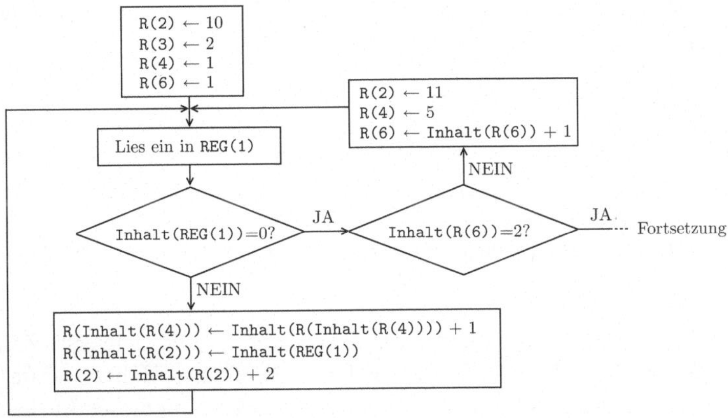



**Abbildung 6.4**

Außer der oben diskutierten Verwendung ermöglicht uns eine indirekte Adressierung eine Verkürzung von Programmen, indem man ähnliche Teile durch einen parametrisierten Programmteil ersetzen kann.

## Kontrollfragen

1. In welchen Situationen braucht man die indirekte Adressierung? Was ermöglicht sie?

2. Welchen Befehl der indirekten Adressierung hat man für den Datentransfer aus der CPU in den Hauptspeicher? Was bewirkt er?

3. Welchen Befehl der indirekten Adressierung hat man für den Datentransfer aus dem Speicher in die CPU? Was bewirkt er?

4. Wie gehst du vor, wenn du mittels einer Schleife und nicht durch eine lange Folge von hunderten Befehlen eine Folge von 100 Zahlen in der Warteschlange in den Registern mit den Adressen $10, 11, 12, \ldots, 109$ speichern sollst?

## Kontrollaufgaben

1. Betrachte die gleiche Eingabe $a_1, a_2, \ldots, a_n, 0, b_1, b_2, \ldots, b_n, 0$ wie in Beispiel 6.1. Die Länge $n$ der Folgen ist vorher nicht bekannt. Interpretiere die Eingabe als zwei Punkte $(a_1, a_2, \ldots, a_n)$ und $(b_1, b_2, \ldots, b_n)$ des $n$-dimensionalen Raums. Schreibe ein Programm, das die Euklidische Distanz (Entfernung) der beiden Punkte berechnet. Brauchst du dazu die indirekte Adressierung?

2. Die Eingabe ist die gleiche wie in Kontrollaufgabe 1. Entwirf ein Programm, das die Entfernung der Punkte

$$(a_1, a_2, \ldots, a_n) \quad \text{und} \quad (b_n, b_{n-1}, \ldots, b_1)$$

bestimmt.

3.  In der Warteschlange steht nur eine Zahl $n$. Es soll ein Programm entwickelt werden, welches
    die Inhalte der Register

    $$\texttt{R(100), R(101), \ldots, R(100+}n\texttt{)}$$

    in die Register

    $$\texttt{R(101), R(102), \ldots, R(100+}n\texttt{+1)}$$

    so verschiebt, dass der Inhalt von $\texttt{R}(k)$ nach der Ausführung des Programms in $\texttt{R}(k\texttt{+1})$
    liegt.

4.  In der Warteschlange warten $n+1$ ganze Zahlen $n, a_1, a_2, \ldots, a_n$. Die erste Zahl $n$ gibt die An-
    zahl der nachfolgenden Zahlen an. Die Aufgabe ist, die kleinste Zahl $b = \min\{a_1, a_2, \ldots, a_n\}$
    zu finden und auszugeben. Schreibe ein Programm zur Lösung dieser Aufgabe. Brauchst du
    dabei die indirekte Adressierung? Was würde sich ändern, wenn in der Warteschlange unbe-
    kannt viele positive ganze Zahlen stünden und das Ende mit der Zahl 0 markiert würde?

5.  In der Warteschlange steht die Folge $a_1, a_2, \ldots, a_n, 0, b$, wobei $a_1, a_2, \ldots, a_n$ und $b$ gan-
    ze positive Zahlen sind. Die Zahl $n$ ist unbekannt und wir erfahren das Ende der Folge
    $a_1, a_2, \ldots, a_n$ durch die 0.

    (a)  Schreibe ein Programm, das überprüft, ob die Folge monoton aufsteigend ist ($a_i <$
         $a_{i+1}$ für alle $i = 1, \ldots, n-1$). Falls ja, gib 1 aus, sonst gib 0 aus.

    (b)  Modifiziere das Programm, indem du im Fall einer aufsteigenden Folge $a_1, \ldots, a_n$
         überprüfst, ob $b$ in der Folge enthalten ist. Falls ja, gib $b$ aus, sonst gib 0 aus.

    (c)  Kannst du Teilaufgabe (b) so lösen, dass du dabei höchstens $\lceil \log_2 n \rceil$ viele Werte aus
         der Folge $a_1, \ldots, a_n$ mit $b$ vergleichst?

6.  In der Warteschlange warten genau 16 positive ganze Zahlen. Die Aufgabe ist, das Maximum
    und das Minimum zu finden und in Registern $\texttt{R(20)}$ und $\texttt{R(21)}$ abzuspeichern. Schreibe
    ein Programm zur Lösung dieser Aufgabe, das bei der Ausführung höchstens 22-mal einen
    Testbefehl (JZERO oder JGTZ) ausführt.

7.  Der Inhalt der Warteschlange ist wie in Kontrollaufgabe 5. Die Folge $a_1, \ldots, a_n$ muss nicht
    aufsteigend sein und wir fordern nicht, dies zu überprüfen. Die Aufgabe ist nur zu überprü-
    fen, ob sich $b$ in dieser Folge befindet. Falls nicht, soll 0 als Ausgabe geliefert werden. Falls
    $b$ in $a_1, \ldots, a_n$ vorkommt, sollen alle Indizes $i$ ausgegeben werden, so dass $b = a_i$.

8.  Modifiziere dein Programm zur Lösung der Kontrollaufgabe 7 so, dass alle Indizes $i$ mit
    $a_i = b$ in den Registern $\texttt{R(10), R(11), \ldots}$ abgespeichert werden. Wenn in $a_1, \ldots, a_n$ genau
    $k$ Zahlen gleich $b$ sind, dann soll nach der Ausführung des Programms in Register $\texttt{R(10+}k\texttt{)}$
    der Wert 0 stehen.

9.  In der Warteschlange stehen 20 ganze Zahlen. Entwickle ein Programm, das diese Zahlen
    aufsteigend sortiert in den Registern mit den Adressen $1, 2, \ldots, 20$ abspeichert.

10. In der Warteschlange steht eine Folge von ganzen Zahlen, die unterschiedlich von 0 sind. Die Anzahl der Zahlen ist unbekannt. Das Ende der Folge erkennt man durch die Zahl 0. Schreibe ein Programm in ASSEMBLER, das Folgendes leistet: Es speichert alle positiven Zahlen in Registern mit geraden Adressen 100, 102, 104, . . .. Die negativen Zahlen sollen in Registern mit ungeraden Adressen 101, 103, 105, . . . abgespeichert werden.

11. Simuliere die Arbeit des Programms

```
 1 LOAD1 =10
 2 STORE 2
 3 LOAD1 =2
 4 STORE 3
 5 READ
 6 JZERO 16
 7 STORE *2
 8 LOAD1 2
 9 LOAD2 3
10 SUB
11 STORE 2
12 LOAD1 1
13 ADD1
14 STORE 1
15 JUMP 5
16 END
```

auf der Eingabe $-7, 3, 2, 0$ und zeichne die Änderungen des Speicherinhalts nach der Ausführung jedes Rechenschrittes auf.

12. Betrachte die gleiche Aufgabe wie in Kontrollaufgabe 3, nur mit dem Unterschied, dass man die Registerinhalte um zehn Positionen verschieben will. Entwickle mindestens zwei unterschiedliche Strategien zu diesem Zweck.

## Lösungen zu ausgewählten Aufgaben

**Aufgabe 6.2** Das folgende Programm mit vier Befehlen der indirekten Adressierung bewirkt die in der Tabelle 6.1 dargestellte Datenänderung.

```
 1 READ
 2 STORE 1
 3 LOAD1 =10
 4 STORE 2
 5 READ
 6 STORE *2
 7 ADD1
 8 STORE 1
 9 READ
10 STORE *1
```

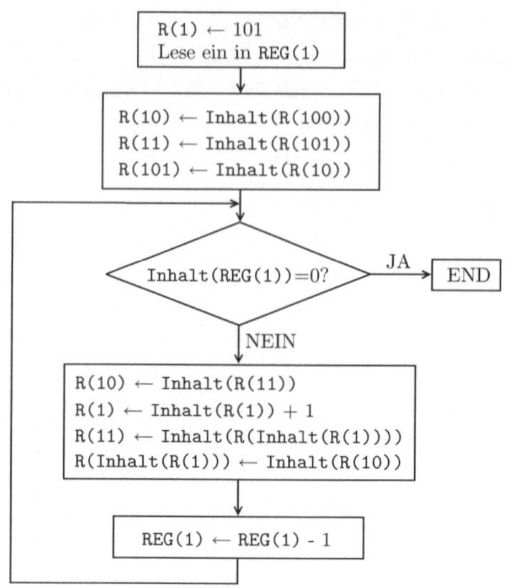


**Abbildung 6.5**

```
11 LOAD1 *2
12 ADD1
13 STORE 3
14 LOAD1 *3
15 END
```

**Aufgabe 6.4** Es sind nur zwei kleine Änderungen notwendig. Am Anfang legt man anstatt 101 die Zahl 10 in R(1). Damit steht in der ersten Zeile LOAD1 =10, wo vorher LOAD1 =101 stand. In der Schleife muss man dann den Inhalt von R(1) immer um 2 statt um 1 erhöhen. Im Assemblerprogramm kann die Zeile ADD1 nochmals wiederholt werden, um den Inhalt von R(1) um 2 zu vergrößern. Wie würdest du vorgehen, wenn du anstatt des Befehls ADD1 den Befehl ADD vorzögest?

**Kontrollaufgabe 3** Die Aufgabe wäre einfach, wenn bei der Abspeicherung einer Zahl in einem Register der vorherige Inhalt des Registers nicht automatisch gelöscht würde. Bevor wir also den Inhalt von R(100) in R(101) speichern, müssen wir den Inhalt von R(101) irgendwo speichern. Wir verwenden R(10) zum Speichern des zu übertragenden Inhaltes (zum Beispiel am Anfang von R(100)) und R(11) zum Speichern jener Zahl, welche sonst gelöscht würde (zum Beispiel am Anfang der Zahl in R(101)). Danach schieben wir den Inhalt von R(11) in R(10) und in R(11) legen wir die Zahl, die sonst bei der nächsten Übertragung gelöscht werden würde. Wir wiederholen dies $n$-mal, indem wir am Anfang $n$ in REG(1) legen und diesen Wert nach jedem Durchlauf der Schleife um 1 verkleinern. Die Strategie ist im Flussdiagramm von Abbildung 6.5 dargestellt. Die Implementierung in ASSEMBLER überlassen wir dir.

**Tabelle 6.2** Befehlstabelle

| Befehl | Wirkung |
| --- | --- |
| READ | REG(1) ← die erste Zahl in der Warteschlange<br>R(0) ← Inhalt(R(0)) + 1 |
| STORE i | R(i) ← Inhalt(REG(1))<br>R(0) ← Inhalt(R(0)) + 1 |
| LOAD1 i | REG(1) ← Inhalt(R(i))<br>R(0) ← Inhalt(R(0)) + 1 |
| LOAD2 i | REG(2) ← Inhalt(R(i))<br>R(0) ← Inhalt(R(0)) + 1 |
| LOAD1 =i | REG(1) ← i<br>R(0) ← Inhalt(R(0)) + 1 |
| LOAD2 =j | REG(2) ← j<br>R(0) ← Inhalt(R(0)) + 1 |
| ADD | REG(1) ← Inhalt(REG(1)) + Inhalt(REG(2))<br>R(0) ← Inhalt(R(0)) + 1 |
| SUB | REG(1) ← Inhalt(REG(1)) − Inhalt(REG(2))<br>R(0) ← Inhalt(R(0)) + 1 |
| MULT | REG(1) ← Inhalt(REG(1)) ∗ Inhalt(REG(2))<br>R(0) ← Inhalt(R(0)) + 1 |
| DIV | Wenn Inhalt(REG(2)) = 0, melde „ERROR", sonst<br>REG(1) ← Inhalt(REG(1)) / Inhalt(REG(2))<br>R(0) ← Inhalt(R(0)) + 1 |
| ADD1 | REG(1) ← Inhalt(REG(1)) + 1<br>R(0) ← Inhalt(R(0)) + 1 |
| SUB1 | REG(1) ← Inhalt(REG(1)) − 1<br>R(0) ← Inhalt(R(0)) + 1 |
| WRITE i | Ausgabe ← Inhalt(R(i))<br>R(0) ← Inhalt(R(0)) + 1 |
| WRITE1 | Ausgabe ← Inhalt(REG(1))<br>R(0) ← Inhalt(R(0)) + 1 |
| WRITE =j | Ausgabe ← j<br>R(0) ← Inhalt(R(0)) + 1 |
| JZERO j | **if** Inhalt(REG(1)) = 0 **then** R(0) ← j<br>**else** R(0) ← Inhalt(R(0)) + 1 |
| JGTZ j | **if** Inhalt(REG(1)) > 0 **then** R(0) ← j<br>**else** R(0) ← Inhalt(R(0)) + 1 |
| JUMP j | R(0) ← j |
| END | Ende der Ausführung des Programms |
| STORE ∗$i$ | R(Inhalt(R(i))) ← Inhalt(REG(1))<br>R(0) ← Inhalt(R(0)) + 1 |
| LOAD1 ∗$j$ | REG(1) ← R(Inhalt(R(j)))<br>R(0) ← Inhalt(R(0)) + 1 |

# Modul II

# Das Konzept des Unendlichen

# Vorwort

Das Konzept des Unendlichen ist eines der grundlegenden Forschungsinstrumente der Mathematik und damit der ganzen Wissenschaft. Ohne den Begriff des Unendlichen gäbe es die fundamentalen Begriffe der Mathematik wie Grenzwert, Ableitung, Integral, Stetigkeit und Differenzialgleichung nicht. Und ohne diese Begriffe wäre die Physik in ihrer Modellierung der Realität ratlos. Schon die aktuelle Geschwindigkeit oder die momentane Beschleunigung könnte nicht präzise definiert werden. Die Informatik ist von der Existenz des Konzeptes des Unendlichen genauso abhängig wie die Physik. Ohne die Kenntnisse über unendliche Größen wäre die Einteilung algorithmischer Aufgaben in algorithmisch lösbar und unlösbar nicht möglich. Auch die Messung der Schwierigkeit von Problemen bezüglich ihrer Berechnungskomplexität (der Menge notwendiger und hinreichender Computerarbeit zu ihrer Lösung) ist ohne das Konzept des Unendlichen nicht denkbar.

Dieses Modul ist der ersten Begegnung mit dem Unendlichen an Gymnasien bzw. Maturitätsschulen gewidmet. Das Modul eignet sich sowohl für den Mathematikunterricht als auch für das Fach Informatik. Ziel des Moduls ist es, sich hinreichendes Wissen über das Unendliche anzueignen, um in der Lage zu sein, die Grenzen der Automatisierbarkeit in Modul III zu untersuchen.

Weil das Thema zu den schwersten Themen im gymnasialen Unterricht gehört, basiert das fachdidaktische Konzept dieses Moduls auf einem sehr langsamen, motivierenden und anschaulichen Vorgehen, bei dem jeder kleine Fortschritt sofort gefestigt wird. Breitere Zusammenhänge werden hergestellt, und unser Verständnis für das Unendliche wächst parallel zu der geschichtlichen Entwicklung.

# Lektion 1

# Wozu brauchen wir die Unendlichkeit?

Das große bekannte Universum ist endlich und die meisten physikalischen Theorien bauen auf der Vorstellung einer endlichen Welt auf. Alles was wir sehen, alles was wir anfassen können oder womit wir in Kontakt treten, ist endlich.

> *Wozu gibt es dann die Unendlichkeit?*
> *Ist sie nicht etwas Künstliches und Unnatürliches, einfach ein Spielzeug der*
> *Mathematiker?*

Trotz möglicher Zweifel bei der ersten Begegnung mit dem Konzept des Unendlichen möchten wir behaupten, dass die Unendlichkeit ein Instrument zur erfolgreichen Untersuchung der realen endlichen Welt ist. Unsere erste Berührung mit dem Unendlichen erfolgte meistens schon in der Grundschule, wo wir die Menge

$$\mathbb{N} = \{0, 1, 2, 3, \ldots\}$$

der natürlichen Zahlen kennenlernen. Das Prinzip lautet:

Für jede natürliche Zahl $i$ gibt es die um 1 größere natürliche Zahl $i + 1$.

Mit anderen Worten gesagt, gibt es keine größte Zahl (eine Zahl größer als alle anderen), weil man für jede Zahl größere Zahlen kennt. Was folgt daraus? Wir können die natürlichen Zahlen nie alle hintereinander aufschreiben, weil weitere folgen, egal wie viele wir schon aufgeschrieben haben. Also hat unser Schreiben nie ein Ende und deswegen sprechen wir vom **potenziell Unendlichen** oder von der **unbeschränkten** Anzahl der natürlichen Zahlen. Ähnlich ist es mit einer Geraden in der Geometrie. Sie ist potenziell unendlich und hat eine unbeschränkte (unendliche) Länge, weil man entlang der Geraden beliebig lange gehen kann. Man kommt nie an ein Ende und kann von jeder Stelle aus immer weiter laufen.

Das Hauptproblem mit dem Konzept des Unendlichen liegt in unserer Unfähigkeit, sich das Unendliche vorzustellen. Wir können das **aktuell Unendliche** nie sehen. Wir verstehen, dass wir unendlich (uneingeschränkt) viele natürliche Zahlen haben, aber wir können aktuell nie alle natürlichen Zahlen auf einmal sehen. Genauso wie wir eine ganze unendliche Gerade nie auf einmal sehen werden. Wir können höchstens einen endlichen Bruchteil von unendlichen Objekten besichtigen. Trotzdem bezeichnen wir unendliche Objekte durch Symbole und arbeiten mit diesen Symbolen als endlichen Darstellungen der unendlichen Objekte.

Ein Vorschlag wäre, das Konzept des potenziell Unendlichen durch eine riesig große, aber endliche Schranke zu ersetzen. Zum Beispiel könnte man die Anzahl[1] der Protonen im Universum als die größte natürliche Zahl nehmen und alle größeren Zahlen verbieten. In den meisten Rechenaufgaben und Betrachtungen wäre man in der Schule mit dieser Philosophie erfolgreich. Aber nicht, wenn man die gesamte Energie des Universums berechnen oder die Auswahl aller möglichen Beziehungen zwischen den Teilchen betrachten will. Egal welche riesige Zahl man als potenzielle Schranke wählen würde, es entstünden sinnvolle Situationen, bei deren Untersuchung noch größere Zahlen benötigt würden. Und zusätzlich könnte man sich zu jeder Zahl eine größere nicht nur vorstellen, sondern sogar auch aufschreiben. Warum sollten wir etwas untersagen, das wir gebrauchen können?

Wenn wir aber den Nutzen des Konzepts des Unendlichen propagieren wollen, müssen wir mehr Argumente als die natürliche Existenz des potenziell Unendlichen vorlegen. Wir behaupten, dass wir mittels des Konzepts des Unendlichen die endliche Welt besser untersuchen und letztendlich verstehen können.

**Hinweis für die Lehrperson**  An dieser Stelle lohnt eine ausführliche Diskussion der wissenschaftlichen Entdeckungen Kurt Gödels, wie in Modul I „Geschichte der Informatik und Begriffsbildung" thematisiert. Neue begriffsbildende Axiome bereichern das Vokabular der Mathematik und der übrigen Wissenschaft. Insbesondere ist zu betonen, dass neue „Wörter" nicht nur die Ausdrucksstärke erhöhen (man kann Aussagen über Objekte treffen, über die man vorher nicht sprechen konnte), sondern durch Erhöhung der Argumentationsstärke der Sprache der Mathematik auch zu neuen Forschungsinstrumenten werden.

Die Unendlichkeit ermöglicht uns nicht nur über das unendlich Große nachzudenken. Wir können auch über das unendlich Kleine nachdenken.

> *Welches ist die kleinste positive rationale Zahl, das heißt welches ist der kleinste Bruch größer 0?*

Starten wir zum Beispiel mit dem Bruch $1/1000$. Wir können ihn halbieren und erhalten die Zahl $1/2000$, die kleiner als $1/1000$ ist. Das Resultat können wir wieder halbieren und erhalten $1/4000$. Egal welche kleine positive Zahl

$$\frac{1}{x}$$

---

[1] Diese Zahl hat 79 Dezimalstellen.

man aufschreibt, durch das Halbieren erhalten wir die Zahl

$$\frac{1}{2x},$$

die noch kleiner als $1/x$, aber immer noch größer als 0 ist. Also hat diese Geschichte auch kein Ende. Zu jeder positiven rationalen Zahl gibt es eine kleinere positive rationale Zahl usw.

**Aufgabe 1.1** Begründe, warum es in dem reellen Intervall $[1, 2]$ unendlich viele rationale Zahlen gibt.

**Aufgabe 1.2** Seien $a$ und $b$ zwei unterschiedliche rationale Zahlen, $a > b$. Begründe, warum es im Intervall $[b, a]$ unendlich viele rationale Zahlen gibt.

David Hilbert (1862–1943), einer der berühmtesten Mathematiker seiner Zeit, behauptete: *„In gewissem Sinne ist die mathematische Analysis nichts weniger als eine Symphonie über das Thema des Unendlichen."* Und wir fügen hinzu, dass ohne den Begriff der Unendlichkeit die heutige Physik, so wie wir sie kennen, nicht existieren würde. Die Schlüsselbegriffe der Mathematik wie Ableitung, Grenzwert, Integral, Differentialgleichungen und Stetigkeit würden ohne Unendlichkeit nicht existieren. Und ohne diese Begriffe würde es die Physik sehr schwer haben, unsere Welt zu modellieren. Und nicht nur das, schon bei der Begriffsbildung in der Physik würde man Probleme haben. Wie würde man ohne diese Begriffe zum Beispiel die aktuelle Geschwindigkeit oder aktuelle Beschleunigung definieren? Viele der oben genannten Begriffe der Mathematik entstanden gerade deswegen, weil die Physik einen Bedarf an deren Einführung und nachfolgender Nutzung hatte.

Das Fazit ist, dass ohne die Unendlichkeit große Teile der Mathematik verschwinden würden. Weil die Mathematik die formale Sprache der Wissenschaft ist und wir oft eine gewisse „Reife" der Wissenschaftsdisziplinen mit dem Grad der Verwendung dieser Sprache verknüpfen, würde die Streichung des Begriffes „unendlich" die ganze Wissenschaft mehrere Jahrhunderte zurückwerfen.

Genauso geht es uns in der Informatik. Es muss möglich sein, zwischen Programmen (die unendliche Berechnungen nicht ausschließen) und Algorithmen (die endliche Berechnungen für jede Eingabe garantieren) zu unterscheiden. Es gibt unendlich viele Programme und unendlich viele algorithmische Aufgaben. Typische Aufgabenstellungen beinhalten potenziell unendlich viele Probleminstanzen. Die Unendlichkeit ist in der Informatik unvermeidbar.

Das Ziel dieses Moduls geht aber viel weiter, als nur zu zeigen, dass das Konzept des Unendlichen ein Forschungsinstrument auch in der Informatik ist. Als ob es nicht reichen würde, dass wir mit dem potenziell und aktuell Unendlichen arbeiten, ohne es je gesehen zu haben, widmen wir uns hier der Frage:

> *„Gibt es nur ein Unendliches oder gibt es mehrere unterschiedlich große Unendliche?"*

Diese auf den ersten Blick übertriebene und abstrakte Frage war und ist für die Wissenschaften von einem enormen Nutzwert. Wir verfolgen hier die wichtigste Entdeckung über das Unendliche, um zu zeigen, dass es mindestens[2] zwei unterschiedlich große Unendliche gibt. Was ist der Gewinn? Wir können auf diese Weise zeigen, dass es mehr algorithmische Probleme (Aufgabenstellungen) gibt als die Anzahl aller Programme. Damit erhalten wir das erste Grundergebnis der Informatik.

> *Es ist nicht alles automatisierbar, weil es Aufgaben gibt, für die keine Algorithmen existieren.*

Dank dieses ersten Schritts zeigen wir in Modul III „Berechenbarkeit und die Grenzen der Automatisierbarkeit" konkrete Probleme aus der Praxis, die algorithmisch nicht lösbar sind. Es sind wunderschöne Beispiele dafür, wie ein Konzept eines in der realen Welt nichtexistierenden Objektes zu praxisrelevanten Entdeckungen und Aussagen führen kann. Es mag überraschen, aber vergessen wir Folgendes nicht: Der Weg über hypothetische abstrakte Objekte in der Forschung ist eher typisch als außergewöhnlich. Und das Wichtigste was zählt, ist, ob der Forschungszweck erreicht wird.

Das Ziel ist nicht einfach zu erreichen. Zu verstehen, was man unter dem Unendlichen wirklich versteht, ist ein anspruchvolles Unterfangen. Wie schwierig es sein kann, mit dem Unendlichen umzugehen, illustrieren wir jetzt anhand zweier Beispiele, die auf den ersten Blick wie Paradoxe erscheinen dürften.

**Beispiel 1.1** Betrachten wir die folgende unendliche Summe:

$$\sum_{i=0}^{\infty} (-1)^i = 1 + (-1) + 1 + (-1) + 1 + (-1) + 1 + (-1) + \ldots$$

Was ist das Resultat dieser unendlichen Summe von Einsen und Minus-Einsen? Man könnte sagen, die Summe ist 0, weil man die Summanden dank der Assoziativität der Addition wie folgt zusammenfassen könnte:

$$[1 + (-1)] + [1 + (-1)] + [1 + (-1)] + \ldots$$

Somit entsteht eine Summe von unendlich vielen Nullen, die offensichtlich als Resultat Null ergibt.

---

[2]Es gibt unendlich viele unterschiedlich große Unendliche.

Man könnte sich aber auch für eine andere Klammerung entscheiden:

$$1 + [(-1) + 1] + [(-1) + 1] + [(-1) + 1] + \ldots$$

Jetzt sieht es so aus, als ob die Summe 1 sein müsste, weil in den eckigen Klammern immer eine Null vorliegt.

Es gibt aber immer noch eine Steigerung. Dank der Kommutativität und Assoziativität der Addition könnte man die Reihenfolge der Summanden wie folgt vertauschen:

$$1 + (-1) + 1 + (-1) + 1 + (-1) + 1 + (-1) + \ldots$$

$$= (-1) + 1 + (-1) + 1 + (-1) + 1 + (-1) + 1 + \ldots.$$

Danach kann man die Summanden wie folgt zusammenfassen:

$$(-1) + [1 + (-1)] + [1 + (-1)] + [1 + (-1)] + [1 + (-1)] + \ldots.$$

Jetzt möchte man also schließen, dass das Resultat $-1$ ist. Somit haben wir schon drei plausible Kandidaten für den Summenwert, die sich gegenseitig widersprechen. $\diamond$

**Aufgabe 1.3** Kannst du mithilfe der Kommutativität und der Assoziativität der Addition zeigen, dass der Summenwert $\sum_{i=0}^{\infty}(-1)^i = 2$ ist?

Die Beobachtungen aus Beispiel 1.1 scheinen wie ein Paradoxon. Der Summenwert kann doch nicht gleichzeitig $-1$, 0 und 1 sein. Und um diese drei Resultate zu berechnen, haben wir nur korrekt in anderer Reihenfolge die Summanden aufaddiert. An dieser Stelle können wir dieses Paradoxon noch nicht erklären. Dazu müssen wir noch Einiges über das Konzept des Unendlichen lernen, um die „merkwürdigen" Beobachtungen aus Beispiel 1.1 zu durchschauen.

Statt einer Erklärung liefern wir noch ein anderes angebliches Paradoxon.

**Hinweis für die Lehrperson** Das folgende Beispiel ist für Klassen sinnvoll, die schon unendliche Reihen und den Begriff des Grenzwertes kennen.

**Beispiel 1.2** Wir wissen, dass die unendliche Summe

$$S = \sum_{i=1}^{\infty} \frac{1}{2^i} = \sum_{i=1}^{\infty} = \frac{1}{2} + \frac{1}{4} + \frac{1}{8} + \frac{1}{16} + \ldots$$

den Wert 1 hat. Ohne komplexe mathematische Beweise können wir uns davon wie folgt überzeugen:

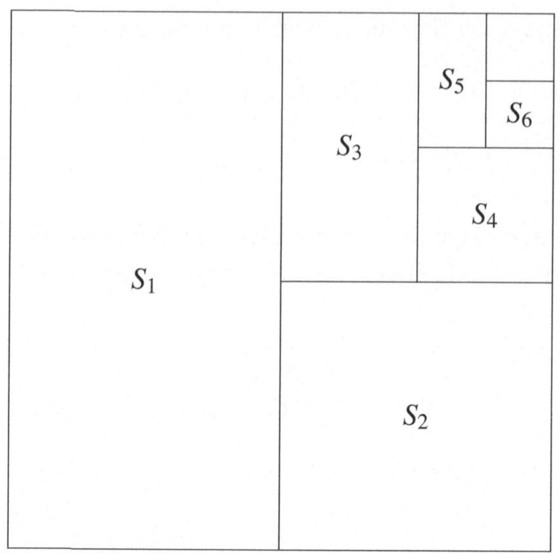


**Abbildung 1.1**

Der erste Summand $S_1 = \frac{1}{2}$ beträgt die Hälfte von 1 und damit fehlt uns noch die andere Hälfte von 1 (siehe Abbildung 1.1). Der zweite Summand $S_2 = \frac{1}{4}$ bedeckt die Hälfte von dem noch fehlenden Teil von 1. Nach $S_1 + S_2$ bleibt also noch $\frac{1}{4}$ von 1 (Abbildung 1.1) unbedeckt. Der dritte Summand $S_3 = \frac{1}{8}$ bedeckt genau die Hälfte von dem noch unbedeckten Teil und sonst fehlt uns noch $\frac{1}{8}$. Der vierte Summand $S_4 = \frac{1}{16}$ bedeckt die Hälfte des fehlenden Teiles, usw. Allgemein gilt also

$$S_n = \sum_{i=1}^{n} \frac{1}{2^i} = 1 - \frac{1}{2^n}.$$

Somit kommt $S_n$ mit wachsendem $n$ immer näher an 1 und wenn man schon den Umgang mit den Grenzwerten gelernt hat, sieht man sofort, dass

$$S = \lim_{n \to \infty} S_n = \lim_{n \to \infty} 1 - \frac{1}{2^n} = 1. \qquad \diamond$$

**Hinweis für die Lehrperson** Falls die Klasse die exakte Definition des Grenzwertes einer unendlichen Folge $S_1, S_2, S_3, \ldots$ kennt [$a$ ist der Grenzwert der Folge $S_1, S_2, S_3, \ldots$, wenn für jede beliebig kleine Umgebung von $a$ alle Werte $S_i$, bis auf endlich viele, in der Umgebung liegen], sollte man basierend auf dieser Definition beweisen, dass $\lim_{n \to \infty} S_n = 1$.

**Aufgabe 1.4** Zeige, dass der Wert der Summe $\sum_{i=1}^{\infty} \frac{1}{3^i}$ gleich $\frac{1}{2}$ ist.

**Aufgabe 1.5** Bestimme den Wert der Summe $\sum_{i=1}^{\infty} \frac{1}{4^i}$ .

Diese unendliche Summe motiviert uns allgemein zu untersuchen, welchen Wert die unendliche Summe

$$S(x) = \sum_{i=1}^{\infty} \frac{1}{x^i} = \frac{1}{x} + \frac{1}{x^2} + \frac{1}{x^3} + \frac{1}{x^4} + \frac{1}{x^5} + \cdots$$

für eine beliebige rationale Zahl $x \neq 0$ und $x \neq 1$ annimmt. Wir nutzen das Distributivgesetz und die Tatsache, dass Gleichungen gültig bleiben, wenn beide Seiten durch (mit) einer Zahl unterschiedlich von 0 dividiert (multipliziert) werden. Somit erhalten wir:

$$
\begin{aligned}
S(x) &= \frac{1}{x}\left[1 + \frac{1}{x} + \frac{1}{x^2} + \frac{1}{x^3} + \cdots\right] && |\cdot x \\
x \cdot S(x) &= 1 + \frac{1}{x} + \frac{1}{x^2} + \frac{1}{x^3} + \cdots \\
x \cdot S(x) &= 1 + S(x) && |-S(x) \\
x \cdot S(x) - S(x) &= 1 \\
(x-1) \cdot S(x) &= 1 && |: (x-1) \\
S(x) &= \frac{1}{x-1}
\end{aligned}
$$

Wenn $x = 2$, erhalten wir das von uns schon bewiesene $S(2) = 1$.

**Aufgabe 1.6** $S(3) = \frac{1}{2}$ und $S(4) = \frac{1}{3}$. Stimmt es mit deinen Lösungen in Aufgabe 1.4 und Aufgabe 1.5 überein?

**Aufgabe 1.7** $S(6) = \frac{1}{5}$. Zeige, dass das Resultat stimmt, indem du $\lim_{n \to \infty} S_n(6) = \frac{1}{5}$ für $S_n(6) = \sum_{i=1}^{n} \frac{1}{6^i}$ beweist.

Auf den ersten Blick sieht es aus, als ob wir eine nützliche Formel

$$S(x) = \frac{1}{x-1} \tag{1.2}$$

abgeleitet haben. Der Schein trügt aber. Wählen wir $x = \frac{1}{2}$. Gemäss der Gleichung (1.2) erhalten wir

$$S\left(\frac{1}{2}\right) = \frac{1}{\frac{1}{2} - 1} = -2.$$

Kann das richtig sein?

$$S\left(\frac{1}{2}\right) = \sum_{i=1}^{\infty} \frac{1}{\left(\frac{1}{2}\right)^i} = \sum_{i=1}^{\infty} \frac{1}{\frac{1}{2^i}} = \sum_{i=1}^{\infty} 2^i = 2 + 4 + 8 + 16 + \cdots$$

Die Summanden sind alle positiv, größer gleich 2, es gibt unendlich viele und sie wachsen noch exponentiell mit ihrer Ordnung. Schon die Summe von unendlich vielen Einsen muss eine unendliche Größe ergeben. Kein Zweifel, dass $S\left(\frac{1}{2}\right)$ unendlich groß ist. Wir haben somit „bewiesen", dass Unendlich gleich $-2$ ist.

**Aufgabe 1.8** Nutze die Formel (1.2) um zu zeigen, dass Unendlich gleich $-10$ ist.

**Aufgabe 1.9** Kannst du die Formel (1.2) verwenden, um für eine beliebige rationale Zahl $\xi < -1$ zu zeigen, dass das Unendliche gleich $\xi$ ist?

Offensichtlich gibt es ein ernsthaftes Problem. Es kann doch nicht sein, dass das Unendliche gleich groß ist wie $-2$ oder eine beliebige andere negative Zahl kleiner als $-1$. Das könnte zum Beispiel auch so interpretiert werden, dass $-2 = -10$.

Was haben wir falsch gemacht? Der Fehler muss in der Ableitung der Formel (1.2) liegen. Wir haben doch nur die erlaubten Regeln bei der Umformung der Gleichungen und das Distributivgesetz verwendet. Was können wir daraus lernen? Vorläufig nur das, dass man mit dem Unendlichen nicht einfach wie mit einer Zahl umgehen kann. Die selbstverständlichen Gesetze für den Umgang mit Zahlen müssen nicht unbedingt auch für den Umgang mit unendlichen Größen gelten.

## Zusammenfassung

Das Konzept des Unendlichen ist in erster Linie ein Instrument zur Erforschung unserer endlichen Welt. Wir können es schon bei den natürlichen Zahlen nicht umgehen. Die heutige Wissenschaft ist ohne diesen Begriff nicht mehr vorstellbar.

In der Informatik kommt das Unendliche auch unvermeidbar oft vor. Die algorithmischen Probleme bestehen aus unendlich vielen Problemfällen, es gibt unendlich viele Probleme und unendlich viele Programme, einige Programme können auf einigen Eingaben unendlich lange arbeiten, usw. Die Unendlichkeit hilft uns in der Informatik die Grenzen der Automatisierbarkeit zu zeigen. Indem man zeigt, dass es mehr Probleme als Algorithmen gibt, entdeckt man, dass für gewisse Probleme keine Algorithmen zu ihrer Lösung existieren.

Das Konzept der Unendlichkeit ist nicht einfach. Mit unendlichen Größen kann man nicht einfach wie mit endlichen Zahlen umgehen.

### Kontrollfragen

1.   Wann sprechen wir vom potenziell Unendlichen?

2. Wann sprechen wir vom aktuell Unendlichen?

3. Warum gibt es keine kleinste positive rationale Zahl?

4. Welche physikalischen Konzepte verwenden den Begriff des Grenzwertes?

5. An welchen Stellen tritt die Unendlichkeit in der Informatik auf?

## Kontrollaufgaben

1. Zeige, dass es keine größte negative rationale Zahl gibt.

2. Zeige, dass im Intervall $[-2, -1]$ unendlich viele rationale Zahlen liegen.

3. Erkläre, der Argumentation aus Beispiel 1.1 folgend, warum die Summe $\sum_{i=0}^{\infty}(-1)^i$ gleich $-3$ sein kann.

4. Versuche durch eine Abbildung ähnlich zu Abbildung 1.1 zu veranschaulichen, warum der Grenzwert der Summe $\sum_{i=1}^{\infty} \frac{1}{3^i}$ gleich $\frac{1}{2}$ ist.

5. Bestimme den Grenzwert der Summe $\sum_{i=1}^{\infty} \frac{1}{10^i}$.

6. Verwende die Formel (1.2) um zu zeigen, dass das Unendliche gleich $-6$ ist.

7. Verwende die Formel (1.2) um zu zeigen, dass das Unendliche gleich $-\pi$ ist.

8. Betrachte die unendliche Summe

$$M(x) = \sum_{i=1}^{\infty} \frac{1}{x^{\frac{i}{2}}}.$$

Leite ähnlich wie in Beispiel 1.2 eine Formel zur Berechnung von $M(x)$ ab. Nutze dann diese Formel, um zu zeigen, dass das Unendliche gleich $-e$ ist.

## Lösungen zu ausgewählten Aufgaben

**Aufgabe 1.2** Der Wert $s_1 = \frac{a+b}{2}$ als der Durchschnittswert von $a$ und $b$ liegt in $[b, a]$ und unterscheidet sich von $a$ und $b$.

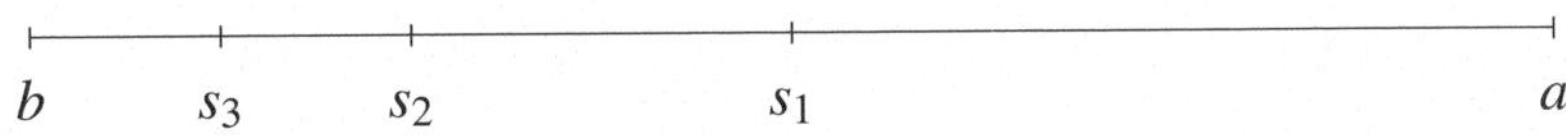


Der Wert $s_2 = \frac{s_1+b}{2}$ liegt in $[b, s_1]$ und somit auch in $[b, a]$. Der Durchschnittswert $s_3 = \frac{s_2+b}{2}$ von $s_2$ und $b$ unterscheidet sich von $s_1$ und $s_2$ und liegt auch in $[b, a]$. Allgemein erhalten wir eine unendliche Folge $s_1, s_2, s_3, \ldots$ von rationalen Zahlen

$$s_{i+1} = \frac{s_i + b}{2}$$

aus $[b, a]$ mit $s_{i+1} < s_i$ für alle $i$. Findest du eine andere unendliche Folge von paarweise unterschiedlichen Zahlen aus $[a, b]$, die keine der Zahlen $s_i$ aus $s_1, s_2, s_3, \ldots$ enthält?

**Aufgabe 1.3**

$$1 + (-1) + 1 + (-1) + 1 + (-1) + 1 + (-1) + 1 + \ldots$$
$$= 1 + 1 + (-1) + 1 + (-1) + 1 + (-1) + 1 + (-1) + \ldots$$
$$\{\, (-1) + 1 = 1 + (-1) \text{ und setze diese Regel für jede } (-1) \text{ und die nachfolgende } +1 \text{ ein.}\}$$
$$= 2 + [(-1) + 1] + [(-1) + 1] + [(-1) + 1] + \ldots$$
$$= 2$$

Kannst du jetzt zeigen, dass $\sum_{i=0}^{\infty}(-1)^i = 4$ gilt?

**Aufgabe 1.4** Wir begründen zuerst ähnlich wie in Abbildung 1.1, warum $\sum_{i=1}^{\infty}\frac{1}{3^i} = \frac{1}{2}$ ist. Der erste Summand $\frac{1}{3}$ bedeckt $\frac{2}{3}$ des Ganzen, was $\frac{1}{2}$ ist $\left(\frac{1}{3} = \frac{2}{3} \cdot \frac{1}{2}\right)$. Unbedeckt bleibt $\frac{1}{6}$, was einem Drittel des Ganzen entspricht. Der zweite Summand $\frac{1}{9}$ bedeckt $\frac{2}{3}$ des bisher unbedeckten Teiles des Ganzen $\left(\frac{1}{9} = \frac{2}{3} \cdot \frac{1}{6}\right)$ und somit bleibt $\frac{1}{18} = \frac{1}{3} \cdot \frac{1}{6} = \frac{1}{6} - \frac{1}{9}$ unbedeckt. Der dritte Summand $\frac{1}{27} = \frac{2}{3} \cdot \frac{1}{18}$ bedeckt $\frac{2}{3}$ des bisher unbedeckten Teiles des Ganzen und so weiter. Die Schlussfolgerung ist, dass

$$S_n = \sum_{i=1}^{n} \frac{1}{3^i} = \frac{1}{2} - \frac{1}{2 \cdot 3^n}$$

gilt.

Offensichtlich gilt

$$S = \lim_{n \to \infty} S_n = \lim_{n \to \infty} \left(\frac{1}{2} - \frac{1}{2 \cdot 3^n}\right) = \frac{1}{2}.$$

Eine Begründung, die auf der exakten Definition des Grenzwertes basiert, kann wie folgt aussehen. Wir zeigen, dass für jedes $\varepsilon > 0$, $S_i \in \left[\frac{1}{2} - \varepsilon, \frac{1}{2} + \varepsilon\right]$ für fast alle $i \in \mathbb{N}$. Für „fast alle" bedeutet bis auf endlich viele. In anderen Worten müssen wir zeigen, dass höchstens beschränkt (endlich) viele $S_j$ nicht in dem Intervall $\left[\frac{1}{2} - \varepsilon, \frac{1}{2} + \varepsilon\right]$ vorhanden sind.

Sei $\varepsilon > 0$ eine beliebige Zahl. Weil $S_n = \frac{1}{2} - \frac{1}{2 \cdot 3^n}$, gilt $S_n \leq \frac{1}{2} < \frac{1}{2} + \varepsilon$ für alle $n$.

Falls $\varepsilon \geq \frac{1}{2}$ gilt, dann gilt auch $S_n \geq \frac{1}{2} - \varepsilon$, weil alle $S_n$ positive Zahlen sind. Es bleibt zu zeigen, dass für alle $\varepsilon$ mit $0 < \varepsilon < \frac{1}{2}$

$$S_i \geq \frac{1}{2} - \varepsilon \tag{1.3}$$

für fast alle (bis auf endlich viele) $i \in \mathbb{N}$. Untersuchen wir die Ungleichung:

$$S_i = \frac{1}{2} - \frac{1}{2 \cdot 3^i} > \frac{1}{2} - \varepsilon \quad \Big| - \frac{1}{2}$$

$$-\frac{1}{2 \cdot 3^i} > -\varepsilon \quad \Big| \cdot (-1)$$

$$\frac{1}{2 \cdot 3^i} < \varepsilon \quad \Big| \cdot 3^i \cdot \varepsilon^{-1} \tag{1.4}$$

$$\frac{1}{2 \cdot \varepsilon} < 3^i$$

$$\log_3\left(\frac{1}{2 \cdot \varepsilon}\right) < i$$

Die Zahl $\frac{1}{2\cdot\varepsilon}$ ist größer als 1, weil $\varepsilon < \frac{1}{2}$. Somit ist $\log_3 \frac{1}{2\cdot\varepsilon}$ eine feste positive Zahl. Somit gibt es nur endlich viele (höchstens $\left\lfloor \log_3\left(\frac{1}{2\cdot\varepsilon}\right)\right\rfloor$ viele) natürliche Zahlen $i$, die die Ungleichung (1.4) und somit die Ungleichung (1.3) nicht erfüllen würden.

**Aufgabe 1.8** Wähle $x = \frac{9}{10}$. Dann gilt

$$S(x) = \frac{1}{x-1} = \frac{1}{-0.1} = -10.$$

Weil $x = \frac{9}{10} < 1$ gilt, muss die Summe $\sum_{i=1}^{\infty} \frac{1}{x^i}$ unendlich sein. Warum? Sei $y = \frac{1}{x}$. Weil $x < 1$ gilt, muss $y > 1$ gelten.

$$s_n = \frac{1}{x^n} = x^{-n} = \left(\frac{1}{y}\right)^{-n} = y^n.$$

Weil $y > 1$, gilt $s_n > 1$ für alle $n = 1, 2, 3, \ldots$. Somit besteht $\sum_{i=1}^{\infty} \frac{1}{x^i}$ aus unendlich vielen Summanden, die alle größer als 1 sind. In anderen Worten gibt es keine Zahl $m$, die den Wert der Summe von oben einschränken könnte.

# Lektion 2

# Das Konzept von Cantor zum Vergleich unendlicher Größen

Das Vergleichen von (endlichen) Zahlen ist sehr einfach. Alle Zahlen liegen auf der reellen Achse und von zwei Zahlen ist immer die die kleinere, die links neben der anderen liegt (Abbildung 2.1). Damit ist 2 kleiner als 7, weil 2 auf der Achse links von 7 liegt.

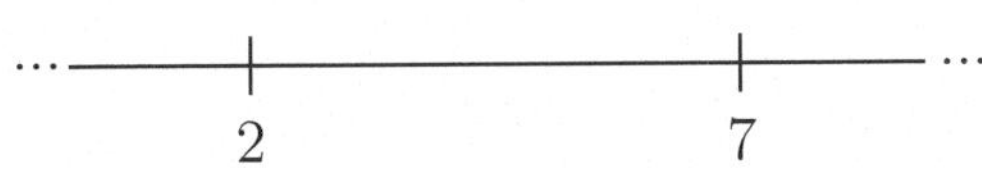

**Abbildung 2.1**

Dies ist aber kein Konzept zum Vergleich von Zahlen, weil wir die Zahlen a priori so auf die hypothetische Achse gelegt haben, dass sie von links nach rechts zunehmen und von rechts nach links abnehmen. Auf der Achse liegen aber nur endliche Zahlen. Welche Stelle (welchen Punkt) der Achse wir auch wählen, immer liegt da eine konkrete endliche Zahl. Und dies gilt trotz der Unendlichkeit der Achse in beiden Richtungen. Das ist das Konzept des potenziell Unendlichen. Man kann auf der Achse immer weiter unbeschränkt nach rechts oder nach links gehen, aber immer wenn man an einem Punkt anhält, steht dort eine konkrete endliche Zahl. Unendliche Zahlen gibt es hier nicht. In der Mathematik benutzt man das für das Unendliche bekannte Symbol

$$\infty$$

der „liegenden Acht", das vom hebräischen Buchstaben Aleph abgeleitet ist. Aber wenn man alles Unendliche mit $\infty$ darstellt, besteht keine Möglichkeit, unterschiedliche Unendliche zu betrachten und somit auch zu vergleichen.

*Was hilft uns weiter?*

Wir brauchen eine neue Darstellung von Zahlen. Dazu brauchen wir den Begriff einer Menge. Eine Menge ist eine Sammlung von Objekten (Elementen), die paarweise unterschiedlich sind. Für jedes Objekt muss aus der Beschreibung der Menge eindeutig hervorgehen, ob das Objekt in die Menge gehört oder nicht. Ein Objekt kann in einer Menge nicht mehrfach vorkommen. Zum Beispiel ist $\{2, 3, 7\}$ die Menge, die die drei Zahlen 2, 3 und 7 enthält. Die Menge $\{$Hans, Anna, Peter, Paula$\}$ enthält 4 Objekte (Elemente) Hans, Anna, Peter und Paula. Für eine Menge $A$ bezeichnen wir durch

$$|A|$$

die Anzahl der Elemente in $A$ und nennen dies die **Mächtigkeit (Kardinalität) von** $A$. Zum Beispiel

$$|\{2, 3, 7\}| = 3 \text{ und } |\{\text{Hans, Anna, Peter, Paula}\}| = 4 \,.$$

Jetzt stellen wir Zahlen durch die Mächtigkeiten von Mengen dar. Somit wird die Zahl 3 durch die Kardinalität der Menge $\{2, 3, 7\}$ repräsentiert und $|\{$Hans, Anna, Peter, Paula$\}|$ repräsentiert die Zahl 4. Offenbar erhält jede positive ganze Zahl auf diese Weise eine Unmenge an Darstellungen. Zum Beispiel sind

$$|\{1, 2\}| \,, \ |\{7, 11\}| \,, \ |\{\text{Petra, Paula}\}| \,, \ |\{\square, \bigcirc\}|$$

alles Darstellungen der Zahl 2. Ist dies nicht umständlich? Was haben wir dadurch gewonnen?

**Auszug aus der Geschichte** Diese Art der Darstellung von Zahlen ist nicht ungewöhnlich. Im Gegenteil: schon die Urmenschen haben diese verwendet, solange man den abstrakten Begriff einer Zahl noch nicht entwickelt und verinhaltlicht hatte.

Für den Vergleich von endlichen Zahlen ist diese Methode vielleicht umständlich, aber der Gewinn ist die Möglichkeit, über den Vergleich von unendlichen Größen sprechen zu können. Die Zahl

$$|\mathbb{N}|$$

für $\mathbb{N} = \{0, 1, 2, \ldots\}$ ist die unendliche Zahl, die die Anzahl aller natürlichen Zahlen repräsentiert. Wenn $\mathbb{Q}^+$ die Menge aller positiven rationalen Zahlen bezeichnet, ist die Zahl

$$|\mathbb{Q}^+|$$

die unendliche Zahl, die der Anzahl aller positiven rationalen Zahlen (Brüche) entspricht. Und

$$|\mathbb{R}|$$

ist die unendliche Zahl, die der Anzahl der reellen Zahlen entspricht, vorausgesetzt $\mathbb{R}$ bezeichnet die Menge der reellen Zahlen. Sei $[a, b] = \{x \in \mathbb{R} \mid a \leq x \leq b\}$ für alle reellen Zahlen $a$ und $b$ mit $a \leq b$.

Der Gewinn ist jetzt offensichtlich. Wir dürfen jetzt fragen:

„Ist $|\mathbb{N}|$ kleiner als $|\mathbb{R}|$?"

oder

„Ist $|\mathbb{Q}^+|$ genauso groß wie $|\mathbb{R}|$?"

oder sogar,

„Ist $|[1, 2]|$ kleiner als $|[4, 7]|$?"

Wir können also dank dieser Darstellung das erste Mal die Frage stellen, ob ein Unendliches größer als ein anderes Unendliches ist.

**Aufgabe 2.1** Wie würdest du argumentieren, dass $\mathbb{N}$, $\mathbb{Q}^+$ und $\mathbb{R}$ unendliche Mengen sind? Wie würdest du argumentieren, dass $[0, 1]$ eine unendliche Teilmenge von $\mathbb{R}$ ist?

Jetzt haben wir unser Problem des Vergleichs von unendlich großen „Zahlen" auf den Vergleich von Mächtigkeiten (Größen) von Mengen zurückgeführt. Wie vergleichen wir die Größen von zwei Mengen? Wenn die Mengen endlich sind, ist es einfach. Wir zählen die Anzahl der Elemente in beiden Mengen und vergleichen die entsprechenden endlichen Kardinalitäten (Mächtigkeiten). Bei unendlichen Mengen funktioniert diese Vergleichsmethode nicht. Wir würden unseren Zählversuch nie beenden können und dadurch nie zum Vergleich kommen. Wir brauchen also eine allgemeinere Methode, die für alle Mengen (egal ob unendliche oder endliche) anwendbar ist und aus unserer Sicht vernünftig ist. Dies bedeutet, dass wir auf der tiefsten axiomatischen Ebene der Wissenschaften stehen. Unsere Aufgabe ist es, den Begriff des Unendlichen zu bilden und die Definition von *kleiner als* (größer oder gleich groß) für die Mächtigkeiten zweier Mengen, egal ob endlich oder unendlich, zu entwickeln.

An dieser Stelle greifen wir auf die Hilfe eines Hirten zurück. Ein Hirte hat eine große Schafherde mit schwarzen und weißen Schafen. Er ist nie in die Schule gegangen und deswegen kann er trotz seiner Weisheit (die ihn oben in den Bergen hält) nur bis drei zählen. Er will feststellen, ob er mehr schwarze oder weiße Schafe hat (Abbildung 2.2).

Wie kann er dies schaffen, ohne sie zu zählen? Ganz einfach. Er nimmt ein schwarzes und ein weißes Schaf und bildet ein Paar

(weißes Schaf, schwarzes Schaf),

**Abbildung 2.2**

**Abbildung 2.3**

das er von der Herde wegschickt. Dann bildet er ein weiteres schwarzweißes Paar und schickt es weg (Abbildung 2.3). Er macht so weiter, bis nur noch Schafe einer Farbe oder gar keine Schafe mehr übrig bleiben.

(1) Wenn keine Schafe übrig bleiben, hat er genauso viele schwarze wie weiße Schafe.

(2) Wenn ein oder mehrere weiße Schafe übrig geblieben sind, dann gibt es mehr weiße Schafe (siehe Abbildung 2.3).

(3) Wenn ein oder mehrere schwarze Schafe übrig geblieben sind, dann weiß der Hirte, dass er mehr schwarze Schafe hat.

Die Paarung von Schafen und die Schlussfolgerung (1) daraus haben die Mathematiker als Basis für den Vergleich von Mengengrößen genommen.

**Definition 2.1** *Seien A und B zwei Mengen. Eine **Paarung** von A und B (eine **Bijektion** zwischen A und B in der Sprache der Mathematik) ist eine Bildung von Paaren $(a, b)$, wobei Folgendes gilt:*

*(1) a gehört zu A $(a \in A)$, b gehört zu B $(b \in B)$.*

*(2) Jedes Element aus A ist genau in einem Paar als erstes Element des Paares enthalten (also ist kein Element in zwei oder mehr Paaren enthalten und kein Element ist ungepaart übrig geblieben).*

*(3) Jedes Element aus B ist genau in einem Paar als zweites Element des Paares enthalten.*

*Für ein Paar $(a, b)$ sagen wir, dass **a und b verheiratet sind**. Wir sagen, dass **A und B gleich groß sind** und schreiben*

$$|A| = |B| \, ,$$

*wenn eine Paarung von A und B existiert. Wir sagen, dass **A und B ungleich groß sind** und schreiben*

$$|A| \neq |B| \, ,$$

*wenn keine Paarung von A und B existiert.*

Betrachten wir die zwei Mengen $A = \{2, 3, 4, 5\}$ und $B = \{2, 5, 7, 11\}$ in Abbildung 2.4. Diese Abbildung stellt die Paarung

$$(2, 2), (3, 5), (4, 7), (5, 11)$$

dar. Jedes Element aus $A$ ist genau in einem Paar als das erste Element enthalten (z. B. ist 4 aus $A$ im dritten Paar enthalten) und jedes Element aus $B$ ist in einem Paar als

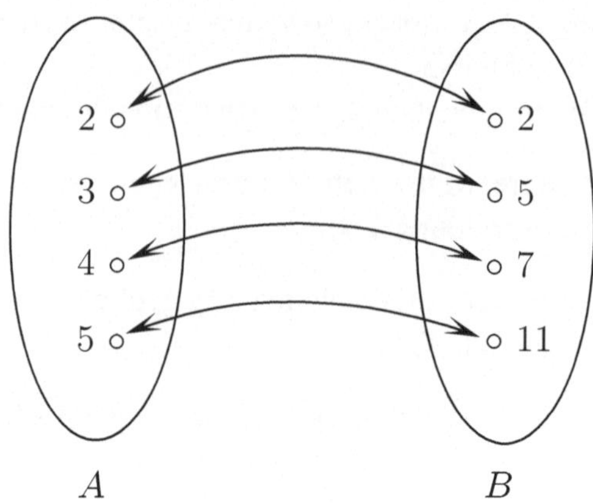

**Abbildung 2.4**

zweites Element enthalten (z. B. ist 5 aus $B$ im zweiten Paar). In anderen Worten ist jedes Element aus $A$ mit einem Element aus $B$ verheiratet und kein Element aus $A$ oder $B$ ist ledig geblieben. Somit gilt

$$|\{2,3,4,5\}| = |\{2,5,7,11\}| \ .$$

Wir können uns auch eine andere Paarung zwischen $A$ und $B$ überlegen. Zum Beispiel ist die Paarung

$$(2,11), (3,7), (4,5), (5,2)$$

möglich.

**Aufgabe 2.2**

(a)  Schreibe zwei andere Paarungen der beiden Mengen $A = \{2,3,4,5\}$ und $B = \{2,5,7,11\}$ auf.

(b)  Warum ist $(2,2), (4,5), (5,11), (2,7)$ keine Paarung von $A$ und $B$?

Mit diesem Konzept ist die Menge $A$ der Frauen und die Menge $B$ der Männer genau dann gleich groß, wenn Frauen und Männer so heiraten können, dass niemand Single bleibt[1].

---

[1] Die Bildung von gleichgeschlechtlichen Paaren und Polygamie ist hier nicht erlaubt.

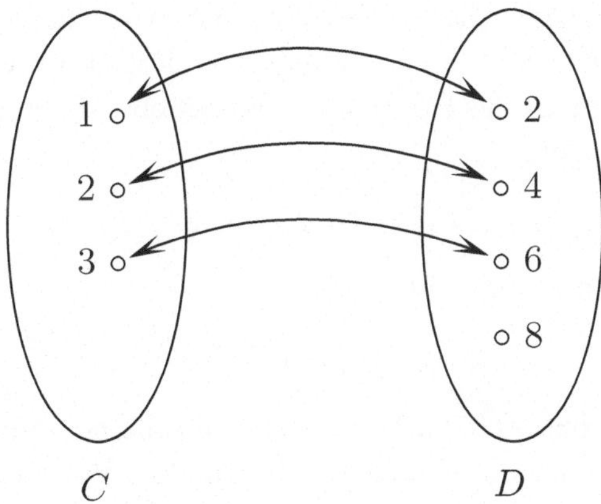

**Abbildung 2.5**

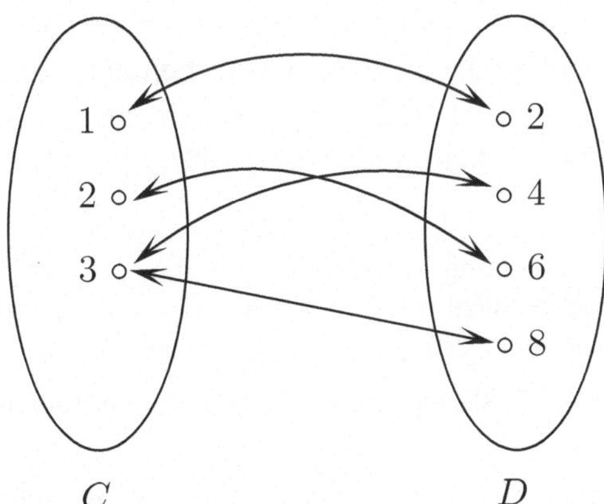

**Abbildung 2.6**

Zwischen den Mengen $C = \{1, 2, 3\}$ und $D = \{2, 4, 6, 8\}$ kann es keine Paarung geben, weil jeder Versuch die Elemente zu paaren damit endet, dass ein Element aus $D$ übrig bleibt. Also gilt $|D| \neq |C|$. Ein erfolgloser Versuch ist in Abbildung 2.5 zu sehen.

Abbildung 2.6 zeigt ebenfalls einen Versuch zu paaren, der zu keiner korrekten Paarung führt, weil das Element 3 aus $C$ mit zwei Elementen 4 und 8 aus $D$ verheiratet ist.

Das Konzept der Paarung brauchten wir aber nicht, um endliche Mengen zu vergleichen[2]. Das konnten wir auch schon vorher ohne dieses Konzept. Wir haben uns jetzt nur
vergewissert, dass das Konzept in der endlichen Welt nach unseren Vorstellungen funktioniert[3]. Versuchen wir jetzt das Konzept auf unendliche Mengen anzuwenden. Nehmen
wir zuerst die zwei Mengen

$$\mathbb{N}_{\text{ger}} = \{0, 2, 4, 6, 8, \ldots\}$$

aller geraden natürlichen Zahlen und

$$\mathbb{N}_{\text{unger}} = \{1, 3, 5, 7, 9, \ldots\}$$

aller ungeraden natürlichen Zahlen. Diese Mengen scheinen gleich groß zu sein und so
versuchen wir dies mit unserem Konzept zu begründen. Wir paaren jede gerade Zahl $2i$
mit der um 1 größeren ungeraden Zahl $2i + 1$.

Wie wir in Abbildung 2.7 sehen, erhalten wir die unendlich vielen Paare

$$(0, 1), (2, 3), (4, 5), (6, 7), \ldots, (2i, 2i + 1), \ldots.$$

Wir sehen, dass diese Folge von Paaren eine korrekte Paarung von $\mathbb{N}_{\text{ger}}$ und $\mathbb{N}_{\text{unger}}$ ist.
Kein Element aus $\mathbb{N}_{\text{ger}}$ oder $\mathbb{N}_{\text{unger}}$ ist in zwei oder mehr Paaren enthalten (mehrmals
verheiratet). Andererseits bleibt kein Element unverheiratet (ungepaart). Für jede gerade
Zahl $2k$ aus $\mathbb{N}_{\text{ger}}$ gibt es das Paar $(2k, 2k + 1)$. Für jede ungerade Zahl $2m + 1$ aus $\mathbb{N}_{\text{unger}}$
gibt es das Paar $(2m, 2m + 1)$. Also schließen wir $|\mathbb{N}_{\text{ger}}| = |\mathbb{N}_{\text{unger}}|$.

**Aufgabe 2.3** Beweise die Gleichung $|\mathbb{Z}^+| = |\mathbb{Z}^-|$, wobei $\mathbb{Z}^+ = \{1, 2, 3, 4, \ldots\}$ und $\mathbb{Z}^- = \{-1, -2, -3, -4, \ldots\}$. Zeichne dazu ein Bild wie in Abbildung 2.7 und argumentiere vollstän-
dig, wie wir es in der Begründung für $\mathbb{N}_{\text{ger}} = \mathbb{N}_{\text{unger}}$ gemacht haben.

**Aufgabe 2.4** Seien $[1, 2]$ und $[7, 8]$ zwei Intervalle von reellen Zahlen. Finde eine Paarung der
Mengen $[1, 2]$ und $[7, 8]$.

**Aufgabe 2.5** Sei $a$ eine beliebige positive rationale Zahl. Gib zwei unterschiedliche Paarungen
zwischen den Mengen $[1, 3]$ und $[a, a + 2]$.

**Aufgabe 2.6** Sei $\varepsilon$ eine beliebige rationale Zahl aus $(0, 1)$. Zeige

   (a) $|[\varepsilon, 1 + \varepsilon]| = |[0, 1]|$,

   (b) $|[1, 2]| = |[1 + \varepsilon, 2 + \varepsilon]|$,

   (c) $|[1 - \varepsilon, 2 - \varepsilon]| = |[0, 1]|$,

   (d) $|[7, 7 + \varepsilon]| = |[9, 9 + \varepsilon]|$,

   (e) $|[10, 10 - \varepsilon]| = |[0, 1 - \varepsilon]|$.

---

[2]Unsere Vorfahren haben aber dieses Konzept verwendet und zwar so lange, bis der abstrakte Begriff
einer Zahl entstand.

[3]Wenn dies nicht der Fall wäre, müssten wir das Konzept verwerfen.

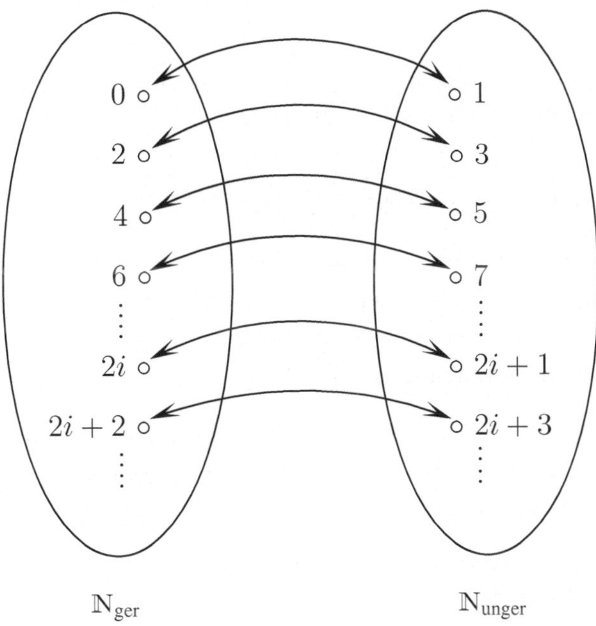



**Abbildung 2.7**

**Aufgabe 2.7** $\star$ Finde in Aufgabe 2.4 noch zwei weitere Paarungen von $[1, 2]$ und $[7, 8]$, die sich von deiner Paarung in der Lösung dieser Aufgabe „wesentlich" unterscheiden.

Wesentlich bedeutet, dass es höchstens endlich viele Paare gibt, die in beiden Paarungen vorkommen.

Paarungen haben wir bisher immer als eine Liste oder als eine Menge von Paaren dargestellt. Mathematisch ist es korrekt über eine Menge von Paaren zu sprechen, weil die Reihenfolge der Paare in der Auflistung außer zum Zweck der Anschaulichkeit keine Rolle spielt.

Die am häufigsten verwendete Darstellung der Paarungen erfolgt mittels einer Funktion. Man definiert eine Funktion $f$ aus $A$ nach $B$ und dann entspricht

$$Paar(f) = \{(a, f(a)) \mid a \in A\}$$

einer Menge von Paaren, deren erstes Element aus $A$ und das zweite Element aus $B$ ist. Weil die Definition des Begriffes Funktion automatisch fordert, dass für jedes Argument $a \in A$ genau ein Funktionswert $f(a)$ eindeutig bestimmt ist, haben wir sofort die Garantie, dass jedes $a \in A$ in genau einem Paar $(a, f(a))$ in $Paar(f)$ vorkommt.

Jetzt müssen wir noch solche Anforderungen an $f$ stellen, dass jedes Element aus $B$ genau in einem Paar von $Paar(f)$ vorkommt.

**Aufgabe 2.8** Betrachte die Funktion $f\colon \mathbb{N} \to \mathbb{Z}^+$ definiert durch $f(n) = 2n+1$. Erkläre, warum *Paar*$(f)$ keiner Paarung von $\mathbb{N}$ und $\mathbb{Z}^+$ entspricht.

Wir stellen folgende zwei Anforderungen an $f$:

(1) Für alle $a, b \in A$ mit $a \neq b$ gilt, dass auch $f(a) \neq f(b)$ gilt. Damit haben wir die Garantie, dass jedes Element aus $B$ höchstens einmal in *Paar*$(f)$ vorkommt (nicht in zwei Paaren als zweites Element steht). Die Funktionen, welche diese Eigenschaft haben, nennt man **injektive** Funktionen.

(2) Für jedes $c \in B$ gilt, dass es ein $a \in A$ existiert, so dass $f(a) = c$. Diese Bedingung garantiert, dass jedes Element aus $B$ mindestens **einmal** in einem Paar als zweites Element vorkommt.

Die Funktionen, die beide Eigenschaften (1) und (2) haben, nennt man **bijektive** Funktionen oder kurz **Bijektionen**.

Deswegen sagen wir auch, dass zwei Mengen gleich groß sind, wenn eine Bijektion von $A$ nach $B$ existiert.

**Hinweis für die Lehrperson** In Lektion 1 des Moduls „Einführung in die Kryptologie" ist ein Trainingssystem zur Erkennung der Injektivität von Funktionen aufgebaut.

Zeigen wir die Nützlichkeit der Darstellung von Paarungen mittels Bijektionen. Seien $a$ und $b$ zwei beliebige positive rationale Zahlen. Nehmen wir an, wir wollen zeigen, dass $A = [a, a+1]$ und $B = [b, b+1]$ gleich groß sind. Wir definieren $f\colon A \to B$ durch

$$f(x) = x + (b - a).$$

Die Funktion ist wohl für jedes Argument aus $A$ definiert. Wir müssen zuerst zeigen, dass für jedes $x \in A$, $f(x)$ immer ein Wert aus $B$ ist.

Weil $x \in [a, a+1]$, kann man $x$ als $a + \varepsilon$ schreiben, wobei $0 \leq \varepsilon \leq 1$. Somit erhalten wir

$$f(x) = x + (b - a) = a + \varepsilon + b - a = b + \varepsilon.$$

Für $\varepsilon \in [0, 1]$ ist offensichtlich $f(x) = b + \varepsilon$ in $[b, b+1]$.

Als nächstes müssen wir zeigen, dass $f$ eine bijektive Funktion ist. Folgend der Definition der Bijektion gilt es zu zeigen, dass für alle $x$ und $y$ aus $A$, $x \neq y$ die Tatsache $f(x) \neq f(y)$ impliziert. Seien $x = a + \varepsilon$ und $y = a + \delta$, wobei $\varepsilon \neq \delta$ und $\varepsilon, \delta \in [0, 1]$. Dann gilt

$$f(x) = f(a + \varepsilon) = a + \varepsilon + (b - a) = b + \varepsilon$$
$$f(y) = f(a + \delta) = a + \delta + (b - a) = b + \delta$$

Weil $\varepsilon \neq \delta$ gilt, gilt offensichtlich auch $f(x) \neq f(y)$. Somit ist $f$ eine injektive Funktion und die Anforderung (1) auf bijektive Funktionen ist erfüllt.

Als letztes bleibt noch zu zeigen, dass jedes Element $c$ aus $B = [b, b+1]$ ein Funktionswert $f(x)$ für ein $x$ aus $A$ ist. Sei $c = b + d$ für $d \in [0, 1]$ ein beliebiges Element aus $B$. Weil

$$f(a + d) = a + d + (b - a) = b + d = c$$

gilt, ist $x = a + d \in A$ das gesuchte Element mit $f(x) = c$.

**Aufgabe 2.9** Löse die Aufgabe 2.6 indem du immer eine bijektive Funktion aus $A$ nach $B$ findest und zeigst, dass diese Funktion die Eigenschaften (1) und (2) tatsächlich erfüllt.

**Bemerkung** Es ist wichtig zu sehen, dass es keine Rolle spielt, ob wir eine bijektive Funktion aus $A$ nach $B$ oder aus $B$ nach $A$ finden. In beiden Fällen erhalten wir eine Paarung. Ausserdem hat jede bijektive Funktion aus $A$ nach $B$ eine eindeutige Umkehrfunktion aus $B$ nach $A$, die auch bijektiv ist.

**Hinweis für die Lehrperson** Wir setzen jetzt voraus, dass man das Konzept der Umkehrfunktion kennt.

Betrachten wir unser Beispiel mit $A = [a, a+1]$, $B = [b, b+1]$ und $f : A \to B$ definiert durch $f(x) = x + (b - a)$ für jedes $x \in [a, a+1]$. Die Funktion $f$ „tut" nichts anderes, als eine Verschiebung von Zahlen aus $[a, a+1]$ um $b-a$ nach rechts auf der $x$-Achse. Intuitiv muss die Umkehrfunktion $f^{-1}$ die Zahlen auf ihre ursprüngliche Position bringen. Das erreicht man durch die Verschiebung der Zahlen (Argumente) um $b - a$ nach links.

Also definieren wir

$$g(y) = y - (b - a)$$

für alle $y \in B$ und behaupten, dass $g$ die Umkehrfunktion von $f$ ist (das heißt $g(y) = f^{-1}(y)$ für alle $y \in B$). Überprüfen wir es:

Für alle $x \in [a, a+1]$ gilt

$$g(f(x)) = g(x + (b - a)) = x + (b - a) - (b - a) = x.$$

Somit ist bewiesen, dass $g$ die Umkehrfunktion von $f$ ist (sowie auch, dass $f$ die Umkehrfunktion von $g$ ist).

**Aufgabe 2.10** Bilde zu allen von dir konstruierten bijektiven Funktionen $f$ in Aufgabe 2.9 die entsprechenden Umkehrfunktionen $f^{-1}$ und zeige in allen Fällen, dass tatsächlich $f^{-1}(f(x)) = x$ für alle $x \in A$ gilt.

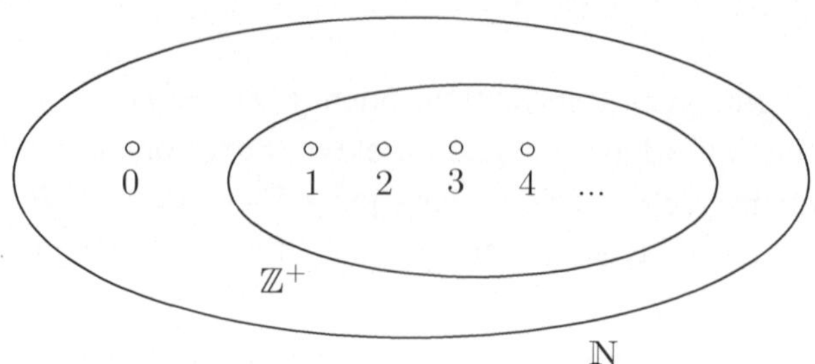


**Abbildung 2.8**

Bisher sah alles logisch und nachvollziehbar aus. Jetzt kommt etwas, was man beim ersten Versuch oft schwer verstehen kann. Betrachten wir die Mengen

$$\mathbb{N} = \{0, 1, 2, 3, \ldots\} \qquad \text{und} \qquad \mathbb{Z}^+ = \{1, 2, 3, 4, \ldots\}.$$

Alle Elemente aus $\mathbb{Z}^+$ sind in $\mathbb{N}$, also gilt

$$\mathbb{Z}^+ \subseteq \mathbb{N},$$

das heißt $\mathbb{Z}^+$ ist eine **Teilmenge** von $\mathbb{N}$. Außerdem liegt 0 in $\mathbb{N}$ und nicht in $\mathbb{Z}^+$. Deswegen sagen wir, dass $\mathbb{Z}^+$ eine **echte Teilmenge** von $\mathbb{N}$ ist und schreiben $\mathbb{Z}^+ \subset \mathbb{N}$. Der Begriff „$A$ ist echte Teilmenge von $B$" bedeutet, dass $A$ ein Teil von $B$ ist, aber nicht das ganze $B$ ist. Das Bild in Abbildung 2.8 zeigt diese Situation anschaulich für den Fall

$$\mathbb{Z}^+ \subset \mathbb{N}.$$

$\mathbb{Z}$ ist vollständig in $\mathbb{N}$ enthalten, aber ist nicht das ganze $\mathbb{N}$, weil $0 \in \mathbb{N}$ und $0 \notin \mathbb{Z}^+$.
   Trotzdem behaupten wir jetzt, dass

$$|\mathbb{N}| = |\mathbb{Z}^+|$$

gilt, also dass die zwei unendlichen Größen $|\mathbb{N}|$ und $|\mathbb{Z}^+|$ gleich groß sind. Wir begründen dies mit der Paarung

$$(0, 1), (1, 2), (2, 3), \ldots, (i, i + 1), \ldots$$

die in Abbildung 2.9 gezeichnet ist. Diese Paarung entspricht der bijektiven Funktion $f(n) = n + 1$ aus $\mathbb{N}$ nach $\mathbb{Z}^+$.
   Wir sehen ganz deutlich, dass alle Elemente aus $\mathbb{N}$ und $\mathbb{Z}^+$ korrekt verheiratet (gepaart) sind. Kein Element bleibt Single (übrig). Und kein Element ist in zwei Paaren

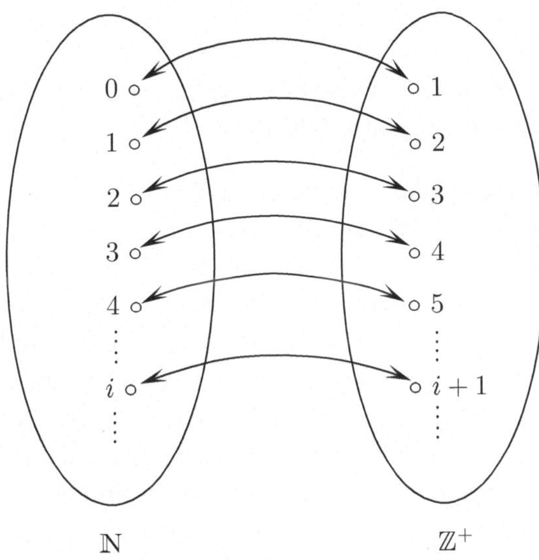



**Abbildung 2.9**

enthalten. Also ist $\mathbb{N}$ nicht größer als $\mathbb{Z}^+$, obwohl $\mathbb{N}$ offensichtlich ein Element mehr als $\mathbb{Z}^+$ hat. Dies darf uns aber nicht zu stark täuschen und beunruhigen. Es sagt nur, dass

$$\infty + 1 = \infty$$

gilt, falls wir mit $\infty = |\mathbb{N}|$ die Mächtigkeit von $\mathbb{N}$ bezeichnen. Also gilt, dass eine Vergrößerung von $\infty$ um 1 keine größere unendliche Zahl als $\infty$ liefert. Das klingt gar nicht mehr überraschend. Was ist denn 1 im Vergleich mit der Unendlichkeit? Ein Nichts, das man vernachlässigen darf. Diese scheinbar überraschende Eigenschaft

$$\mathbb{Z}^+ \subset \mathbb{N} \quad \text{(Abbildung 2.8)} \qquad \text{und} \qquad |\mathbb{Z}^+| = |\mathbb{N}| \quad \text{(Abbildung 2.9)}$$

ist die Grundlage, auf deren Basis man die mathematische Definition des Unendlichen geben kann. Die Mathematiker haben viele Jahre gebraucht, um diese Definition zu entdecken, sie zu akzeptieren und zu begreifen, dass sie das tut, was wir von einer Definition erwarten. Anhand dieser Definition können wir zwischen endlichen und unendlichen Mengen (Objekten) eindeutig unterscheiden.

**Definition 2.2** *Eine Menge A ist genau dann **unendlich**, wenn eine echte Teilmenge B von A existiert, so dass*

$$|A| = |B| \, .$$

In anderen Worten:

*Ein Objekt ist unendlich, wenn es einen echten Teil des Objektes gibt, der genau so groß wie das ganze Objekt ist.*

Jetzt könnte man einwenden: *„Halt, das geht mir zu weit. Das kann ich nicht akzeptieren. Wie kann ein echter Teil des Ganzen genauso groß wie das Ganze sein? Das geht doch nicht!"*
Wunderbar, dass ihr dieser Meinung seid. Gerade deswegen ist diese Definition gut. In der realen Welt, wo alles endlich ist, kann kein echter Teil so groß wie das Ganze sein. Darauf können wir uns einigen. Also hat kein endliches Objekt (keine endliche Menge) diese merkwürdige Eigenschaft. Und somit sagt Definition 2.2 korrekt, dass diese Objekte nicht unendlich, also endlich sind. Aber in der hypothetischen Welt des Unendlichen ist es nicht nur Möglichkeit, sondern Pflicht diese Eigenschaft zu haben. Und diese Eigenschaft ist genau das, was wir brauchen. Denn wer diese Eigenschaft hat, ist unendlich und wer diese Eigenschaft nicht hat, ist endlich. Damit liefert Definition 2.2 eine Methode zur Klassifizierung der Objekte in endliche und unendliche, und dies ist genau das, was wir von einer Definition des Unendlichen erwarten.

Diese begriffsbildende Definition ist eines der Axiome der Mathematik. Niemand kann beweisen, dass diese Definition unserer intuitiven Vorstellung über das Unendliche entspricht. Ein Axiom kann nur widerlegt werden. In diesem Fall müsste jemand eine Menge vorstellen, die nach unserer Intuition unendlich ist, die aber die Bedingung der Definition nicht erfüllt. Keiner hat so etwas geschafft und die lange Erfahrung vieler Mathematiker gibt uns eine gute Grundlage, um an die Korrektheit dieser Definition des Unendlichen zu glauben.

**Aufgabe 2.11** Zeige, dass $|\mathbb{N}| = |\{2, 3, 4, \ldots\}|$ gilt, indem du eine Paarung zwischen $\mathbb{N}$ und $\{2, 3, 4, \ldots\} = \{\, x \in \mathbb{N} \mid x \geq 2 \,\}$ findest.

Um ein besseres Verständnis für diese scheinbar merkwürdige aber doch charakteristische Eigenschaft unendlicher Objekte zu gewinnen, geben wir zwei Beispiele an.

**Beispiel 2.1 (Hotel Hilbert)** Betrachten wir ein Hotel mit unendlich vielen Einzelzimmern, genannt Hilbert-Hotel nach dem berühmten Mathematiker David Hilbert. Die Zimmer sind nummeriert

$$Z(0), Z(1), Z(2), Z(3), \ldots, Z(i), \ldots$$

Alle Zimmer sind besetzt, also in jedem Zimmer logiert bereits ein Gast. Plötzlich kommt ein neuer Gast an und fragt den Portier: „Haben Sie ein Zimmer für mich?" „Kein Problem", sagt der Portier und bringt den Gast auf folgende Weise unter. Er fordert jeden

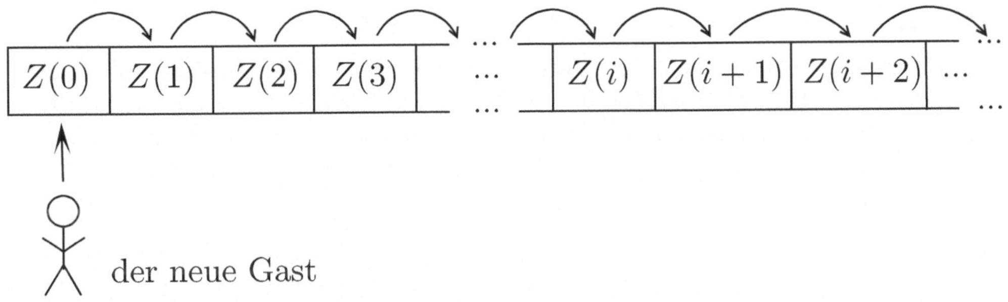



**Abbildung 2.10**

Gast im Hotel auf, in das Zimmer mit der um 1 höheren Nummer umzuziehen. Also kommt der Gast aus $Z(0)$ nach $Z(1)$, der Gast aus $Z(1)$ kommt nach $Z(2)$ und so weiter. Allgemein zieht der Gast aus dem Zimmer $Z(i)$ in das Zimmer $Z(i+1)$. Auf diese Weise wird das Zimmer $Z(0)$ frei und dieses Zimmer wird dem neuen Gast zugewiesen (siehe Abbildung 2.10).

Wie wir beobachten, hat jeder Gast nach dem Umzug ein Zimmer und $Z(0)$ wurde für den neuen Gast frei. Die Mathematiker würden diese Behauptung wie folgt begründen[4]. Es liegt auf der Hand, dass $Z(0)$ nach dem Umzug frei ist. Wir brauchen nur zu zeigen, dass jeder Gast nach dem Umzug ein eigenes Zimmer hat. Sei $G$ ein beliebiger Gast. Diese konkrete Person wohnte vorher in einem konkreten Zimmer. Sei $Z(n)$ der Name des Zimmers. Nach der Anweisung des Portiers zieht $G$ aus $Z(n)$ nach $Z(n+1)$ um. Das kann er tun, weil $Z(n+1)$ für ihn dadurch frei wird, weil der Gast aus $Z(n+1)$ nach $Z(n+2)$ umzieht. Dadurch bewohnt der Gast $G$ alleine ein eigenes Hotelzimmer. Weil wir dies allgemein für jeden Gast $G$ begründet haben, sind alle Gäste untergebracht.

Diese Lösung zeigt, warum das aktuell Unendliche lange Zeit in der Mathematik als ein Paradoxon (widersprüchliche oder unerklärbare Situation) galt. Das unendliche Hotel Hilbert ist ein aktuell Unendliches. So etwas kann man nur durch einen endlichen Teil oder drei Punkte $\cdots$ andeuten, aber sich nicht als Ganzes vorstellen. Es ist auch unmöglich, den erfolgreichen Umzug der unendlich vielen Gästen auf einmal zu beobachten. Aber jeden Gast einzeln betrachtend kann man überprüfen, dass es geht.

Erst wenn man erkannt hat, dass das Unendliche sich von dem Endlichen genau dadurch unterscheidet, dass unendliche Objekte echte Teile haben, die gleich groß wie das Ganze sind, wurde dieses Paradoxon aufgelöst[5]. Wir beobachten, dass der Umzug der Paarung der Elemente der Menge $\mathbb{N}$ der Gäste und der Menge $\mathbb{Z}^+$ der Zimmer ab $Z(1)$ entspricht. $\diamondsuit$

---

[4] Einen rein formalen mathematischen Beweis würde man durch vollständige Induktion führen.

[5] Damit ist es kein Paradox mehr.

**Aufgabe 2.12**

(a) In Hilberts Hotel kommen 3 neue Gäste an. Wie vorher ist das Hotel voll besetzt. Spiele den Portier und bringe diese drei Gäste unter, ohne einen schon logierten Gast wegzuschicken. Mache dies nach Möglichkeit mit einem Umzug statt einer Folge von 3 Umzügen.

(b) In das vollbesetzte Hotel Hilbert kommt ein neuer Gast und fordert, unbedingt im Zimmer $Z(7)$ wohnen zu können. Wie erfüllt der Portier seinen Wunsch?

Das nächste Beispiel kommt aus der Physik. Es ist als „Gegenmittel" für all die Schwermut ausgedacht worden, die einen in der Folge der physikalischen Erkenntnis der Winzigkeit der Erde (und damit der Menschheit) im riesigen Universum überfallen könnte.

**Beispiel 2.2** Wir betrachten die Erde als eine unendliche Menge von Punkten, die beliebig nah aufeinander liegen dürfen und genauso auch das Universum. Um dies zu vereinfachen, machen wir alles zweidimensional statt dreidimensional. Das ganze Universum ist ein Blatt Papier und die Erde ist ein kleiner Kreis auf dem Blatt (Abbildung 2.11). Wenn es jemandem Probleme bereitet, die Erde als eine unendliche Menge von Punkten anzusehen, bemerken wir, dass schon die endliche Strecke von 0 bis 1 auf der reellen Achse unendlich viele Punkte hat. Jede rationale Zahl zwischen 0 und 1 kann man sich als einen Punkt auf der Strecke von 0 bis 1 vorstellen. Und es gibt unendlich viele unterschiedliche rationale Zahlen zwischen 0 und 1. Wir haben das eigentlich schon gezeigt, als wir unendlich viele immer kleiner werdende Zahlen im Versuch, die kleinste positive Zahl zu erzeugen, generiert haben. Eine andere Begründung ist folgende.

Zwischen jeden zwei unterschiedlichen rationalen Zahlen $a$ und $b$ liegen unendlich viele rationale Zahlen.

Die erste Zahl, die wir betrachten ist $c_1 = \frac{a+b}{2}$, der Durchschnittswert von $a$ und $b$. Als nächstes nehmen wir $c_2 = \frac{c_1+b}{2}$ als den Durchschnittswert von $c_1$ und $b$. Allgemein ist

$$c_i = \frac{c_{i-1} + b}{2}$$

der Durchschnittswert von $c_{i-1}$ und $b$. Wenn man von $a = 0$ und $b = 1$ ausgeht, generiert man dadurch die unendliche Folge

$$\frac{1}{2} , \frac{3}{4} , \frac{7}{8} , \frac{15}{16} , \cdots$$

von paarweise unterschiedlichen Zahlen zwischen 0 und 1.

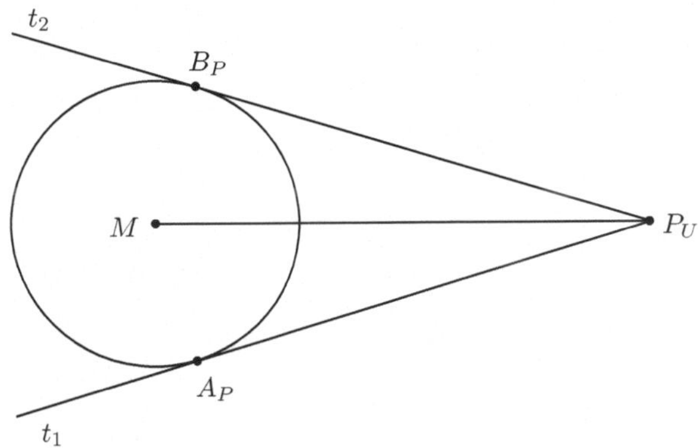

**Abbildung 2.11**

Kommen wir jetzt endlich zu dem, was uns die Physiker sagen wollen. Alle Punkte des riesigen, aber endlichen, Universums außerhalb der Erde kann man mit der Menge der Punkte der Erde paaren. Diese Behauptung hat folgende zwei positive Interpretationen:

(i) Die Anzahl der Erdpunkte ist gleich der Anzahl der Universumspunkte außerhalb der Erde.

(ii) Alles, was im riesigen Universum passiert, kann auf der Erde gespiegelt und dadurch nachgeahmt werden.

Suchen wir also jetzt eine Paarung der Punkte innerhalb und außerhalb der Erde. Jedem $P_U$ außerhalb der Erde weisen wir einen Punkt $P_E$ auf der Erde wie folgt zu.

Wir verbinden $P_U$ mit dem Mittelpunkt der Erde $M$ (Abbildung 2.11). Auf diese Gerade wollen wir innerhalb der Erde den Punkt $P_E$ legen und dadurch das Paar $(P_U, P_E)$ bilden. Dazu ziehen wir aus $P_U$ beide Tangenten $t_1$ und $t_2$ zur Erde (eine Tangente zu einem Kreis ist eine Gerade, die den Kreis in genau einem Punkt berührt). Wo $t_1$ und $t_2$ die Erde (den Kreis) berühren, legen wir die Punkte $A_P$ und $B_P$[6] fest. Jetzt verbinden wir die Punkte $B_P$ und $A_P$ und erhalten damit die Strecke $B_P A_P$ (Abbildung 2.12). Wo sich jetzt die Strecken $B_P A_P$ und $P_U M$ kreuzen, erhalten wir den gesuchten Punkt $P_E$ (Abbildung 2.12). Also paaren wir den Punkt $P_U$ des Universums mit dem Punkt $P_E$ auf der Erde.

Jetzt brauchen wir noch zu zeigen, dass zwei unterschiedlichen Punkten $P_U$ und $P_U'$ aus dem Universum außerhalb der Erde auch immer zwei unterschiedliche Punkte $P_E$

---

[6]Die Schnittpunkte von $t_1$ und $t_2$ mit der Erde (dem Kreis) nennen wir $A_P$ und $B_P$.

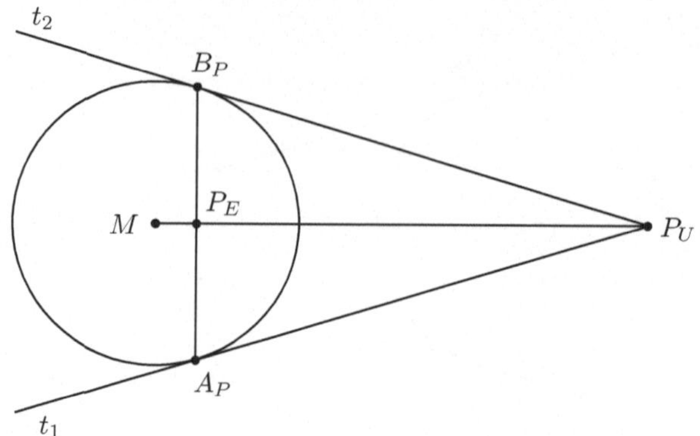

**Abbildung 2.12**

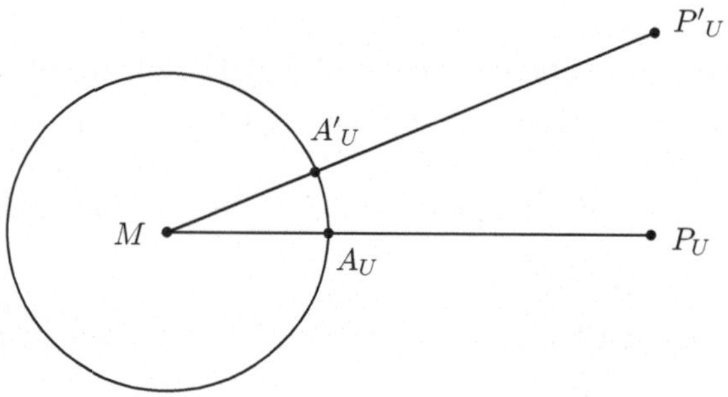

**Abbildung 2.13** $E_U$ liegt auf $MA_U$ und $E'_U$ liegt auf $MA'_U$ und deswegen sind $E_U$ und $E'_U$ unterschiedliche Punkte.

und $P'_E$ innerhalb der Erde auf diese Weise zugeordnet werden[7].

Wir unterscheiden zwei Möglichkeiten.

(i) Die Punkte $M$, $P_U$ und $P'_U$ liegen nicht alle auf derselben Geraden. Diese Situation ist in Abbildung 2.13 gezeichnet. Wir wissen, dass $P_E$ auf der Strecke $MP_U$ und $P'_E$ auf der Strecke $MP'_U$ liegen muss. Weil diese Strecken keinen gemeinsamen Punkt außer $M$ haben und $M$ unterschiedlich von $P_E$ und $P'_E$ ist, egal wo $P_E$ und $P'_E$ auf ihren Strecken liegen, müssen sie unterschiedlich sein.

---

[7]Wenn dies nicht der Fall wäre, würden wir keine Paarung erhalten.

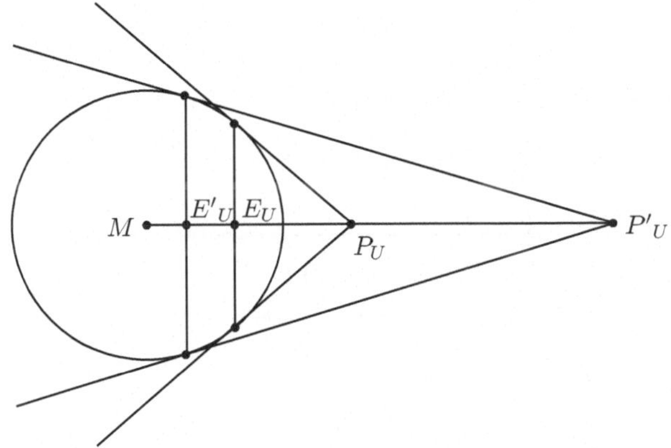



**Abbildung 2.14**

(ii) Alle drei Punkte $M$, $P_U$ und $P'_U$ liegen auf einer Geraden (Abbildung 2.14). Damit müssen auch $E_U$ und $E'_U$ auf dieser Gerade liegen. Dann führen wir die Konstruktionen für $P_U$ und $P'_U$ wie in Abbildung 2.12 durch. Wir sehen in Abbildung 2.14 sofort, dass $E_U$ und $E'_U$ unterschiedlich sind.

Wir haben gezeigt, dass unabhängig davon, wie viele Male das Universum größer als die Erde ist, die Anzahl der Punkte auf der Erde gleich der Anzahl der Punkte des Universums ist. $\Diamond$

**Aufgabe 2.13** Vervollständige Abbildung 2.13, indem du die Punkte $P_E$ und $P'_E$ genau bestimmst.

**Aufgabe 2.14** Betrachte den Halbkreis in Abbildung 2.15 und die Strecke $AB$, die dem Durchmesser des Kreises entspricht. Begründe geometrisch oder auch rechnerisch, warum die Strecke $AB$ genauso viele Punkte wie die Kurve des Halbkreises enthält.

**Aufgabe 2.15** Betrachten wir die Kurve (die Funktion) $F$ in Abbildung 2.16 und die Strecke $AB$. Warum hat die Kurve genauso viele Punkte wie die Strecke $AB$?

Wenn ihr immer noch Bauchschmerzen habt beim Versuch, das Konzept der Unendlichkeit zu akzeptieren, seid nicht beunruhigt. Die Spitzenforscher der Mathematik haben etliche Jahre gebraucht, um das Konzept zu entwickeln und es hat noch viele weitere Jahre gedauert, bis die Mehrheit der Mathematiker sich damit identifizieren konnte. Nehmen wir uns die Zeit und setzen uns wiederholt mit dieser Definition des Unendlichen auseinander.

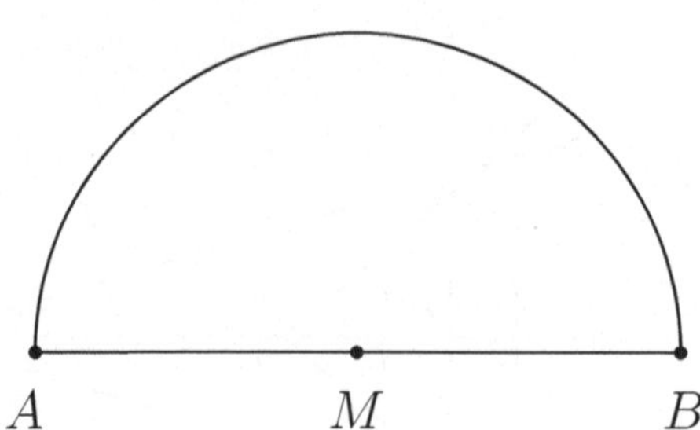

**Abbildung 2.15**

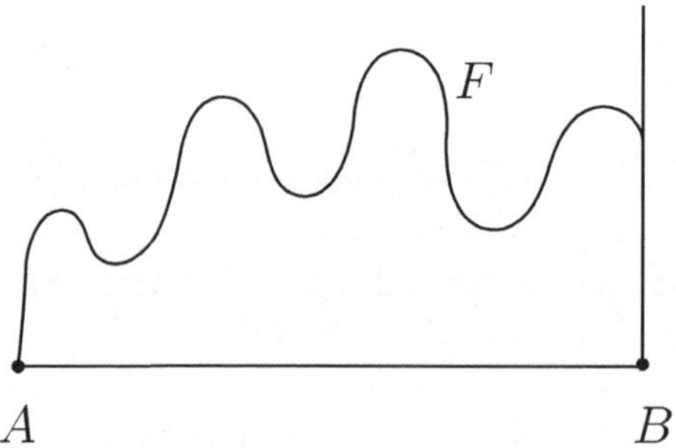


**Abbildung 2.16**

**Hinweis für die Lehrperson** Die nachfolgende Überlegung verwendet die indirekte Argumentation. Um sie zu verstehen, ist die Behandlung der korrekten Argumentation aus Modul I „Geschichte der Informatik und Begriffsbildung" erforderlich. Diese Überlegung durchzuarbeiten ist kein Muss, sie darf übersprungen werden. Sie ist aber hilfreich um zu verstehen, warum wir keine Alternative zu der vorhandenen Art des Vergleiches zweier Mengengrößen sehen.

Diskutieren wir kurz den häufigsten Vorschlag zu einer alternativen Definition des Unendlichen, die die Zuhörer nach der ersten Begegnung mit der Unendlichkeit unterbreiten. Wenn

$$A \subset B$$

gilt ($A$ eine echte Teilmenge von $B$ ist), dann gilt

$$|A| < |B| \ .$$

Es ist klar, dass dieser Versuch unendliche Mengen anders zu vergleichen, Folge der Ablehnung der Kernidee ist, dass ein echter Teil des Ganzen genauso groß wie das Ganze sein darf. Dieser Definitionsversuch hat zwei Schwachstellen. Zum einen ermöglicht er es, nur solche zwei Mengen zu vergleichen, in denen die eine Menge eine Teilmenge der anderen ist. Die Definition liefert aber keine Möglichkeit, zwei unterschiedliche Mengen wie $\mathbb{Z}^- = \{-1, -2, -3, \ldots\}$ und $\mathbb{Z}^+ = \{1, 2, 3, \ldots\}$ zu vergleichen. Also ist irgendeine Verknüpfung zwischen den Elementen von $\mathbb{Z}^-$ und $\mathbb{Z}^+$ unvermeidbar. Auf diesen Einwand hin schlagen die Zuhörer meistens vor, eine der Mengen durch Paarung auf eine Teilmenge der anderen abzubilden und dann erst zu vergleichen. Ich zeige euch, dass man auf diese Weise einen Widerspruch (Unsinn) erzeugen wird. Und zwar die unsinnige Behauptung

$$|\mathbb{N}| < |\mathbb{N}|,$$

also $\mathbb{N}$ ist kleiner als $\mathbb{N}$ selbst. Durch die Paarung haben wir bewiesen, dass

$$|\mathbb{N}| = |\mathbb{Z}^+| \tag{2.1}$$

gilt. Weil $\mathbb{Z}^+ \subset \mathbb{N}$, gilt nach dem alternativen Vergleichsvorschlag

$$|\mathbb{Z}^+| < |\mathbb{N}|. \tag{2.2}$$

Wenn wir (2.1) und (2.2) hintereinander schreiben, erhalten wir

$$|\mathbb{N}| = |\mathbb{Z}^+| < |\mathbb{N}|$$

und somit $|\mathbb{N}| < |\mathbb{N}|$.

Warum geben wir uns so große Mühe, dieses Axiom der Mathematik zu diskutieren und ein Verständnis dafür zu gewinnen? Weil (wie ihr vielleicht schon ahnt) es noch „besser" kommt. Das Konzept des Unendlichen war nicht die einzige große Überraschung dieses Moduls. Wir haben in gewissem Sinne $\infty = \infty + 1$ gezeigt und klar angedeutet, dass $\infty = \infty + c$ für eine beliebige endliche Zahl $c$ gilt. Beispiel 2.2 und nachfolgende Aufgaben deuten aber sogar auf

$$\infty = c \cdot \infty$$

hin für eine beliebige endliche Zahl (Konstante) $c$.

Betrachten wir die Menge $\mathbb{N}$ und die Menge

$$\mathbb{N}_{\text{ger}} = \{0, 2, 4, 6, \ldots\} = \{2i \mid i \in \mathbb{N}\}$$

aller geraden natürlichen Zahlen. Auf den ersten Blick enthält $\mathbb{N}$ zweimal so viele Zahlen wie $\mathbb{N}_{\text{ger}}$. Trotzdem können wir (Abbildung 2.17) die Elemente der Mengen $\mathbb{N}$ und $\mathbb{N}_{\text{ger}}$ wie folgt paaren:

$$(0, 0), (1, 2), (2, 4), (3, 6), \ldots, (i, 2i), \ldots.$$

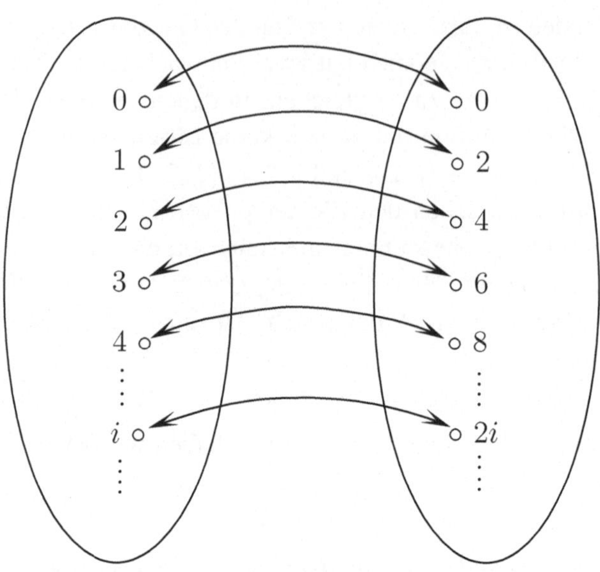

**Abbildung 2.17**

Wir sehen, dass jedes Element beider Mengen genau einmal verheiratet ist. Daraus folgt

$$|\mathbb{N}| = |\mathbb{N}_{ger}|.$$

**Aufgabe 2.16** Gib zu der vorgestellten Paarung von $\mathbb{N}$ und $\mathbb{N}_{ger}$ die entsprechende bijektive Funktion aus $\mathbb{N}$ nach $\mathbb{N}_{ger}$ an und zeige, dass sie tatsächlich bijektiv ist. Was ist die Umkehrfunktion zu dieser Funktion?

Wir können das überraschende Resultat

$$2 \cdot \infty = \infty$$

wieder mit einer Geschichte im Hotel Hilbert untermauern.

**Beispiel 2.3** Betrachten wir wieder das Hotel Hilbert mit unendlich vielen Einzelzimmern

$$Z(0), Z(1), Z(2), \ldots$$

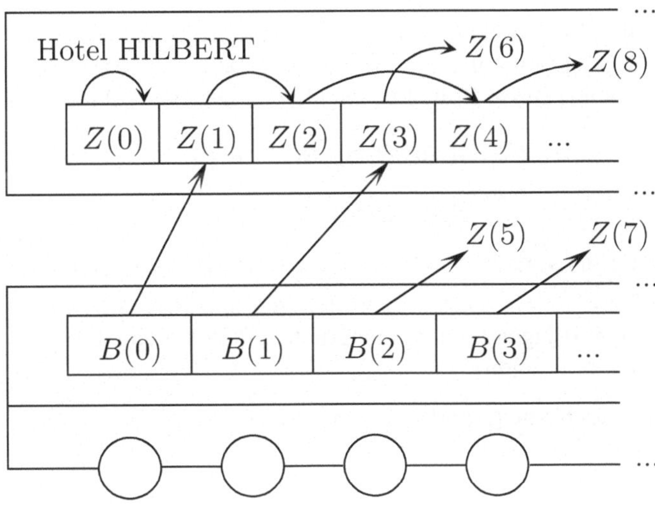



**Abbildung 2.18**

die alle besetzt sind. Jetzt kommt ein unendlicher Bus mit Sitzplätzen

$$B(0), B(1), B(2), \ldots$$

die auch alle besetzt sind[8]. Der Busfahrer fragt den Portier, ob er alle Reisenden unterbringen kann. Der Portier sagt wieder: „Kein Problem", und tut das Folgende:

Er weist jeden Gast aus $Z(i)$ an, in das Zimmer $Z(2i)$ umzuziehen (siehe Abbildung 2.18). Danach hat jeder alte Gast wieder ein eigenes Zimmer und alle Zimmer $Z(2i+1)$ mit ungeraden Nummern $1, 3, 5, 7, \ldots, 2i+1, \ldots$ sind leer. Jetzt muss der Portier eine Paarung zwischen freien Zimmern und den Bussitzen vornehmen. Er weist dem Reisenden auf dem Platz $B(0)$ das Zimmer $Z(1)$, dem Reisenden auf $B(1)$ das Zimmer $Z(3)$ zu und so weiter. Allgemein erhält der Reisende auf dem Platz $B(i)$ das Zimmer $Z(2i+1)$, wie auch in Abbildung 2.18 gezeichnet. Damit entsteht die Paarung

$$(B(0), Z(1)), (B(1), Z(3)), (B(2), Z(5)), \ldots, (B(i), Z(2i+1)), \ldots$$

zwischen den geleerten Zimmern mit ungeraden Nummern und den Sitzen des unendlichen Busses. $\Diamond$

---

[8]Auf jedem Sitz sitzt genau ein Reisender.

**Aufgabe 2.17**

(a) Das Hilbertsche Hotel ist halb voll: Alle Zimmer mit geraden Nummern ($Z(0)$, $Z(2)$, $Z(4)$, ...) sind belegt und alle Zimmer mit ungeraden Nummern sind frei. Nun treffen zwei unendlich lange Busse $B_1$ und $B_2$ ein, deren Plätze wie folgt nummeriert sind:

$$B_1(0), B_1(1), B_1(2), B_1(3), \ldots$$

$$B_2(0), B_2(1), B_2(2), B_2(3), \ldots$$

Wie kann der Portier vorgehen, um allen Gästen Unterkunft zu gewähren?

(b) Das Hotel Hilbert ist voll besetzt. Es treffen drei unterschiedliche unendliche Busse ein, deren Sitzplätze aufsteigend mit den natürlichen Zahlen nummeriert sind. Wie kann man alle Reisenden unterbringen?

**Aufgabe 2.18** Zeige durch eine geeignete Paarung, dass

$$|\mathbb{Z}| = |\mathbb{N}|$$

gilt, wobei $\mathbb{Z} = \{\ldots, -3, -2, -1, 0, 1, 2, 3, \ldots\}$ die Menge aller ganzen Zahlen ist.

**Aufgabe 2.19** Sei $[a, b]$ die Menge aller Punkte (aller reellen Zahlen) der reellen Achse zwischen $a$ und $b$.

(a) Zeige, dass

$$\bigl|[0, 1]\bigr| = \bigl|[1, 10]\bigr|$$

gilt. Versuche es auch geometrisch wie in Beispiel 2.2 auf Seite 156.

(b) Zeige

$$\bigl|[0, 1]\bigr| = \bigl|[1, 100]\bigr|$$

arithmetisch, indem du Paare $(f(i), i)$ für $i \in [0, 100]$ und für eine geeignete bijektive Funktion $f$ aus $[1, 100]$ nach $[0, 1]$ wählst.

**Aufgabe 2.20** ⋆ Nehmen wir an, dass das Hotel Hilbert ganz leer ist, also dass kein Gast da ist. Weil alle bisherigen Gastverteilungen auf Umzügen basierten, droht die Gefahr, dass die Gäste ausbleiben. Kein Gast ist daran interessiert, bei jedem neuen Ankommenden wieder umzuziehen. Jetzt braucht der Portier eine Strategie, um Gäste so zu verteilen, dass er unabhängig von der Anzahl der endlichen und unendlichen Busse, von denen beliebig viele zu unterschiedlichen Zeitpunkten ankommen können, den Gästen ohne jeden Umzug die Zimmer zuteilen kann. Kannst du ihm helfen?

# Zusammenfassung

Um unendliche Größen vergleichen zu können, müssen wir zuerst Zahlen (endliche sowie unendliche) durch Mächtigkeiten der Mengen darstellen. Zwei Zahlen sind gleich groß genau dann, wenn man ihre Mengendarstellungen paaren kann.

Eine Paarung von zwei Mengen $A$ und $B$ ist eine Konstruktion einer Menge von Paaren $(a, b)$, $a \in A$ und $b \in B$, so dass jedes Element aus $A$ genau in einem Paar als erstes Element des Paares vorkommt und jedes Element aus $B$ genau in einem Paar als zweites Element des Paares vorkommt. Eine Paarung kann man auch mittels einer bijektiven Funktion $f\colon A \to B$ beschreiben, wobei die Paare dann $(a, f(a))$ sind.

Eine Menge $A$ ist unendlich genau dann, wenn sie eine echte Teilmenge $C$ $(C \subset A)$ enthält, die genau so groß wie $A$ ist $(|A| = |C|)$. Die Menge $\mathbb{N}$ hat diese Eigenschaft, weil $\mathbb{Z}^+ \subset \mathbb{N}$ und $|\mathbb{Z}^+| = |\mathbb{N}|$. Mit Hilfe dieses Konzepts des Unendlichen und des vorgestellten Konzepts des Vergleichs der Größe zweier Mengen haben wir festgestellt, dass

(1) die Hinzugabe oder Entfernung von ein paar Elementen einer unendlichen Menge ihre Größe nicht ändert.

(2) die Verdoppelung oder sogar endliche Vervielfachung der Elemente einer unendlichen Menge ihre Größe nicht wachsen lässt.

## Kontrollfragen

1. Wie kann ein Hirte die Anzahl der schwarzen Schafe mit der Anzahl der weißen Schafe vergleichen, ohne zählen zu können?

2. Wann sind zwei Mengen gleich groß?

3. Was verstehen wir unter dem potenziell Unendlichen?

4. Warum haben wir Probleme mit dem aktuell Unendlichen?

5. Welche Eigenschaft muss jede unendliche Menge haben, die keine endliche Menge haben darf?

6. Wie bringt man einen neuen Gast in dem voll besetzten Hotel Hilbert unter?

7. Wie bringt man einen Bus mit unendlich vielen Reisenden $P_0, P_1, P_2, \ldots$ in dem voll besetzten Hotel Hilbert unter?

8. Wie zeigt man, dass die Anzahl der Punkte außerhalb der Erde nicht größer ist als die Anzahl der Punkte innerhalb der Erde? Kannst du es auch dreidimensional zeigen?

9. Welche Eigenschaft muss eine injektive Funktion aus $A$ nach $B$ haben?

10. Welche Funktionen nennen wir bijektiv?

11. Ist jede bijektive Funktion auch injektiv? Ist jede injektive Funktion auch bijektiv?

12. Wann ist $g$ eine Umkehrfunktion von $f$?

13. Hat jede injektive Funktion eine Umkehrfunktion?

14. Ist die Sinusfunktion injektiv?

15. Hat jede bijektive Funktion eine Umkehrfunktion?

## Kontrollaufgaben

1. Gib eine Paarung der Mengen $\{2, 4, 6\}$ und $\{\text{Jan}, \text{Josef}, \text{Peter}\}$ an. Wie viele unterschiedliche Paarungen dieser zwei Mengen gibt es?

2. Sei $n$ eine positive ganze Zahl. Wie viele unterschiedliche Paarungen der Mengen $\{1, 2, \ldots, n\}$ und $\{7, 8, 9, \ldots, n + 6\}$ gibt es?

3. Seien $a$ und $b$ zwei beliebige positive rationale Zahlen. Zeige

   (a) $\big|[0, 1]\big| = \big|[a, 2a]\big|$,

   (b) $\big|[0, a]\big| = \big|[0, b]\big|$,

   (c) $\big|[3, 7]\big| = \big|[a + 3, a + 5]\big|$,

   (d) $\big|[0, 1]\big| = \big|[a, a + 6]\big|$,

   (e) $\big|[100 - a, 100]\big| = \big|[0, b]\big|$.

4. Der Kuckuck schlägt die folgende Definition zum Vergleich der Mächtigkeiten zweier unendlicher Mengen $A$ und $B$ vor.

   „$|A|$ ist größer als $|B|$, falls es eine Paarung zwischen $B$ und einer echten Teilmenge von $A$ existiert".

   Dieser Vorschlag entspricht der Folgerung des Hirten, wenn bei der Bildung von Paaren der Schafe von der Sorte $A$ einige übrig geblieben sind. Zeige, dass diese Definition nicht „vernünftig" ist, weil durch ihre Anwendung $|\mathbb{N}| \leq |\mathbb{N}|$ bewiesen werden kann.

5. Zeige geometrisch, dass die Sinuskurve auf dem Intervall $[0, 360]$ genausoviele Punkte hat, wie der entsprechende Teil der $x$-Achse (die Strecke vom Punkt $(0, 0)$ zum Punkt $(360, 0)$).

6. Begründe, warum die Anzahl der Punkte eines Einheitskreises gleich der Anzahl der Punkte der $x$-Achse zwischen $-1$ und $1$ ist.

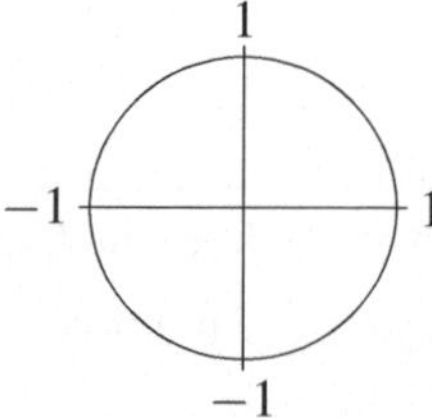

**Abbildung 2.19**

7. Nach einem neuen Gesetz im unendlichen Land muss der Besitzer des Hotels Hilbert so viele Millionen Dollar Steuer bezahlen, wie das Hotel im Jahresdurchschnitt prozentual ausgelastet ist. Wir gehen davon aus, dass ständig $|\mathbb{N}|$ viele Gäste im Hotel wohnen. Wie stark kann der Besitzer die Steuer nach unten drücken?

8. Nehmen wir noch in Aufgabe 7 zusätzlich an, dass die Kosten für Zimmer $Z(i)$ genau $\frac{1}{i}$ sind, weil die Zimmer mit höheren Nummern wegen der großen Entfernung zur Rezeption weniger attraktiv sind. Kann der Besitzer im Jahr bei ständig unendlich vielen Gästen und geltendem Steuergesetz unendlich große Gewinne machen?

9. Für jedes Paar der Mengen $A$ und $B$ bestimme mindestens zwei unterschiedliche Bijektionen aus $A$ nach $B$ und ihre entsprechenden Umkehrfunktionen.

   (a) $A = \left[0, \frac{1}{2}\right], B = [0, 1]$

   (b) $A = [20, 25], B = [-2, 0]$

   (c) $A = [0, 1], B = [a, a + 10]$ für eine beliebige rationale Zahl $a$.

   (d) $A = [a, a + 4], B = [2a, 4a + 16]$ für eine beliebige rationale Zahl $a$.

   (e) $A = [a, b], B = [a, c]$ für beliebige positive rationale Zahlen mit $a < b$ und $a < c$.

   (f) $A = [a, a + c], B = [b, b + d]$ für beliebige positive rationale Zahlen $a$, $b$, $c$, $d$.

10. Seien $A$ und $B$ zwei Mengen und $A \subseteq B$. Beweise die folgende Behauptung:

   „Wenn $A$ unendlich ist, dann ist auch $B$ unendlich".

## Lösungen zu ausgewählten Aufgaben

**Aufgabe 2.1** In unserer intuitiven Vorstellung kann man eine Menge als unendlich betrachten, wenn der Versuch ihre Elemente aufzulisten scheitert, denn egal wie viele wir aufgelistet haben, es fehlen immer noch weitere (eigentlich unendlich viele). Bei der Menge $\mathbb{N}$ können wir einfach damit argumentieren, dass für jede Zahl $n$ noch eine größere Zahl $n + 1$ existiert. Somit haben wir eine Folge von Zahlen $0, 1, 2, 3, \ldots, i, i + 1, \ldots$, die kein Ende hat (es gibt keine größte Zahl).

Für die anderen Mengen $\mathbb{Q}^+$ und $\mathbb{R}$ kann man einfach sagen, dass sie beide $\mathbb{N}$ enthalten. Eine andere Argumentation wäre, dass die unendliche Folge

$$1, \frac{1}{2}, \frac{1}{4}, \frac{1}{8}, \ldots, \frac{1}{2^i}, \ldots$$

paarweise unterschiedliche Zahlen aus $\mathbb{Q}^+$ bzw. $\mathbb{R}$ enthält. Kannst du andere unendliche Folgen von Zahlen aus $\mathbb{Q}^+$ finden?

**Aufgabe 2.2**

   (a) Für die Mengen $A = \{2, 3, 4, 5\}$ und $B = \{2, 5, 7, 11\}$ gibt es $4! = 24$ unterschiedliche Paarungen. Zum Beispiel $(2, 11), (3, 2), (4, 5), (5, 7)$ oder $(2, 11), (3, 7), (4, 5), (5, 2)$.

   (b) $(2, 2), (4, 5), (5, 11), (2, 7)$ ist keine Paarung von $A$ und $B$, weil das Element 2 aus $A$ in zwei Paaren $(2, 2)$ und $(2, 7)$ als erstes Element vorkommt und das Element 3 aus $A$ in keinem Paar vorkommt.

**Aufgabe 2.4** Die Zahlen aus dem Intervall $[1, 2]$ kann man als Zahlen der Form $1 + a$ für Zahlen $a \in [0, 1]$ darstellen. Analog kann man eindeutig die Zahlen aus dem Intervall $[7, 8]$ als $7 + a$ für Zahlen $a \in [0, 1]$ darstellen. Die Paarung

$$\{(1 + a, 7 + a) \mid \text{für alle } a \in [0, 1]\}$$

beweist dann, dass $|[1,2]| = |[7,8]|$ gilt.

Die Argumentation kann man auch anders führen. Jedes $x \in [1,2]$ paart man mit $x + 6$ aus $[7,8]$ in dem Paar $(x, x + 6)$.

**Aufgabe 2.5** Eine mögliche natürliche Paarung zwischen $[1,3]$ und $[a, a + 2]$ ist

$$P_{a-1} = \{(x, x + (a - 1)) \mid x \in [1,3]\}.$$

Offensichtlich gehört $x + (a - 1)$ in $[a, a + 2]$ für alle $x \in [1,3]$. Für $x \neq y$, $x, y \in [1,3]$ ist zweifellos $x + (a - 1)$ unterschiedlich von $y + (a - 1)$. Falls $u + (a - 1) \neq v + (a - 1)$, dann gilt auch $u \neq v$. Somit ist $P_{a-1}$ tatsächlich eine Paarung zwischen $[1,3]$ und $[a, a + 2]$. Eine andere Paarung von $[1,3]$ und $[a, a + 2]$ ist

$$P' = \{(x, a + 3 - x) \mid x \in [1,3]\}.$$

Kannst du es beweisen?

Die Paarung $P_{a-1}$ kann man wie in Abbildung 2.20 visualisieren.

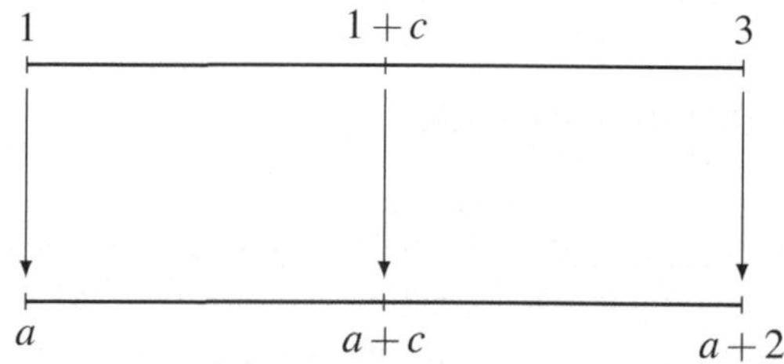


**Abbildung 2.20**

Wie würdest du $P'$ visualisieren?

**Aufgabe 2.8** Es gibt kein $m \in \mathbb{N}$, so dass das Paar $(m, 2)$ sich in der Menge $\{(a, f(a)) \mid a \in \mathbb{N}\}$ befindet. Allgemein gibt es kein Paar, das als zweites Element eine gerade positive Zahl enthält. Somit fehlen die geraden Zahlen aus $\mathbb{Z}^+$ in dieser Paarenmenge und somit ist $\{(n, 2n + 1) \mid n \in \mathbb{N}\}$ keine Paarung zwischen $\mathbb{N}$ und $\mathbb{Z}^+$.

**Aufgabe 2.18** Die Paarung zwischen $\mathbb{N}$ und $\mathbb{Z}$ kann man so aufbauen, dass man sich die Zahlen aus $\mathbb{Z}$ in der Folge

$$0, 1, -1, 2, -2, 3, -3, 4, -4, \ldots, i, -i, \ldots$$

vorstellt und dann mit $\mathbb{N}$ paart, indem jeder Zahl aus $\mathbb{Z}$ ihre Ordnung in dieser Folge zugeordnet wird. Dadurch entsteht die Paarung

$$(0,0), (1,1), (2,-1), (3,2), (4,-2), (5,3), (6,-3), \ldots.$$

Im Allgemeinen bilden wir die Paare

$$(0,0), (2i, -i) \text{ und } (2i - 1, i)$$

für alle positiven ganzen Zahlen $i$.

**Aufgabe 2.20** Der Portier teilt zuerst die Zimmer in unendlich viele Gruppen von unendlicher Größe ein. Immer wenn eine Gruppe von Gästen eintrifft (egal ob endlich oder unendlich groß), benutzt er für die Verteilung der Unterkünfte die nächste noch nicht benutzte Zimmergruppe.

Der Portier verfügt über eine gute mathematische Ausbildung (was in Hilberts Hotel eine Einstellungsvoraussetzung ist) und weiß, dass es unendlich viele Primzahlen

$$2, 3, 5, 7, 11, 13, 17, 19, \ldots$$

gibt. Sei $p_i$ die $i$-te Primzahl in dieser Folge. Durch $p_i$ bestimmt man die $i$-te unendliche große Gruppe von natürlichen Zahlen als

$$\text{Gruppe}(i) = \{p_i, p_i^2, p_i^3, p_i^4, \ldots, (p_i)^j, \ldots\}.$$

Zum Beispiel Gruppe(2)= $\{3, 9, 27, 81, \ldots\}$. Der Portier weiß auch (dank der Kenntnis des fundamentalen Satzes der Arithmetik), dass keine Zahl aus $\mathbb{N}$ zu mehr als einer Gruppe gehört. Damit können unendlich viele Gästegruppen nacheinander kommen und er kann die Zimmer ohne Umzugsanweisungen verteilen. Egal, ob die $i$-te Gästegruppe endlich oder unendlich ist, die Zimmergruppe Gruppe($i$) ist für sie vorreserviert. Wenn die Gäste der $i$-ten Gästegruppe als

$$G_{i,1}, G_{i,2}, G_{i,3}, \ldots, G_{i,j}, \ldots$$

bezeichnet werden, dann erhält der Gast $G_{i,1}$ das Zimmer $Z(p_i)$, der Gast $G_{i,2}$ erhält das Zimmer $Z(p_i^2)$ usw. Allgemein erhält der Gast $G_{i,j}$ das Zimmer $(p_i)^j$.

# Lektion 3

# Rationale Zahlen oder Unendlich mal Unendlich

In Lektion 2 haben wir gelernt, dass man für $\infty = |\mathbb{N}|$ kein neues Unendliches erzeugt, wenn man das Unendliche $|\mathbb{N}|$ vervielfacht ($\infty = c \cdot \infty$ für jede Zahl $c$). Dies kann uns jetzt helfen, die scheinbaren Paradoxien aus Lektion 1 zu erklären. Die Summe

$$S_{\text{Wechsel}} = \sum_{i=0}^{\infty} (-1)^i = 1 + (-1) + 1 + (-1) + 1 + (-1) + \ldots$$

kann ein beliebiges Resultat liefern. Zum Beispiel um $S_{\text{Wechsel}} = 10$ zu zeigen, reicht es, die ersten 10 Einsen nach vorne zu schreiben und dann die elfte 1 mit der ersten $(-1)$ zu paaren, die zwölfte 1 mit der zweiten $-1$ zu paaren, etc.

**Aufgabe 3.1** Was für eine Klammerung (Paarung von Einsen und Minus-Einsen) würdest du vornehmen, um $S_{\text{Wechsel}} = -13$ zu zeigen?

Lektion 2 zeigt uns aber sogar, dass man durch geschickte Klammerung zeigen kann, dass $S_{\text{Wechsel}} = \infty$. Wir nehmen einfach alle Einsen auf ungeraden Stellen. Es sind unendlich viele und somit ist ihre Summe gleich $\infty$. Dann paaren wir alle Einsen auf geraden Stellen mit allen Minus-Einsen der Summe (die $i$-te $(-1)$ ist gepaart mit der $2i$-ten 1) und erhalten die Summe 0 von allen diesen Paaren.

**Aufgabe 3.2** Erkläre, wie man Klammern kann, um zu dem Resultat $S_{\text{Wechsel}} = -\infty$ zu kommen.

Somit sehen wir, dass $S_{\text{Wechsel}}$ alle Werte von $-\infty$ bis $+\infty$ annehmen kann. Das ist noch keine Erklärung des scheinbaren Paradoxons, nur eine Feststellung, dass der Wert $S_{\text{Wechsel}}$ nicht definiert ist. Also haben wir gelernt, dass es unendliche Summen gibt, denen man keinen Wert zuordnen kann.

Wie erklären wir jetzt dieses Paradoxon? Die Summe der unendlich vielen Einsen in $\sum_{i=0}^{\infty}(-1)^i$ ergibt $\infty$. Die Summe der unendlich vielen $(-1)$ in $\sum_{i=0}^{\infty}$ ergibt $-\infty$. Somit ist $S_{\text{Wechsel}} = \infty - \infty$.

Wenn aber $\infty = \infty + c$ und $\infty = d \cdot \infty$ für beliebige Zahlen $c$ und $d$ gilt, ist es offensichtlich, dass die Differenz $\infty - \infty$ alles von $-\infty$ bis zu $\infty$ ergeben kann. Zum Beispiel

$$\infty - \infty = (\infty + c) - \infty = c$$

$$\infty - \infty = \infty - (d \cdot \infty) = (1 - d) \cdot \infty.$$

Die Lehre daraus ist, dass man das Symbol $\infty = |\mathbb{N}|$ in der Arithmetik nicht wie eine endliche Zahl behandeln darf. Schon die einfache Subtraktion $\infty - \infty$ ist nicht definiert und somit bleibt auch die Addition $\infty + (-\infty)$ undefiniert.

**Aufgabe 3.3** Kannst du jetzt erklären, warum wir für die Summe $S_x = \sum_{i=1}^{\infty} x^{-i}$ unterschiedliche Resultate erhalten haben? Welche von den Gleichungsumformungen waren nicht zulässig? Gibt es Werte von $x$, für die unsere Umformungen alle richtig waren und für die die abgeleitete Formel tatsächlich verwendet werden dürfte?

Bisher haben wir gelernt, dass eine Vervielfachung des Unendlichen $|\mathbb{N}|$ keine neue „Qualität" ergibt, also keine neue unendliche Größe erzeugt. Die Zielsetzung dieser Lektion ist es, zu schauen, ob wir eine neue Qualität durch $|\mathbb{N}| \cdot |\mathbb{N}| = \infty \cdot \infty = \infty^2$ (Unendlich mal Unendlich) erzeugen können. Es gibt mehrere Gründe, uns mit der Grösse $|\mathbb{N}| \cdot |\mathbb{N}|$ zu beschäftigen. Zum Beispiel kann man alle rationale Zahlen als $\frac{p}{q}$ darstellen, wobei $p \in \mathbb{Z}$ und $q \in \mathbb{N} - \{0\}$. Somit hat man unendlich viele Möglichkeiten $p$ und unendlich viele Möglichkeiten $q$ zu wählen. Somit ist $|\mathbb{Q}|$ höchstens $|\mathbb{Z}| \cdot |\mathbb{N}| = \infty \cdot \infty$ groß und die Frage, ob $\infty \cdot \infty$ eine neue Größe ist, entspricht der Frage, ob $|\mathbb{Q}| > |\mathbb{N}|$ gilt.

Um diese Fragenstellungen anzugehen, müssen wir zuerst ein tieferes Verständnis dafür gewinnen, was es bedeutet, wenn eine unendliche Menge genauso groß ist wie $|\mathbb{N}| = \infty$ ist.

Wir beobachten, dass

$$|\mathbb{N}| = |A|$$

für eine Menge $A$ zu beweisen nichts anderes ist, als die Elemente der Menge $A$ durchzunummerieren. Eine Paarung zwischen $\mathbb{N}$ und $A$ weist einfach jedem Element aus $A$ eindeutig eine natürliche Zahl aus $\mathbb{N}$ zu. Und diese Zahl kann man als die Ordnung des Elementes aus $A$ betrachten. Zum Beispiel, wenn $(3, \text{Jan})$ ein Paar der Paarung ist, kann man Jan als das dritte Element der Menge $A$ betrachten. Umgekehrt liefert jede Nummerierung von Elementen einer Menge $A$ automatisch eine Paarung zwischen $\mathbb{N}$ und $A$. Die

Paare sind

$$(\text{Ordnung von } a, a)$$

für jedes Element $a$ aus $A$. Der Begriff der **Nummerierung** ermöglicht uns im Folgenden eine anschauliche Argumentation für die Behauptung $|\mathbb{N}| = |A|$ für irgendeine Menge $A$, also für die Behauptung, dass $A$ genau so viele Elemente wie $\mathbb{N}$ hat.

Mit der Paarung

$$(0,0), (1,1), (2,-1), (3,2), (4,-2), (5,3), (6,-3), \ldots$$

der Mengen $\mathbb{N}$ und $\mathbb{Z}$ weisen wir zum Beispiel den Elementen von $\mathbb{Z}$ die Ordnung

$$0, 1, -1, 2, -2, 3, -3, \ldots$$

zu. Damit ist 0 das 0-te Element, 1 das erste Element, -1 das zweite Element von $\mathbb{Z}$, usw.

**Aufgabe 3.4** Weise $\mathbb{Z}$ durch eine andere Paarung zwischen $\mathbb{N}$ und $\mathbb{Z}$ eine andere Ordnung zu.

**Aufgabe 3.5** Beweise

$$|\mathbb{N}| = |\mathbb{N}_{\text{quad}}|,$$

wobei $\mathbb{N}_{\text{quad}} = \{i^2 \mid i \in \mathbb{N}\} = \{0, 1, 4, 9, 16, 25, \ldots\}$ die Menge aller Quadrate natürlicher Zahlen ist. Welche Ordnung auf $\mathbb{N}_{\text{quad}}$ erhält man durch die von dir vorgeschlagene Paarung von $\mathbb{N}$ und $\mathbb{N}_{\text{quad}}$?

**Beispiel 3.1** Betrachte die Menge

$$A = \{(a,1), (b,2) \mid a, b \in \mathbb{N}\}$$

aller Paare mit erstem Element aus $\mathbb{N}$ und zweitem Element aus $\{1, 2\}$. Wie können wir die Elemente dieser Menge nummerieren und somit $|A| = |\mathbb{N}|$ zeigen? Wir können die Elemente aus $A$ nicht so ordnen, dass wir wie folgt

$$(0,1), (1,1), (2,1), (3,1), \ldots, (i,1), \ldots$$

zuerst Paare mit dem zweiten Element 1 nehmen, weil dann die Paare $(b,2)$ nie an die Reihe kommen würden. Eine andere Idee wäre es, die Paare mit zweitem Element 1 und die mit zweitem Element 2 abzuwechseln und wie folgt

$$(0,1), (0,2), (1,1), (1,2), (2,1), (2,2), \ldots, (i,1), (i,2), \ldots$$

darzustellen. Das ergäbe die folgende Ordnung. Ein Paar $(x,y), x \in \mathbb{N}, y \in \{1, 2\}$, hätte die Ordnung

$$2x + y.$$

Somit lägen alle Paare $(a, 1)$ auf ungeraden Positionen (die Zahl $2x + y$ muss für $y = 1$ ungerade sein) und alle Paare $(b, 2)$ auf geraden Positionen. Somit erhielte man die folgende Paarung von $A_{1,2}$ und $\mathbb{N} - \{0\}$

$$((0,1),1), ((0,2),2), ((1,1),3), ((1,2),4), \ldots, ((x,1), 2x+1), ((x,2), 2x+2), \ldots.$$

$$\Diamond$$

**Aufgabe 3.6** Begründe detailliert, warum die in Beispiel 3.1 vorgeschlagene Paarung tatsächlich eine Paarung von $A_{1,2}$ und $\mathbb{N} - \{0\}$ ist.

**Aufgabe 3.7** Ändere die Paarung in Beispiel 3.1 so, dass du eine Paarung von $A_{1,2}$ und $\mathbb{N}$ erhältst.

**Aufgabe 3.8** Finde eine andere Nummerierung der Menge $A_{1,2}$, in der kein Element aus $A_{1,2}$ die selbe Ordnung erhält wie in Beispiel 3.1.

**Aufgabe 3.9** Betrachte die Menge

$$A_{1,2,3} = \{(a,1), (b,2), (c,3) \mid a, b, c \in \mathbb{N}\}.$$

Finde eine Nummerierung von $A_{1,2,3}$ und somit eine Paarung von $\mathbb{N}$ und $A_{1,2,3}$.

Die Beantwortung der nächsten Frage steigert den Schwierigkeitsgrad unserer Überlegungen. Wie stehen $|\mathbb{N}|$ und $|\mathbb{Q}^+|$ zueinander?

$$\mathbb{Q}^+ = \left\{ \frac{p}{q} \;\middle|\; p, q \in \mathbb{Z}^+ \right\}$$

ist die Menge aller positiven rationalen Zahlen. Wir haben schon beobachtet, dass man durch die wiederholte Durchschnittsbildung leicht nachweisen kann, dass es zwischen zwei beliebigen rationalen Zahlen $a$ und $b$ mit $a < b$ unendlich viele unterschiedliche rationale Zahlen gibt. Wenn wir die reelle Halbachse in unendlich viele Stücke $[0,1], [1,2], [2,3], \ldots$ wie in Abbildung 3.1 zerteilen, scheint[1] $|\mathbb{Q}^+|$ ungefähr

$$\infty \cdot \infty = \infty^2$$

zu entsprechen, weil jedes dieser unendlich vielen Stücke unendlich viele rationale Zahlen enthält.

Hier sieht die Möglichkeit, dass $|\mathbb{N}| = |\mathbb{Q}^+|$ gelten könnte, nicht sehr vielversprechend aus. Die natürlichen Zahlen $0, 1, 2, 3, \ldots$ liegen sehr dünn auf der Halbachse und

---

[1] Wir sprechen von „scheinen", denn um es behaupten zu dürfen, müssten wir zeigen, dass die Anzahl der rationalen Zahlen zwischen $i$ und $i + 1$ gleich $\infty = |\mathbb{N}|$ ist.

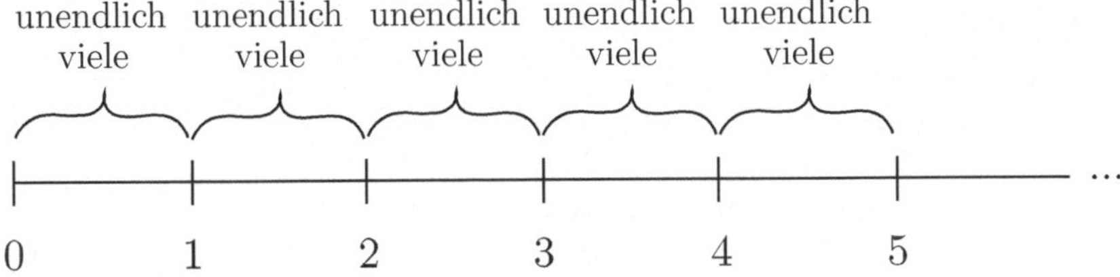



**Abbildung 3.1**

zwischen jeden zwei Zahlen $i$ und $i + 1$ liegen unendlich viele rationale Zahlen. Zusätzlich wissen wir, dass eine Paarung von $\mathbb{N}$ und $\mathbb{Q}^+$ automatisch eine Nummerierung der Zahlen in $\mathbb{Q}^+$ liefert. Wie soll die Nummerierung aussehen? Nach der Größe kann es nicht sein, weil es (wie schon erwähnt) keine kleinste positive rationale Zahl gibt[2].

Trotz des ersten Eindruckes zeigen wir, dass

$$|\mathbb{N}| = |\mathbb{Q}^+|$$

und später sogar, dass für $\infty = |\mathbb{N}|$

$$\infty \cdot \infty = \infty$$

gilt.

Beobachten wir zuerst, dass es auch in $\mathbb{Z} = \{\ldots, -3, -2, -1, 0, 1, 2, 3, \ldots\}$ keine kleinste Zahl gibt, und trotzdem konnten wir die Elemente von $\mathbb{Z}$ durch

$$0, -1, 1, -2, 2, -3, 3, \ldots, -i, i, \ldots$$

nummerieren. Die Idee hier ist, die rationalen Zahlen auf ein unendliches Blatt Papier wie folgt aufzuschreiben (Die Mathematiker unter uns würden sagen, dass man alle Elemente aus $\mathbb{Q}^+$ auf die Positionen einer zweidimensionalen unendlichen Matrix abbilden kann). Jede positive rationale Zahl kann man als

$$\frac{p}{q}$$

darstellen, wobei $p$ und $q$ positive ganze Zahlen sind. Wir zerteilen das unendliche Blatt Papier in unendlich viele Zeilen und unendlich viele Spalten und nummerieren die Zeilen mit

$$1, 2, 3, 4, 5, \ldots$$

---

[2]Für jede beliebig kleine Zahl $a$ kann man durch Halbieren die kleinere Zahl $a/2$ erzeugen.

von oben nach unten und die Spalten von links nach rechts (Abbildung 3.2). Auf die Position des Blattes, wo sich die $i$-te Zeile und die $j$-te Spalte kreuzen schreiben wir den Bruch

$$\frac{i}{j} \, .$$

Die entstandene Situation (unendliche Matrix) zeigt Abbildung 3.2.

| | 1 | 2 | 3 | 4 | 5 | 6 | ... |
|---|---|---|---|---|---|---|---|
| 1 | $\frac{1}{1}$ | $\frac{1}{2}$ | $\frac{1}{3}$ | $\frac{1}{4}$ | $\frac{1}{5}$ | $\frac{1}{6}$ | ... |
| 2 | $\frac{2}{1}$ | $\frac{2}{2}$ | $\frac{2}{3}$ | $\frac{2}{4}$ | $\frac{2}{5}$ | $\frac{2}{6}$ | ... |
| 3 | $\frac{3}{1}$ | $\frac{3}{2}$ | $\frac{3}{3}$ | $\frac{3}{4}$ | $\frac{3}{5}$ | $\frac{3}{6}$ | ... |
| 4 | $\frac{4}{1}$ | $\frac{4}{2}$ | $\frac{4}{3}$ | $\frac{4}{4}$ | $\frac{4}{5}$ | $\frac{4}{6}$ | ... |
| 5 | $\frac{5}{1}$ | $\frac{5}{2}$ | $\frac{5}{3}$ | $\frac{5}{4}$ | $\frac{5}{5}$ | $\frac{5}{6}$ | ... |
| 6 | $\frac{6}{1}$ | $\frac{6}{2}$ | $\frac{6}{3}$ | $\frac{6}{4}$ | $\frac{6}{5}$ | $\frac{6}{6}$ | ... |
| $\vdots$ | $\vdots$ | $\vdots$ | $\vdots$ | $\vdots$ | $\vdots$ | $\vdots$ | $\ddots$ |

**Abbildung 3.2**

Wir haben keinen Zweifel daran, dass sich auf diesem unendlichen Blatt (in dieser unendlichen Matrix) alle positiven Brüche (rationale Zahlen) befinden. Wenn man einen beliebigen Bruch $p/q$ sucht, weiß man sofort, dass er in der Kreuzung der $p$-ten Zeile mit der $q$-ten Spalte liegt. Wir haben eher ein anderes Problem. Einige[3] positive rationale Zahlen sind mehrfach vorhanden, sogar unendlich oft. Zum Beispiel ist die Zahl 1 hier als

$$\frac{1}{1} \, , \ \frac{2}{2} \, , \ \frac{3}{3} \, , \ \frac{4}{4} \, , \ \ldots$$

dargestellt. Die Zahl $1/2$ findet man hier als

$$\frac{1}{2} \, , \ \frac{2}{4} \, , \ \frac{3}{6} \, , \ \frac{4}{8} \, , \ \ldots \, .$$

---

[3]Eigentlich sogar alle.

| | 1 | 2 | 3 | 4 | 5 | 6 | ... |
|---|---|---|---|---|---|---|---|
| 1 | $\frac{1}{1}$ | $\frac{1}{2}$ | $\frac{1}{3}$ | $\frac{1}{4}$ | $\frac{1}{5}$ | $\frac{1}{6}$ | ... |
| 2 | $\frac{2}{1}$ | | $\frac{2}{3}$ | | $\frac{2}{5}$ | | ... |
| 3 | $\frac{3}{1}$ | $\frac{3}{2}$ | | $\frac{3}{4}$ | $\frac{3}{5}$ | | ... |
| 4 | $\frac{4}{1}$ | | $\frac{4}{3}$ | | $\frac{4}{5}$ | | ... |
| 5 | $\frac{5}{1}$ | $\frac{5}{2}$ | $\frac{5}{3}$ | $\frac{5}{4}$ | | $\frac{5}{6}$ | ... |
| 6 | $\frac{6}{1}$ | | | | $\frac{6}{5}$ | | ... |
| $\vdots$ | $\vdots$ | $\vdots$ | $\vdots$ | $\vdots$ | $\vdots$ | $\vdots$ | $\ddots$ |

**Abbildung 3.3**

**Aufgabe 3.10** Welche unendlich vielen Darstellungen als Bruch hat die Zahl $\frac{3}{7}$?

Wir möchten aber auf diesem unendlichen Blatt jede positive rationale Zahl genau einmal haben. Deswegen nehmen wir immer nur den Bruch $p/q$, der sich nicht kürzen lässt[4]. Damit wird 1 durch $\frac{1}{1}$ und $1/2$ durch $\frac{1}{2}$ dargestellt, weil alle anderen Darstellungen von 1 und $1/2$ zu diesen Darstellungen gekürzt werden können. Auf unserem Blatt radieren wir also alle Brüche aus, die man kürzen kann. Dadurch entstehen leere Positionen an Kreuzungen einiger Zeilen und Spalten (Abbildung 3.3), aber das stört uns nicht.

Jetzt wollen wir die Brüche in Abbildung 3.3 geschickt durchnummerieren, den ersten, den zweiten, den dritten, usw. Es ist klar, dass wir nicht so vorgehen können, indem wir zuerst die Elemente der ersten Zeile durchnummerieren, danach die Elemente der zweiten Zeile, usw. Der Grund dafür ist, dass die erste Zeile unendlich viele Elemente (Brüche) enthält. Deswegen würden wir bei einem solchen Versuch scheitern, weil wir nie mit der Nummerierung der Elemente der zweiten Zeile anfangen würden. Die erste Zeile würde einfach alle Nummern aus $\mathbb{N}$ alleine verbrauchen. Analog können wir die Brüche nicht Spalte für Spalte nummerieren. Wie gehen wir also vor? Wir nummerieren

---

[4]Der größte gemeinsame Teiler von $p$ und $q$ ist 1.

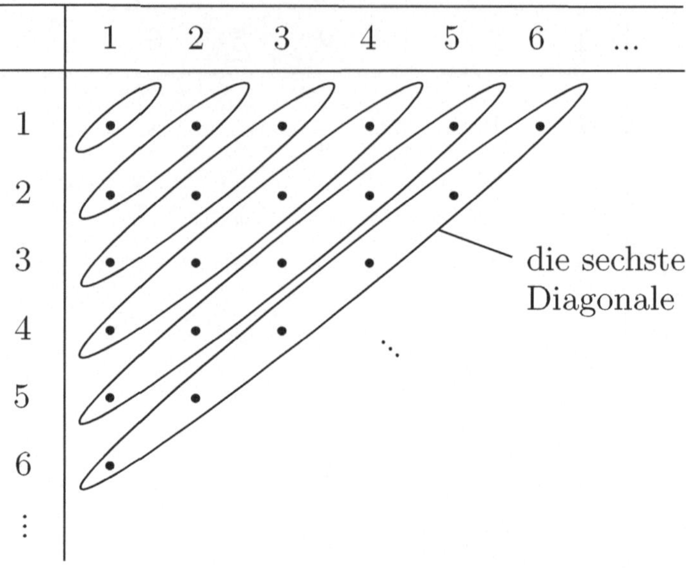


**Abbildung 3.4**

die Elemente des Blattes in Abbildung 3.3 Diagonale für Diagonale. Die **$k$-te Diagonale des Blattes** enthält alle Positionen (Abbildung 3.4), für die die Summe der Zeilennummer $i$ und der Spaltennummer $j$ die Zahl $k + 1$ ergibt ($i + j = k + 1$).

Somit enthält die erste Diagonale nur ein Element $\frac{1}{1}$. Die zweite Diagonale enthält die zwei Elemente $\frac{2}{1}$ und $\frac{1}{2}$ und zum Beispiel die vierte Diagonale enthält die vier Elemente $\frac{4}{1}, \frac{3}{2}, \frac{2}{3}$ und $\frac{1}{4}$. Allgemein enthält für jede positive ganze Zahl $k$ die $k$-te Diagonale genau $k$ Positionen und damit höchstens $k$ Brüche.

Jetzt ordnen (nummerieren) wir die Positionen des unendlichen Blattes und damit die dort liegenden Brüche wie in Abbildung 3.5 dargestellt.

Wir ordnen die Diagonalen von oben nach unten und innerhalb einer Diagonalen ordnen wir von links nach rechts. Dieser Strategie und der Positionierung der Brüche in Abbildung 3.3 folgend, erhalten wir auf diese Weise die folgende Nummerierung der positiven rationalen Zahlen:

$$\frac{1}{1}, \frac{2}{1}, \frac{1}{2}, \frac{3}{1}, \frac{1}{3}, \frac{4}{1}, \frac{3}{2}, \frac{2}{3}, \frac{1}{4}, \frac{5}{1}, \frac{1}{5}, \frac{6}{1}, \frac{5}{2}, \frac{4}{3}, \frac{3}{4}, \frac{2}{5}, \frac{1}{6}, \dots$$

Gemäß den bisher verwendeten Konventionen ist zum Beispiel 1/1 die 0-te rationale Zahl, 3 ist die dritte, 1/3 die vierte und 5/2 die zwölfte.

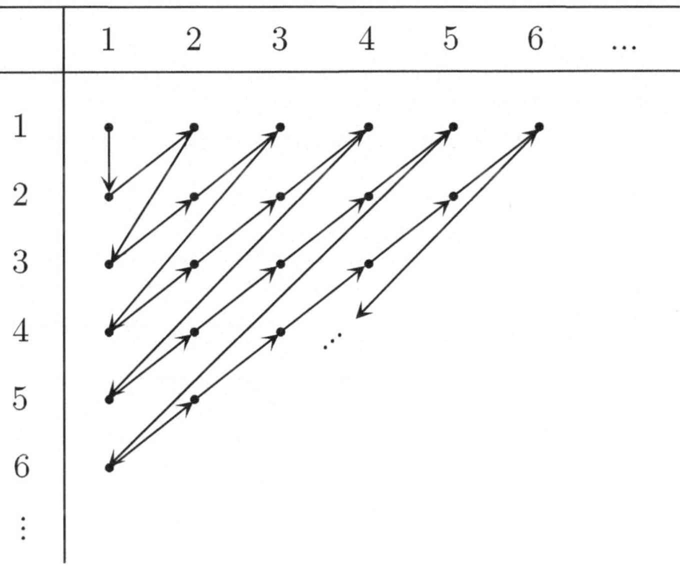

**Abbildung 3.5**

**Aufgabe 3.11** Erweitere die Matrix in Abbildung 3.3 um zwei weitere Zeilen und Spalten und schreibe die Brüche auf, die in unserer Nummerierung die Nummern 17, 18, 19, 20, . . . , 27 erhalten werden.

Die wichtigste Beobachtung für die Korrektheit unserer Nummerierungsstrategie ist, dass jede rationale Zahl (jeder Bruch) eine Nummer (ihre Ordnung) erhält. Die Argumentation ist einfach. Sei $p/q$ ein beliebiger Bruch. Die Zahl $p/q$ befindet sich an der Kreuzung der $p$-ten Zeile und $q$-ten Spalte und somit in der Diagonalen $(p+q-1)$. Weil

*jede Diagonale endlich viele Positionen (Zahlen) enthält,*

werden die Diagonalen $1, 2, 3, . . . , p + q - 1$ in endlicher Zeit durchnummeriert und somit kommt es auch zur Durchnummerierung der Zahlen in der Diagonalen $(p+q-1)$. Also erhält $p/q$ auch eine Nummer. Weil die $i$-te Diagonale genau $i$ Positionen und somit höchstens $i$ rationale Zahlen enthält, ist die Nummer von $p/q$ höchstens

$$1 + 2 + 3 + 4 + . . . + (p + q - 2) .$$

Damit können wir schließen, dass

$$|\mathbb{Q}^+| = |\mathbb{N}|$$

gilt.

**Aufgabe 3.12** Abbildung 3.6 enthält eine andere Nummerierung von Brüchen, die aber auch auf Diagonalen basiert. Schreibe die ersten 20 rationalen Zahlen nach dieser Nummerierung auf. Welche Nummer erhält die Zahl 7/3? Welche Nummer hatte die Zahl 7/3 in unserer Nummerierung (Abbildung 3.5)?

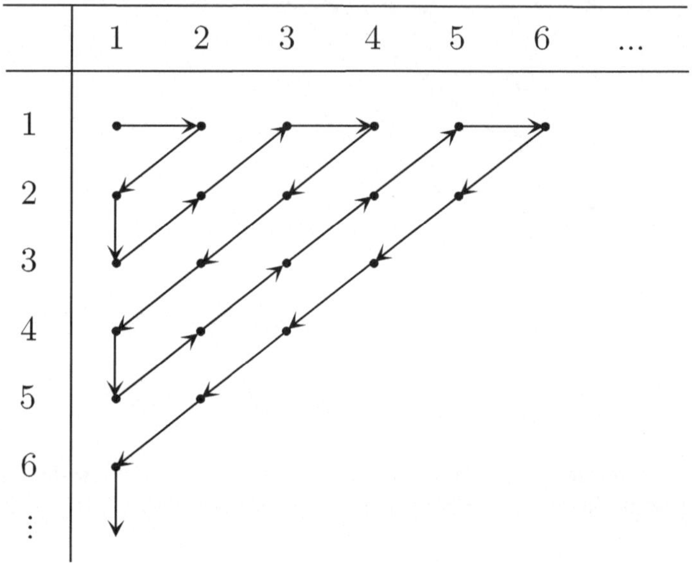

**Abbildung 3.6**

**Beispiel 3.2** In Hilberts Hotel herrscht gähnende Leere. Auf einmal (wie das so ist) kommen unendlich viele unendliche Busse an. Die Busse sind nummeriert

$$B_0, B_1, B_2, B_3, \dots ,$$

also genau so viele wie $|\mathbb{N}|$. Für alle $i$ gibt es im Bus $B_i$ unendlich viele nummerierte Plätze

$$B_i(0), B_i(1), B_i(2), B_1(3), \dots$$

und auf jedem Platz sitzt ein Reisender. Wie bringt der Portier alle ankommenden Personen unter?

Jetzt haben wir tatsächlich die Situation, dass auf einem zweidimensionalen Feld alle Positionen durch die Passagiere der Busse voll besetzt sind. Man kann sich es als einen unendlichen zweidimensionalen Parkplatz vorstellen (Abbildung 3.7). Die Busse stehen nebeneinander horizontal und somit entsprechen die Reisenden eines Busses genau einer Zeile.

| | 0 | 1 | 2 | 3 | 4 | 5 | $\cdots$ | $j$ |
|---|---|---|---|---|---|---|---|---|
| 0 | $B_0(0)$ | $B_0(1)$ | $B_0(2)$ | $B_0(3)$ | $B_0(4)$ | $B_0(5)$ | $\cdots$ | $B_0(j)$ |
| 1 | $B_1(0)$ | $B_1(1)$ | $B_1(2)$ | $B_1(3)$ | $B_1(4)$ | $B_1(5)$ | $\cdots$ | $B_1(j)$ |
| 2 | $B_2(0)$ | $B_2(1)$ | $B_2(2)$ | $B_2(3)$ | $B_2(4)$ | $B_2(5)$ | $\cdots$ | $B_2(j)$ |
| 3 | $B_3(0)$ | $B_3(1)$ | $B_3(2)$ | $B_3(3)$ | $B_3(4)$ | $B_3(5)$ | $\cdots$ | $B_3(j)$ |
| 4 | $B_4(0)$ | $B_4(1)$ | $B_4(2)$ | $B_4(3)$ | $B_4(4)$ | $B_4(5)$ | $\cdots$ | $B_4(j)$ |
| 5 | $B_5(0)$ | $B_5(1)$ | $B_5(2)$ | $B_5(3)$ | $B_5(4)$ | $B_5(5)$ | $\cdots$ | $B_5(j)$ |
| $\vdots$ | | | | | | | | |
| $i$ | $B_i(0)$ | $B_i(1)$ | $B_i(2)$ | $B_i(3)$ | $B_i(4)$ | $B_i(5)$ | $\cdots$ | $B_i(j)$ |

**Abbildung 3.7**

Jetzt kann man die Strategie aus Abbildung 3.5 oder aus Abbildung 3.6 verfolgen und alle Reisenden der unendlich vielen unendlich langen Busse nummerieren. Folgen wir der Strategie aus Abbildung 3.5 und ordnen wir jedem Reisenden $B_i(j)$ seine Nummer zu, die gleich der Zimmernummer im Hotel Hilbert ist. Abbildung 3.8 zeigt die zugeteilte Nummer für die ersten endlich vielen Passagiere.

| | 0 | 1 | 2 | 3 | 4 | 5 |
|---|---|---|---|---|---|---|
| 0 | 0 | 2 | 5 | 9 | 14 | 20 |
| 1 | 1 | 4 | 8 | 13 | 19 | |
| 2 | 3 | 7 | 12 | 18 | | |
| 3 | 6 | 11 | 17 | | | |
| 4 | 10 | 16 | | | | |
| 5 | 15 | | | | | |

**Abbildung 3.8**

Bestimmen wir jetzt die Ordnung für jeden Reisenden $B_i(j)$ und somit für jede Position $(i, j)$ des unendlichen Feldes. Wenn wir die Diagonalen als erste, zweite, dritte, usw. nummerieren, dann liegt $B_i(j)$ als das $(j + 1)$-ste Element auf der $(i + j + 1)$-sten Diagonale.

Damit ist die Ordnung von $B_i(j)$ die Summe der Anzahlen der Positionen der ersten $i + j$ Diagonalen plus $(j + 1)$.

Die $k$-te Diagonale hat genau $k$ Elemente. Deswegen erhalten wir

$$
\begin{aligned}
\text{Ordnung}(B_i(j)) &= \sum_{k=1}^{i+j} k + (j + 1) \\
&= \frac{(i + j) \cdot (i + j + 1)}{2} + (j + 1) \\
&\left\{ \text{Weil nach kleinem Gauss } \sum_{k=1}^{n} k = \frac{n \cdot (n + 1)}{2} = \binom{n + 1}{2}. \right\} \\
&= \frac{1}{2}((i + j)^2 + i + 3 \cdot j + 2).
\end{aligned}
$$

$\Diamond$

**Aufgabe 3.13** Beweise die Gültigkeit der Gleichung

$$
\sum_{k=1}^{n} k = \frac{n \cdot (n + 1)}{2}.
$$

**Aufgabe 3.14** Betrachte für die Nummerierung der Reisenden auf dem unendlichen Parkplatz die Strategie aus Abbildung 3.5. Zeichne wie in Abbildung 3.8 die entstandene Ordnung für die Positionen auf den ersten 6 Diagonalen. Gib eine Formel wie in Beispiel 3.1 für die Ordnung der Positionen $(i, j)$ auf dem unendlichen zweidimensionalen Feld an.

**Aufgabe 3.15** Zeige $|\mathbb{Q}| = |\mathbb{N}|$.

**Aufgabe 3.16 $\star$** Definieren wir

$$
\mathbb{N}^3 = \{(i, j, k) \mid i, j, k \in \mathbb{N}\}
$$

als die Menge aller Tripel $(i, j, k)$ von natürlichen Zahlen. An jeder Position des Tripels kann man sich eine beliebige Zahl aus der unendlichen Menge $\mathbb{N}$ aussuchen. Damit würde man sagen, dass $|\mathbb{N}^3| = \infty \cdot \infty \cdot \infty = \infty^3$. Zeige, dass $|\mathbb{N}^3| = |\mathbb{N}|$ und somit $\infty = \infty^3$ gilt.

## Zusammenfassung

Mit den unendlichen Größen wie $|\mathbb{N}| = \infty$ kann man nicht die gleiche Arithmetik pflegen wie mit endlichen Zahlen. Die Subtraktion $\infty - \infty$ kann alles zwischen $-\infty$ und $\infty$ sein und somit ergibt sie keinen Sinn.

Eine unendliche Menge, deren Elemente man nummerieren (ordnen in einer Folge) kann, ist von gleicher Mächtigkeit wie $\mathbb{N}$. Die positiven rationalen Zahlen können nummeriert werden trotz der Tatsache, dass sie nicht ihrer Größe nach nummeriert werden können. Somit gilt $|\mathbb{Q}^+| = |\mathbb{N}|$.

Die Begründung basiert auf der fundamentalen Tatsache, dass man die Positionen eines unendlichen zweidimensionalen Feldes nummerieren kann, indem man das Feld in unendlich viele endliche Diagonalen verteilt und dann die Elemente der Diagonalen eins nach dem anderen nummeriert. Diese Strategie kann man auch für mehrdimensionale unendliche Felder erweitern und somit zeigen, dass $\infty^d = \infty$ für beliebige positive natürliche Zahlen $d$ gilt.

## Kontrollfragen

1. Warum ist die Kommutativität und die Assoziativität der Addition ausreichend, um der Summe $\sum_{i=0}^{\infty}(-1)^i$ einen beliebigen Wert zuordnen zu können?

2. Warum ergibt die Subtraktion von zwei unendlichen Werten keinen Sinn?

3. Was ist eine Nummerierung einer Menge $A$?

4. Wie kommt man aus einer Nummerierung einer Menge $A$ zu einer Paarung zwischen $A$ und $\mathbb{N}$?

5. Warum kann man nicht positive rationale Zahlen ihrer Größe nach nummerieren?

6. Wie kann man alle positiven rationalen Zahlen nummerieren?

7. Wie kann man die Insassen von unendlich vielen unendlich langen Bussen in das Hotel Hilbert einquartieren?

8. Wie kann man aus einer Paarung zwischen $\mathbb{N}$ und einer Menge $A$ eine Nummerierung der Elemente in $A$ erhalten?

9. Warum erscheinen uns rationale Zahlen als $|\mathbb{N}| \cdot |\mathbb{N}| = \infty^2$ viele zu sein?

## Kontrollaufgaben

1. Kann man den Wert der Summe

$$\sum_{i=1}^{\infty} 1 + 2 \cdot (-1)^i$$

bestimmen?

2. Kannst du den Wert der Summe $\sum_{i=1}^{\infty} \dfrac{1}{x}$ bestimmen?

3. Sei $\mathbb{Q}_{[0,1]}$ die Menge aller reellen Zahlen im Intervall $[0, 1]$. Finde eine Nummerierung der Elemente von $\mathbb{Q}_{[0,1]}$.

$$
\begin{array}{ccccccccccc}
\cdots & (0,-4) & (0,-3) & (0,-2) & (0,-1) & (0,0) & (0,1) & (0,2) & (0,3) & (0,4) & \cdots \\
\cdots & (1,-4) & (1,-3) & (1,-2) & (1,-1) & (1,0) & (1,1) & (1,2) & (1,3) & (1,4) & \cdots \\
\cdots & (2,-4) & (2,-3) & (2,-2) & (2,-1) & (2,0) & (2,1) & (2,2) & (2,3) & (2,4) & \cdots \\
\cdots & (3,-4) & (3,-3) & (3,-2) & (3,-1) & (3,0) & (3,1) & (3,2) & (3,3) & (3,4) & \cdots \\
\cdots & (4,-4) & (4,-3) & (4,-2) & (4,-1) & (4,0) & (4,1) & (4,2) & (4,3) & (4,4) & \cdots \\
& \vdots & \vdots & \vdots & \vdots & \vdots & \vdots & \vdots & \vdots & \vdots &
\end{array}
$$

**Abbildung 3.9**

4. Betrachten wir die Menge $B = \{(a,b) \mid a \in \mathbb{Z}^+ \text{ und } b \in \mathbb{Z}\}$, die man als die Menge der Positionen des zweidimensionalen Feldes in Abbildung 3.9 sehen kann.

(a) Finde eine Formel, die die Ordnung jedes Elements $(i,j)$ bestimmt, wenn die Nummerierung der Menge $B$ wie in der folgenden Abbildung realisiert ist.

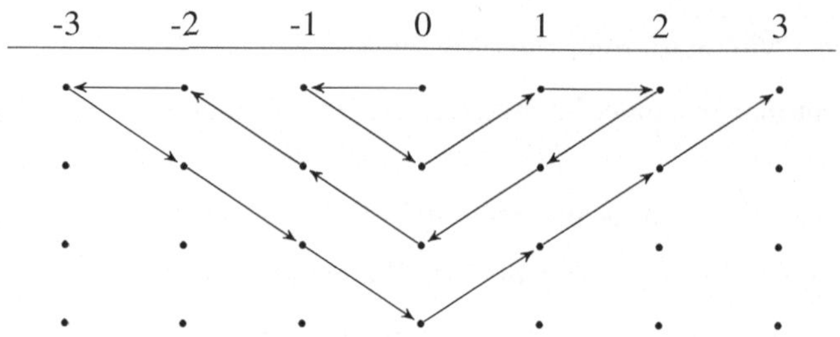


**Abbildung 3.10**

(b) Finde eine andere Nummerierung der Elemente von $B$. Zeichne zuerst ein Bild analog zu (a) und dann bestimme eine Formel, mit der man die Ordnung jedes Elementes $(i,j), i \in \mathbb{Z}, j \in \mathbb{Z}^+$, berechnen kann.

(c) Finde eine Nummerierung der Elemente der Menge

$$\{(x,y) \mid x,y \in \mathbb{Z}^+\} \cup \{(u,v) \mid u,v \in \mathbb{Z}^-\},$$

die der Menge aller Paare entspricht, in denen entweder beide Elemente positive ganze Zahlen oder beide Elemente negative ganze Zahlen sind.

(d) Finde eine Nummerierung der Elemente der folgenden Mengen:

 a) $\{(x,y) \mid x \in \mathbb{Z}, y \in \mathbb{Z}\}$,

 b) $\{(x,y,a) \mid x,y \in \mathbb{Z}^+, a \in \{1,2,3\}\}$,

 c) $\{(x,y,z) \mid x,y,z \in \mathbb{Z}^+\}$.

## Lösungen zu ausgewählten Aufgaben

**Aufgabe 3.3** Bei der Ableitung der Formel $S(x) = 1/(x-1)$ war nur der dritte Schritt kritisch, als wir von beiden Seiten der Gleichung den Wert $S(x)$ subtrahiert haben. Solange $S(x)$ eine endliche Zahl ist, ist dieser Schritt korrekt und die abgeleitete Formel stimmt. Wenn aber $S(x)$ eine unendliche Größe ist, entspricht der dritte Schritt der Subtraktion von $\infty$ von beiden Seiten der Gleichung. Wie wir schon wissen, kann das zu beliebigen Resultaten führen und somit ist diese Operation in korrekten Ableitungen nicht erlaubt.

**Aufgabe 3.5** Die Paarfolge

$$(0,0), (1,1), (2,4), (3,9), (4,16), \ldots, (i, i^2), \ldots$$

ist die Paarung zwischen $\mathbb{N}$ und $\mathbb{N}_{\text{quad}}$. Offensichtlich kommt jede Zahl aus $\mathbb{N}$ genau einmal als das erste Element vor und analog kommt jede Zahl aus $\mathbb{N}_{\text{quad}}$ genau einmal als zweites Element vor.

**Aufgabe 3.7** Es reicht, jedem Paar $(x, y)$ mit $x \in \mathbb{N}$ und $y \in \{1, 2\}$ die Ordnung $2x + y - 1$ zuzuweisen.

**Aufgabe 3.9** Wir können die Elemente der Menge $A_{1,2,3}$ wie folgt nummerieren. Für jedes $(x, y)$ mit $x \in \mathbb{N}$ und $y \in \{1, 2, 3\}$, weise die Ordnung $3 \cdot x + y - 1$ zu. Der Anfang der Nummerierung sieht dann wie folgt aus:

$$(0,1), (0,2), (0,3), (1,1), (1,2), (1,3), (2,1), \ldots.$$

Wir sollen begründen, dass es sich tatsächlich um eine Nummerierung handelt, also dass keine zwei unterschiedlichen Elemente $(x, y)$ und $(u, v)$ die gleiche Ordnung erhalten dürfen. Führen wir einen indirekten Beweis. Seien die Ordnungen von $(x, y)$ und $(u, v)$ gleich, also gilt

$$
\begin{aligned}
3x + y - 1 &= 3u + v - 1 \qquad && |+1 \\
3x + y &= 3u + v \qquad && |-3u - y \\
3x - 3u &= v - y \\
3(x - u) &= v - y
\end{aligned}
$$

Falls $x \neq u$, steht auf der linken Seite eine Zahl mit dem absoluten Wert mindestens 3, weil sich für $x \neq u$ die Zahlen $x$ und $u$ als ganze Zahlen mindestens um 1 unterscheiden. Auf der rechten Seite steht eine Zahl $v - y \in \{-2, -1, 0, 1, 2\}$, weil $v$ und $y$ sich höchstens um 2 unterscheiden können. Somit kann die Gleichung in diesem Fall nicht gelten. Falls $x = u$, dann muss $y \neq v$ gelten (somit gilt $(x, y) = (u, v)$). Das geht aber auch nicht, weil dann die linke Seite der Gleichung 0 und die rechte Seite $v - y$ unterschiedlich von 0 ist.

Somit haben wir gezeigt, dass die Funktion $f \colon A_{1,2,3} \to \mathbb{N}$ mit $f(x, y) = 3x + y - 1$ eine injektive Funktion ist. Es bleibt noch zu zeigen, dass $f$ eine Bijektion ist, das heißt, dass jede natürliche Zahl $m$ tatsächlich verwendet wird (das heißt es existiert $(a, b) \in A_{1,2,3}$, so dass $f(a, b) = m$ gilt).

Sei $m$ eine beliebige Zahl aus $\mathbb{N}$. Jede Zahl $m \in \mathbb{N}$ kann man schreiben als

$$m = 3 \cdot i + j,$$

wobei $j \in \{0, 1, 2\}$ der Rest der Teilung von $m$ durch 3 ist. Wir sehen, dass für das Paar $(i, j+1)$ der Funktionswert $f(i, j+1) = i + (j+1) - 1 = i + j = m$ ist.

**Aufgabe 3.13** Betrachten wir zuerst den Fall, wenn $n = 2i$ eine gerade Zahl ist. Schauen wir uns die Summe an:

$$1 + 2 + 3 + \ldots + \left(\frac{n}{2}\right) + \left(\frac{n}{2} + 1\right) + \ldots + (n-2) + (n-1) + n.$$

Die Addition des ersten Summanden 1 und des letzten Summanden $n$ ergibt $n + 1$. Die Addition des zweiten Summanden 2 und des vorletzten Summanden $n - 1$ ergibt $n + 1$. Die Addition des $i$-ten Summanden $i$ und des $i$-ten Summanden $n - i + 1$ vom Ende ergibt $n + 1$. Der $\frac{n}{2}$-ste Summand $\frac{n}{2}$ und der $\frac{n}{2}$-ste Summand $\frac{n}{2} + 1$ vom Ende ergeben zusammen $n + 1$. Durch diese Paarung von Summanden erhalten wir $\frac{n}{2}$ Mal den Wert $n + 1$. Damit sind wir fertig, weil

$$\frac{n}{2} \cdot (n + 1) = \frac{n \cdot (n+1)}{2} = \left(\frac{n+1}{2}\right).$$

Kannst du selbstständig den Beweis der Gleichung für ungerade $n$ führen?

# Lektion 4

# Diagonalisierung und die Mächtigkeit von $\mathbb{R}$

In Lektion 2 haben wir das Konzept von Cantor kennen gelernt, das uns ermöglicht, Mächtigkeiten von Mengen zu vergleichen. Überraschenderweise haben wir festgestellt, dass das Unendliche sich dadurch auszeichnet, dass es echte Teile enthält, die genau so groß wie das Ganze sind. Auf der Suche nach einem größeren Unendlichen als $|\mathbb{N}| = \infty$ haben wir keinen Erfolg gehabt. Sogar $|\mathbb{Q}^+| = |\mathbb{N}|$ gilt, obwohl die rationalen Zahlen unendlich dichter auf der reellen Achse platziert sind, als die natürlichen Zahlen. Also ist $\infty \cdot \infty$ wieder nur $\infty$. Man kann sogar für jede positive ganze Zahl $k$ beweisen, dass

$$\underbrace{|\mathbb{N}| \cdot |\mathbb{N}| \cdot \ldots \cdot |\mathbb{N}|}_{k\text{-mal}} = \underbrace{\infty \cdot \infty \cdot \ldots \cdot \infty}_{k\text{-mal}} = \infty^k$$

wieder nur $|\mathbb{N}| = \infty$ ist.

Wird dann doch am Ende nicht jede unendliche Menge gleich groß? Wir wollen jetzt das Gegenteil beweisen und zwar, dass

$$|\mathbb{R}^+| > |\mathbb{N}|.$$

Dieses Ergebnis hätten wir vielleicht vor diesen Ausführungen geglaubt, aber nach Lektion 3 sind wir uns nicht mehr ganz sicher. Die reellen Zahlen haben doch ähnliche Eigenschaften wie rationale Zahlen. Es gibt keine kleinste positive reelle Zahl und zwischen zwei beliebigen unterschiedlichen reellen Zahlen liegen auf der Achse unendlich viele unterschiedliche reelle Zahlen. Weil $|\mathbb{N}| = |\mathbb{Q}^+|$, würde $|\mathbb{R}^+| > |\mathbb{N}|$ automatisch

$$|\mathbb{R}^+| > |\mathbb{Q}^+|$$

bedeuten. Ist das nicht überraschend? Wir werden später (in Modul III „Berechenbarkeit und die Grenzen der Automatisierbarkeit") den Unterschied zwischen $\mathbb{R}$ und $\mathbb{Q}$ genauer verstehen lernen. Um $|\mathbb{R}^+| > |\mathbb{N}|$ zu beweisen, zeigen wir eigentlich noch ein stärkeres

Resultat. Betrachten wir die Menge $[0, 1]$ aller reellen Zahlen zwischen 0 und 1, 0 und 1 inklusive. Wir zeigen

$$|[0, 1]| \neq |\mathbb{N}|.$$

Wie kann man die Ungleichheit der Mächtigkeiten zweier unendlicher Mengen zeigen? Für den Beweis der Gleichheit müssen wir immer eine Paarung finden. Dies muss nicht immer leicht sein, aber in gewissem Sinne ist es leicht, weil es konstruktiv ist. Man muss nur eine Paarung finden und damit ist es getan. Für die Ungleichheit $|A| \neq |B|$ muss man beweisen, dass **keine Paarung zwischen $A$ und $B$ existiert**. Es können aber unendlich viele Ideen und Strategien zur Konstruktion einer Paarung vorhanden sein. Wie schließt man den Erfolg jeder solchen Strategie aus? Ihr könnt nicht alle unendlich vielen Strategien eine nach der anderen durchgehen. Wenn man zeigen will, dass etwas nicht existiert, dann sprechen wir von Nichtexistenzbeweisen.

*Die Nichtexistenz von Objekten oder die Unmöglichkeit einer Erscheinung zu begründen ist die härteste Aufgabe, die in den Naturwissenschaften gestellt werden kann.*

Das Wort unmöglich darf man fast nicht aussprechen und wenn es ausgesprochen ist, muss man es mit großer Sorgfalt verwenden. Ein bekannter Physiker hat mir einmal erzählt, dass es möglich ist, aus einem aufgeschlagenen und in der Pfanne gebratenen Ei wieder das ursprüngliche Ei herzustellen. Alles basiert auf der Umkehrbarkeit (Reversibilität) physikalischer Prozesse und er hat sogar die Wahrscheinlichkeit berechnet, bei dem Versuch das Ei erfolgreich wieder herzustellen. Die Wahrscheinlichkeit war zwar so gering, dass man den Erfolg als ein Wunder bezeichnen dürfte, aber jedenfalls größer als 0. Es gibt vieles, was man für unmöglich halten würde, was aber trotzdem vorkommen kann.

In der Mathematik arbeiten wir in einer künstlichen Welt und somit kann man hier viele Nichtexistenzbeweise von mathematischen Objekten führen. Was aber bleibt, ist die Tatsache, dass Nichtexistenzbeweise zu den schwersten Argumentationsführungen in der Mathematik gehören.

Bevor wir mit diesem Beweis anfangen, lernen wir etwas über die Darstellung von reellen Zahlen. Mit der Darstellung von reellen Zahlen ist es nicht so einfach wie mit der Darstellung von rationalen Zahlen, die man immer endlich als Bruch zweier ganzen Zahlen darstellen kann. Einige reelle Zahlen stellt man zum Beispiel nur als Grenzwerte von unendlichen Folgen oder unendlichen Summen dar. Wir schaffen es nicht zu vermeiden, dem Unendlichen bei der Darstellung der reellen Zahlen aus dem Weg zu gehen. Hier beschränken wir uns auf die Darstellung der reellen Zahlen als dezimale Kommazahlen. Die Darstellung des ganzen Teiles vor dem Komma ist immer endlich und der Teil nach dem Komma darf potenziell unendlich sein. Zum Beispiel kann man $\frac{4}{3}$ als

$$1.333\ldots = 1.\overline{3}$$

in dieser Form darstellen. Die Darstellung $1.333\ldots$ ist unendlich, obwohl wir für diese Zahl die endlichen Darstellungen $\frac{4}{3}$ und $1.\overline{3}$ zur Verfügung haben.

**Aufgabe 4.1** Welchen Brüchen entsprechen die folgenden Zahlen?

(a) $7.252525\ldots = 7.\overline{25}$

(b) $113.666666\ldots = 113.\overline{6}$

(c) $12.125125125\ldots = 12.\overline{125}$

**Aufgabe 4.2** Stelle die folgenden Brüche als Dezimalzahlen dar:

(a) $\dfrac{25}{8}$

(b) $\dfrac{137}{4}$

(c) $\dfrac{118}{3}$

Der Grund uns mit der Dezimaldarstellung von Zahlen zu beschäftigen, liegt darin, dass die Darstellungen nicht unbedingt eindeutig sind. Damit wollen wir sagen, dass zwei unterschiedliche Darstellungen wie

$$1.0000\ldots = 1.\overline{0} \text{ und } 0.9999\ldots = 0.\overline{9}$$

dieselbe Zahl dezimal darstellen können. In diesem Fall stellen diese zwei unterschiedlichen Darstellungen die Zahl 1 dar. Das führt uns aber zu einer anderen prinzipiellen Frage. Wann sind zwei reelle Zahlen unterschiedlich? Wann entsprechen zwei unterschiedliche Dezimaldarstellungen der gleichen Zahl und wann nicht? Diese Fragestellungen bringen uns zu dem fundamentalen Konzept des Vergleichs von zwei Zahlen.

**Definition 4.1** *Zwei reelle Zahlen $a$ und $b$ sind **unterschiedlich**, $a \neq b$, falls eine reelle Zahl $\varepsilon > 0$ existiert, so dass*

$$|a - b| \geq \varepsilon.$$

*In anderen Worten, es muss eine konkrete positive Größe $\varepsilon > 0$ existieren, in der sich die Werte $a$ und $b$ mindestens unterscheiden.*

Dieses Konzept zum Vergleich von zwei Zahlen kann man gut nachvollziehen. Zwei Zahlen sind als unterschiedlich zu betrachten, wenn zwischen ihnen ein messbarer Unterschied auszumachen ist. Zum Beispiel sind die Zahlen

$$0.125125\overline{125} \text{ und } 0.12512512600$$

unterschiedlich, weil

$$0.125125126 - 0.125125125\overline{125} > 0.0000000008 = \varepsilon$$

und somit unterscheiden sich diese zwei Zahlen mindestens um $\varepsilon = 8 \cdot 10^{-10}$.

Manchmal ist es anschaulicher, die Beweise so zu führen, dass man nicht anstrebt eine positive Zahl $\varepsilon$ mit $|a - b| > \varepsilon$ zu finden, sondern ein positives $\varepsilon$ mit

$$a \geq b + \varepsilon$$

zu bestimmen. Das hilft, denn für die „kleiner gleich"-Beziehung von zwei Zahlen haben wir bei Dezimalzahlen einen sehr einfachen Vergleich.

Eine Zahl $c$ ist größer gleich $d$ ($c \geq d$), wenn ihre Dezimaldarstellungen von links nach rechts gelesen eine der folgenden leicht überprüfbaren Eigenschaften haben:

(1)  Der ganzzahlige Teil von $c$ ist größer als der ganzzahlige Teil von $d$.

(2)  Die ganzzahligen Teile von $c$ und $d$ sind gleich und an der ersten Nachkommastelle, in der sich $c$ und $d$ unterscheiden, steht bei $c$ eine größere Dezimalziffer als bei $d$.

In unserem Beispiel sehen wir

$$0.125125126 \geq 0.125125125925\overline{125} = 0.125125125125\overline{125} + 0.0000000008.$$

**Aufgabe 4.3** Beweise, dass folgende Darstellungen von $a$ und $b$ unterschiedliche Zahlen $a$ und $b$ darstellen:

(a)  $a = 0.\overline{6}, \quad b = 0.666666666\overline{566}$,

(b)  $a = 0.176835288991, \quad b = 0.176835289$,

(c)  $a = 0.\overline{125}, \quad b = 0.125125125124999\overline{9}$,

(d)  $a = 0.9998\overline{9}, \quad b = 1$.

Wie zeigt man aber, dass $a = b$, obwohl die Dezimaldarstellungen von $a$ und $b$ unterschiedlich sind? Betrachten wir wieder die folgenden zwei Darstellungen von 1:

$$a = 1.00\dots \quad b = 0.999\dots = 0.\overline{9}$$

Nach unserer Regel zum Vergleich „größer gleich" sehen wir sofort, dass $a \geq b$ gilt. Wie schließen wir aus, dass $a > b$ nicht gilt? Nach Definition 4.1 müssen wir zeigen, dass für alle Zahlen $\varepsilon > 0$,

$$a - b < \varepsilon \quad (\text{oder äquivalent } a < b + \varepsilon)$$

gilt (das heißt es gibt keine einzige Zahl $\varepsilon > 0$, so dass $a - b \geq \varepsilon$). Sei $\varepsilon$ eine beliebig kleine positive reelle Zahl. Die Dezimaldarstellung von $\varepsilon$ sieht wie folgt aus:

$$\varepsilon = 0.00\dots 0 a_1 a_2 a_3 \dots,$$

wobei $a_1$ die erste Ziffer unterschiedlich von 0 ist.

Sei $a_1$ die $i$-te Position hinter dem Komma. Somit ist

$$\varepsilon \geq 0.\underbrace{00\dots 0}_{i-1 \text{ Stellen}} 1 = 1 \cdot 10^{-i}.$$

Rechnen wir jetzt

$$
\begin{aligned}
b + \varepsilon &\geq b + 1 \cdot 10^{-i} \\
&= 0.\underbrace{999\dots 9}_{i-1 \text{ Stellen}}9\overline{9} + 0.\underbrace{000\dots 0}_{i-1 \text{ Stellen}}1 \\
&= 1.\underbrace{000\dots 00}_{i \text{ Stellen}}\overline{9} > 1 = a
\end{aligned}
$$

Diese Zahl $1.000\dots 00\overline{9}$ ist offensichtlich größer als 1, weil

$$1.\underbrace{000\dots 0}_{i \text{ Stellen}}\overline{9} - 1 > 0.\underbrace{000\dots 0}_{i \text{ Stellen}}9 = 9 \cdot 10^{-(i+1)}.$$

Somit haben wir bewiesen, dass $b + \varepsilon \geq a$ für alle $\varepsilon > 0$ und somit gilt $a > b$ nicht. Weil $a \geq b$ gilt, muss $a = b$ gelten.

**Hinweis für die Lehrperson** Falls die Klasse den Grenzwert schon kennt, kann man die Folge

$$0; \quad 0.9; \quad 0.99; \quad 0.999; \quad \dots = \{1 - 10^{-i}\}_{i=0}^{\infty}$$

untersuchen und 1 als den Grenzwert dieser Folge zu bestimmen. Danach kann man thematisieren, warum der Grenzwert dieser Folge genau der Zahl entspricht, die durch $0.\overline{9}$ dargestellt ist.

**Aufgabe 4.4** Beweise, dass die folgenden Paare von Zahlen $a$ und $b$ jeweils die gleiche reelle Zahl darstellen

(a) $a = 0.01, \quad b = 0.00\overline{9}$,

(b) $a = 3.7214, \quad b = 3.7213\overline{9}$,

(c) $a = 3.6499\overline{9}, \quad b = 3.65$.

Versuchen wir jetzt zu beweisen, dass man die reellen Zahlen aus dem Intervall $[0, 1]$ nicht nummerieren kann und somit $|[0, 1]| \neq |\mathbb{N}|$ ist. Wie schon angesprochen, führen wir einen indirekten Beweis. Wir nehmen zuerst an, dass eine Nummerierung von reellen Zahlen aus $[0, 1]$ existiert, und dann führen wir diese Annahme zu einem Widerspruch[1].

**Hinweis für die Lehrperson** Für den nachfolgenden Teil ist es unumgänglich, Vorkenntnisse über die indirekten Beweise aus Modul I „Geschichte der Informatik und Begriffsbildung" zu haben.

Wenn eine Nummerierung von reellen Zahlen aus $[0, 1]$ existiert, können wir die Folge der reellen Zahlen in einer Tabelle (Abbildung 4.1) auflisten.
Das bedeutet

$$0.a_{11}a_{12}a_{13}a_{14} \ldots$$

ist die erste Zahl in der Nummerierung. Die Symbole $a_{11}, a_{12}, a_{13}, \ldots$ sind Dezimalziffern. Somit ist $a_{11}$ die erste Dezimalziffer hinter dem Komma, $a_{12}$ die zweite, $a_{13}$ die dritte, usw. Allgemein ist

$$0.a_{i1}a_{i2}a_{i3}a_{i4} \ldots$$

die $i$-te reelle Zahl aus $[0, 1]$ in unserer Nummerierung. Unsere Tabelle ist unendlich in beiden Dimensionen. Die Anzahl der Zeilen ist $|\mathbb{N}|$ und die Anzahl der Spalten ist auch $|\mathbb{N}|$, wobei die $j$-te Spalte alle $j$-ten Ziffern hinter dem Komma der nummerierten reellen Zahlen enthält. Die Anzahl der Spalten muss unendlich sein, weil man die meisten reellen Zahlen nicht genau mit einer beschränkten Anzahl an Dezimalstellen hinter dem Komma darstellen kann. Zum Beispiel braucht schon der Bruch

$$\frac{1}{3} = 0.\overline{3} = 0.33333 \ldots$$

---

[1]Zur Erinnerung kann man sich die Methode der indirekten Beweise in Modul I „Geschichte der Informatik und Begriffsbildung" wieder anschauen. Wenn man aus einer Behauptung Z eine offensichtlich ungültige Behauptung ableiten kann, sagt uns das Schema der indirekten Argumentation, dass Z als Anfang der Hereitung nicht gelten kann.

|     | 0   | 1        | 2        | 3        | 4        | ...  | $i$      | ...  |
| --- | --- | -------- | -------- | -------- | -------- | ---- | -------- | ---- |
| 1   | 0.  | $\boxed{a_{11}}$ | $a_{12}$ | $a_{13}$ | $a_{14}$ | ... | $a_{1i}$ | ... |
| 2   | 0.  | $a_{21}$ | $\boxed{a_{22}}$ | $a_{23}$ | $a_{24}$ | ... | $a_{2i}$ | ... |
| 3   | 0.  | $a_{31}$ | $a_{32}$ | $\boxed{a_{33}}$ | $a_{34}$ | ... | $a_{3i}$ | ... |
| 4   | 0.  | $a_{41}$ | $a_{42}$ | $a_{43}$ | $\boxed{a_{44}}$ | ... | $a_{4i}$ | ... |
| $\vdots$ | $\vdots$ | $\vdots$ | $\vdots$ | $\vdots$ | $\vdots$ | $\ddots$ | | |
| $i$ | 0.  | $a_{i1}$ | $a_{i2}$ | $a_{i3}$ | $a_{i4}$ | ... | $a_{ii}$ | ... |
| $\vdots$ | $\vdots$ | $\vdots$ | $\vdots$ | $\vdots$ | $\vdots$ | $\vdots$ | $\vdots$ | $\ddots$ |

**Abbildung 4.1**

unendlich viele Stellen hinter dem Komma für seine Darstellung – und er ist noch schön periodisch. Zahlen wie $\sqrt{2}/2$ oder $\pi/4$ sind jedoch nicht periodisch und erfordern unbedingt unendlich viele Stellen hinter dem Komma für ihre Dezimaldarstellung.

Um es noch anschaulicher zu machen, deuten wir in Abbildung 4.2 eine hypothetische Auflistung (Nummerierung) der reellen Zahlen aus $[0, 1]$ an, indem wir die Symbole $a_{ij}$ durch konkrete Dezimalziffern ersetzen.
Damit ist $0.732110\ldots$ die erste reelle Zahl, $0.000000\ldots$ die zweite reelle Zahl in unserer Nummerierung, usw.

Wir werden jetzt die sogenannte **Diagonalisierungsmethode** anwenden, um zu zeigen, dass es eine reelle Zahl aus $[0, 1]$ gibt, die in der Tabelle (Abbildung 4.1) nicht vorhanden ist. Das widerspricht aber unserer Annahme, dass wir eine Nummerierung von $[0, 1]$ haben, weil in der Nummerierung alle Zahlen auftreten müssen. Somit ist unsere hypothetische Nummerierung von $[0, 1]$ keine Nummerierung und wir dürfen schließen, dass keine Nummerierung von $[0, 1]$ existiert.

Wir bauen jetzt eine Zahl $c$ aus $[0, 1]$, die in keiner Zeile der Tabelle in Abbildung 4.1 vorhanden ist. Wir bauen $c$ schrittweise, eine Dezimalziffer nach der anderen. Wir beschreiben $c$ als

$$c = 0.c_1 c_2 c_3 c_4 \ldots c_i \ldots .$$

|     | 0   | 1   | 2   | 3   | 4   | 5   | 6   | ... |
|-----|-----|-----|-----|-----|-----|-----|-----|-----|
| 1   | 0.  | $\boxed{7}$ | 3   | 2   | 1   | 1   | 0   | ... |
| 2   | 0.  | 0   | $\boxed{0}$ | 0   | 0   | 0   | 0   | ... |
| 3   | 0.  | 9   | 9   | $\boxed{8}$ | 1   | 0   | 3   | ... |
| 4   | 0.  | 2   | 3   | 4   | $\boxed{0}$ | 7   | 8   | ... |
| 5   | 0.  | 3   | 5   | 0   | 1   | $\boxed{1}$ | 2   | ... |
| 6   | 0.  | 3   | 1   | 4   | 0   | 5   | $\boxed{7}$ | ... |
| $\vdots$ | $\vdots$ | $\vdots$ | $\vdots$ | $\vdots$ | $\vdots$ | $\vdots$ | $\vdots$ | $\ddots$ |
| $i$ | 0.  | 7   | 6   | 5   | 0   | 0   | 1   | ... |
| $\vdots$ | $\vdots$ | $\vdots$ | $\vdots$ | $\vdots$ | $\vdots$ | $\vdots$ | $\vdots$ | $\ddots$ |

**Abbildung 4.2**

Wir wählen $c_1 = a_{11} - 1$, falls $a_{11} \neq 0$, und $c_1 = 8$, falls $a_{11} = 0$. In Abbildung 4.2 würde dies konkret bedeuten, dass $c_1 = 6$, weil $a_{11} = 7$. Damit wissen wir schon mit Sicherheit, dass $c$ sich von der Zahl in der ersten Zeile der Tabelle in Abbildung 4.1 (Abbildung 4.2) unterscheidet. Die zweite Ziffer $c_2$ von $c$ wählen wir unterschiedlich von $a_{22}$ als $c_2 = a_{22} - 1$, falls $a_{22} \neq 0$, und $c_2 = 8$, falls $a_{22} = 0$. Für die Nummerierung in Abbildung 4.2 würde dies bedeuten, dass $c_2 = 8$, weil $a_{22} = 0$ gilt. Damit unterscheidet sich $c$ von der Zahl in der zweiten Zeile, ist also nicht in der zweiten Zeile vorhanden. Weiter wählt man $c_3$ unterschiedlich von $a_{33}$, um zu garantieren, dass $c$ nicht in der dritten Zeile der Tabelle (der Nummerierung) liegt. Ganz allgemein wählt man $c_i = a_{ii} - 1$ für $a_{ii} \neq 0$ und $c_i = 8$ für $a_{ii} = 0$, damit sich $c$ garantiert von der Zahl der $i$-ten Zeile unterscheidet. Damit erhält man

$$0.687806\ldots$$

nach 6 Konstruktionsschritten von $c$ für die Tabelle in Abbildung 4.2. Wir sehen sofort, dass $c$ sich von den Zahlen in den ersten 6 Zeilen der Tabelle unterscheidet.

Wir sehen auch, dass $c$ sich mindestens in einer Ziffer von jeder Zahl in der Tabelle (in der Nummerierung) unterscheidet, und damit ist $c$ nicht in der Nummerierung. Die reelle Zahl $c$ ist so konstruiert, dass sie sich für jedes $i \in \mathbb{N}$ von der Zahl in der $i$-ten Zeile midestens in der $i$-ten Ziffer nach dem Komma unterscheidet. Weil die Zahl $c$ keine Ziffer 9 in ihrer Darstellung beinhaltet, kann sie auch nicht eine andere Darstellung einer Zahl in hypothetischer Nummerierung sein.

**Aufgabe 4.5** Warum haben wir für $a_{ii} = 0$ nicht die Wahl $c_i = 9$ oder die Wahl $c_i = 1$ getroffen? Würde eine dieser beiden Wahlmöglichkeiten die Argumentation gefährden?

Dann ist die Tabelle in Abbildung 4.2 keine Nummerierung von $[0, 1]$, weil eine Nummerierung von $[0, 1]$ alle reellen Zahlen aus $[0, 1]$ auflisten muss und $c$ ist offensichtlich in $[0, 1]$. Also war unsere Annahme, dass wir eine hypothetische Nummerierung haben (dass eine Nummerierung von $[0, 1]$ existiert) falsch. Somit schließen wir

*„Es gibt keine Nummerierung von* $[0, 1]$*. "*

**Aufgabe 4.6** Zeichne die Tabelle (wie in Abbildung 4.2) einer hypothetischen Nummerierung der reellen Zahlen aus $[0, 1]$, die mit den Zahlen $1/4$, $1/8$, $\sqrt{2}/2$, $0$, $1$, $\pi/4$, $3/7$ anfängt. Bestimme entsprechend die Ziffern $c_1, c_2, c_3, c_4, c_5, c_6$ und $c_7$ von $c$, deren Wahl garantiert, dass sich $c$ von all diesen ersten 7 Zahlen der Auflistung unterscheidet.

**Aufgabe 4.7** In einer hypothetischen Nummerierung liegt in der 100-sten Zeile die Zahl $2/3$. Welche Ziffer von $c$ wird bestimmt und wie?

**Aufgabe 4.8** Bestimme die ersten 7 Ziffern von $c$ hinter dem Komma für die hypothetische Nummerierung von $[0, 1]$ in der Tabelle in Abbildung 4.3.

Was genau haben wir jetzt gezeigt und wie haben wir argumentiert? Nehmen wir an, jemand sagt uns, er habe eine Nummerierung von $[0, 1]$. Wir haben eine Methode (genannt Diagonalisierungsmethode) entwickelt, mit der wir jeden Nummerierungsvorschlag von $[0, 1]$ als unvollständig zurückweisen können, weil dort mindestens eine Zahl aus $[0, 1]$ fehlt. Weil wir dies für jede hypothetische Nummerierung machen können, gibt es keine (vollständige) Nummerierung der Zahlen aus $[0, 1]$.

Eine andere Sichtweise folgt der indirekten Argumentation, die wir in Modul I „Geschichte der Informatik und Begriffsbildung" kennen gelernt haben. Unser Ziel war, die Aussage Z zu beweisen, dass nämlich keine Nummerierung der reellen Zahlen in $[0, 1]$ existiert. Wir fangen mit $\overline{Z}$ an und leiten daraus Unsinn ab. Danach dürfen wir behaupten, dass $\overline{Z}$ nicht gilt und somit Z gilt. Unser Ziel ist damit erreicht. Die Behauptung $\overline{Z}$ (als

|   | 0 | 1 | 2 | 3 | 4 | 5 | 6 | 7 | ... |
|---|---|---|---|---|---|---|---|---|---|
| 1 | 0. | $\boxed{2}$ | 0 | 0 | 1 | 7 | 8 | 0 | ... |
| 2 | 0. | 1 | $\boxed{7}$ | 3 | 1 | 7 | 8 | 4 | ... |
| 3 | 0. | 1 | 6 | $\boxed{4}$ | 3 | 3 | 3 | 3 | ... |
| 4 | 0. | 1 | 6 | 3 | $\boxed{0}$ | 7 | 8 | 4 | ... |
| 5 | 0. | 1 | 6 | 3 | 1 | $\boxed{8}$ | 8 | 4 | ... |
| 6 | 0. | 1 | 6 | 3 | 1 | 7 | $\boxed{9}$ | 4 | ... |
| 7 | 0. | 1 | 6 | 3 | 1 | 7 | 8 | $\boxed{4}$ | ... |
| $\vdots$ | $\vdots$ | $\vdots$ | $\vdots$ | $\vdots$ | $\vdots$ | $\vdots$ | $\vdots$ | $\vdots$ | $\ddots$ |

**Abbildung 4.3**

das Gegenteil von $Z$) ist, dass eine Nummerierung von $[0, 1]$ existiert. Aus $\overline{Z}$ folgern wir durch eine Überlegung, dass in einer solchen Nummerierung eine Zahl fehlt, was unsinnig ist, weil in einer Nummerierung keine Zahl fehlen darf. Also kann $\overline{Z}$ nicht gelten und somit kann keine Nummerierung von $[0, 1]$ existieren.

Weil wir die Zahlen in $[0, 1]$ nicht nummerieren (mit natürlichen Zahlen aus $\mathbb{N}$ paaren) können und $[0, 1] \subset \mathbb{R}^+$, können wir offensichtlich $\mathbb{R}^+$ auch nicht nummerieren.

**Aufgabe 4.9** Begründe mit eigenen Worten, warum man aus der Nichtexistenz der Nummerierung für $[0, 1]$ auf die Nichtexistenz der Nummerierung für $\mathbb{R}^+$ schließen kann.
[Hinweis: Man kann versuchen zu erklären, dass man aus jeder Nummerierung von $\mathbb{R}^+$ einfach eine Nummerierung für $[0, 1]$ bauen kann. Warum ist dies eine gute Argumentation?]

Weil $\mathbb{N} \subset \mathbb{R}^+$ ist und es keine Paarung zwischen $\mathbb{N}$ und $\mathbb{R}^+$ gibt, dürfen wir jetzt schließen, dass

$$|\mathbb{N}| < |\mathbb{R}^+|$$

gilt. Also gibt es mindestens zwei unterschiedlich große Unendliche und zwar $|\mathbb{N}|$ und $|\mathbb{R}^+|$. Man kann zeigen, dass es sogar unbeschränkt (unendlich) viele unterschiedliche unendliche Größen gibt, aber wir verzichten auf dieses technische Resultat, weil wir es für unser Hauptziel nicht brauchen. Wir sind schon hinreichend ausgerüstet, um im nächsten Modul zu zeigen, dass es mehr Aufgaben als Algorithmen gibt und es somit Aufgaben gibt, die algorithmisch (automatisch mit Rechnermaschinen) nicht lösbar sind.

In der Mathematik nennt man jede Menge $A$ mit der Eigenschaft $|A| \leq |\mathbb{N}|$ **abzählbar**. Somit sind alle endlichen Mengen, die Mengen $\mathbb{N}$, $\mathbb{Z}$, $\mathbb{Q}^+$ und $\mathbb{Q}$ Beispiele für abzählbare Mengen.

Die Mengen $B$ mit der Eigenschaft $|B| > |\mathbb{N}|$ nennt man **nicht abzählbar**. Wir haben gelernt, dass $\mathbb{R}$ eine nicht abzählbare Menge ist.


**Aufgabe 4.10** Wir ändern die Diagonalmethode bezüglich der Tabelle in Abbildung 4.1 ein bisschen. Wir wählen $c_{2i} = a_{i,2i} - 1$, falls $a_{i,2i} \neq 0$, ansonsten $c_{2i} = 8$. Weiter setzen wir $c_{2j-1} = 0$ für alle $j \in \mathbb{N}$ (also für alle ungeraden Positionen hinter dem Dezimalpunkt).

(a) Können wir dann wieder sagen, dass $c = 0.c_1c_2c_3c_4\ldots$ nicht in der Tabelle liegt? Begründe deine Behauptung.

(b) Rahme die Elemente $a_{i,2i}$ in der Tabelle in Abbildung 4.1 ein.

(c) Wie würden dann bei dieser Strategie $c_1, c_2$ und $c_3$ für die Tabelle in Abbildung 4.3 aussehen? Begründe, dass die so entstandene Zahl $c = 0.c_1c_2c_3\ldots$ sich nicht in den ersten 3 Zeilen der Tabelle befindet.


## Zusammenfassung

Zwei unendliche Größen kann man vergleichen, indem man sie durch die Mächtigkeit konkreter Mengen darstellt. Auf dieser Basis konnte Cantor sein Konzept zum Vergleich der Größen (Mächtigkeiten, Kardinalitäten) zweier Mengen nach dem Hirten-Prinzip einführen. Zwei Mengen sind gleich groß, wenn man die Elemente beider Mengen paaren kann. Eine unendliche Menge $A$ ist gleich groß wie $\mathbb{N}$, wenn man die Elemente von $A$ nummerieren kann, was einer Paarung entspricht. Überraschenderweise kann man $\mathbb{N}$ mit $\mathbb{Z}$ paaren, obwohl $\mathbb{N}$ ein echter Teil von $\mathbb{Z}$ ist. Wir haben dadurch erkannt, dass die Eigenschaft

*einen echten Teil zu haben, der genau so groß wie das Ganze ist,*

genau die Eigenschaft ist, die das Unendliche von dem Endlichen unterscheidet. Für endliche Mengen kann dies nicht vorkommen, für unendliche Mengen ist es das charakteristische Merkmal, einfach ein Muss. Obwohl es zwischen zwei natürlichen Zahlen

$i$ und $i + 1$ immer unendlich viele rationale Zahlen gibt, haben wir eine clevere Nummerierung (nicht nach der Größe) der positiven rationalen Zahlen gefunden und somit $|\mathbb{N}| = |\mathbb{Q}^+|$ gezeigt.

In dieser Lektion haben wir durch einen sogenannten indirekten Beweis (Widerspruchsbeweis) gezeigt, dass keine Nummerierung der reellen Zahlen möglich ist und somit

$$|\mathbb{N}| < |\mathbb{R}^+|$$

gilt. Dazu haben wir die sogenannte Diagonalisierungsmethode verwendet. Man schreibt zeilenweise eine hypothetische Nummerierung der reellen Zahlen aus dem Intervall $[0, 1]$. Dies ergibt ein zweidimensionales Feld, das in beiden Dimensionen unendlich ist. Dann betrachtet man die Ziffer auf der Diagonale des Feldes, das heißt die $i$-te Ziffer hinter dem Komma für die $i$-te Zahl in der Nummerierung. Jetzt wählt man eine Zahl $c$, so dass für alle $i \in \mathbb{N}$ die $i$-te Ziffer von $i$ hinter dem Komma unterschiedlich von der $i$-ten Ziffer auf der Diagonalen ist. Somit unterscheidet sich die konstruierte Zahl $c$ von allen Zahlen in der hypothetischen Nummerierung.

Weil die konstruierte Zahl $c$ in $[0, 1]$ gehört, müsste $c$ in der Nummerierung der Zahlen aus $[0, 1]$ vorkommen, was uns einen Widerspruch liefert.

Mengen mit einer Mächtigkeit kleiner gleich $|\mathbb{N}|$ nennen wir abzählbar, weil man ihre Elemente durchnummerieren kann. Diejenigen Mengen, die eine größere Mächtigkeit als $\mathbb{N}$ haben, nennen wir nicht abzählbar.

## Kontrollfragen

1.  Wie kann man aus den Dezimaldarstellungen zweier reeler Zahlen $a$ und $b$ einfach ablesen, ob $a \geq b$ gilt?

2.  Wann gilt $a > b$ für zwei reelle Zahlen $a$ und $b$?

3.  Wie kann man beweisen, dass zwei unterschiedliche Dezimaldarstellungen die gleiche reelle Zahl darstellen?

4.  Warum sind $1$ und $0.\overline{9}$ zwei unterschiedliche Darstellungen der gleichen Zahl?

5.  Gilt $|[0, 1]| = |[0, 1000]|$?

6.  Wie geht man vor, wenn man zeigen will, dass keine Nummerierung von $[0, 1]$ existiert?

7.  Woher kommt der Name „Diagonalmethode"?

8.  Sind endliche Mengen abzählbar?

9.  Nenne Beispiele für unendliche Mengen, die abzählbar sind.

10. Welche Mengen sind nicht abzählbar?

## Kontrollaufgaben

1. Welchen Brüchen entsprechen die folgenden Zahlen?

   (a) $0.125125\overline{125}\ldots = 0.\overline{125}$,

   (b) $0.\overline{0025}$

   (c) $0.3\overline{66}$

2. Stelle die folgenden Brüche als Dezimalzahlen dar:

   (a) $\dfrac{13}{7}$

   (b) $\dfrac{17}{286}$

   (c) $\dfrac{240}{33}$

3. Beweise, dass folgende Darstellungen von $a$ und $b$ unterschiedliche Zahlen $a$ und $b$ darstellen.

   (a) $a = \dfrac{2}{3}, \quad b = 0.\overline{6667}$

   (b) $a = 0.1234567891001, \quad b = 0.1234567890\overline{9}$

   (c) $a = 0.367\overline{8}, \quad b = 0.36789$

   (d) $a = 0.\overline{1}, \quad b = 0.\underbrace{111\ldots1}_{i\ \text{Stellen}}2\overline{1}$

4. Beweise, dass die folgenden Paare von Zahlen $a$ und $b$ jeweils die gleiche Zahl darstellen.

   (a) $a = 0.1, \quad b = 0.0\overline{9}$

   (b) $a = 0.125, \quad b = 0.124\overline{9}$

   (c) $a = 0.66666, \quad b = 0.66665\overline{9}$

5. Sei Abbildung 4.4 ein endlicher Anfang einer hypothetischen Nummerierung der reellen Zahlen aus $[0, 1]$. Bestimme folgend der Diagonalisierungsmethode die ersten 6 Ziffern hinter dem Komma der Zahl $c$, die sich sicherlich von den ersten 6 Zeilen (Zahlen) der Nummerierung unterscheidet.

6. Betrachte eine hypothetische Nummerierung der reellen Zahlen aus $[0, 1]$, die mit $\dfrac{\sqrt{2}}{10}, \dfrac{3}{10}, \dfrac{\pi}{4}, \dfrac{c}{5}$ und $0.\overline{125}$ anfängt. Bestimme die ersten 5 Dezimalziffern nach dem Komma von der Darstellung der Zahl $c$, die mittels Diagonalmethode konstruiert wird. Wie wird eine Zahl $d$ aussehen (genauer die ersten 2 Dezimalziffern hinter dem Komma), die sich garantiert von jeder $i$-ten Zahl in der Nummerierung in der $2i$-ten Position hinter dem Komma unterscheidet?

7. Seien $A$ und $B$ zwei abzählbare Mengen und $A \cap B = \emptyset$. Ist die Menge $A \cup B$ abzählbar? Begründe deine Behauptung.

$$
\begin{array}{l|llllllll}
0. & 7 & 2 & 3 & 4 & 5 & 6 & \ldots \\
0. & 3 & 3 & 3 & 3 & 3 & 3 & \ldots \\
0. & 9 & 9 & 9 & 9 & 9 & 9 & \ldots \\
0. & 3 & 1 & 4 & 2 & 7 & 6 & \ldots \\
0. & 1 & 0 & 0 & 0 & 0 & 1 & \ldots \\
0. & 2 & 8 & 0 & 6 & 3 & 2 & \ldots \\
\vdots
\end{array}
$$

**Abbildung 4.4**

## Lösungen zu ausgewählten Aufgaben

**Aufgabe 4.3 (d)** Es gilt

$$
1 \geq 0.9999\overline{9} = 0.9998\overline{9} + 0.0001.
$$

Somit erhalten wir

$$
1 - 0.9998\overline{9} \geq 0.0001.
$$

**Aufgabe 4.5** Wir haben die Wahl $c_i = 9$ deswegen nicht getroffen, weil wir nicht riskieren wollten, dass $c = 0.c_1 c_2 \ldots c_{i-1} 9\overline{9}$ sein könnte und somit möglicherweise dasselbe wie eine Zahl $0.c_1 c_2 \ldots c_{i+1} + 10^{-i+1}$, die in der Auflistung liegen könnte.

Wir haben für $a_{ii} = 0$ nicht $c_i = 1$ gewählt, weil wir garantieren wollten, dass $c$ unterschiedlich von $a_i$ ist. Falls am Ende $c = 0.c_1 c_2 \ldots c_{i-1} 1\overline{0}$ wäre und $a_i = 0.c_1 c_2 \ldots c_{i-1} 0\overline{9}$ wäre, würde uns der Unterschied $c_i \neq a_{ii}$ nicht helfen, weil $c = a_i$.

Für welche anderen Wahlen von Ziffern für $c_i$ im Fall $a_{ii} = 0$ wird unsere Konstruktion der Zahl $c$ in dem Sinne funktionieren, dass wir begründen können, dass $c$ nicht in der Auflistung in Abbildung 4.1 vorkommt.

**Aufgabe 4.7** Die Dezimaldarstellung der Zahl $2/3$ ist

$$
0.\overline{6} = 0.666666\ldots .
$$

Damit ist an der 100-sten Stelle nach dem Komma auch eine 6. Somit wird $c_{100} = 6 - 1 = 5$.

**Aufgabe 4.8** Für die hypothetische Nummerierung (Tabelle) in Abbildung 4.3 erhalten wir

$$
c = 0.1638783\ldots .
$$

**Aufgabe 4.9** Wir führen einen indirekten Beweis nach dem Schema aus Modul I „Geschichte der Informatik und Begriffsbildung". Wir wissen, dass es keine Nummerierung für $[0, 1]$ gibt. Das Ziel ist es zu zeigen, dass es keine Nummerierung für $\mathbb{R}^+$ gibt. Nehmen wir das Gegenteil unseres Zieles an, dass wir eine Nummerierung für $\mathbb{R}^+$ haben. Dann nehmen wir diese Nummerierung als Liste und streichen alle Zahlen außerhalb $[0, 1]$. Was bleibt, ist eine Liste der Zahlen aus $[0, 1]$, die offensichtlich eine Nummerierung für $[0, 1]$ ist. Wir wissen aber, dass es keine Nummerierung für $[0, 1]$ gibt und somit gilt das Gegenteil unserer Annahme. Das Gegenteil der Annahme ist unser Ziel, das heißt es gibt keine Nummerierung von $\mathbb{R}^+$.

**Aufgabe 4.10** **(a)** Wir dürfen behaupten, dass $c = 0.c_1c_2c_3c_4\ldots$ nicht in der Tabelle in Abbildung 4.1 liegt, falls $c_{2i} = a_{i,2i} - 1$ für $a_{i,2i} \neq 0$ und $c_{2i} = 8$ für $a_{i,2i} = 0$.

Betrachten wir eine beliebige Zeile der Tabelle, die irgendeine Zahl $a_m = 0.a_{m1}a_{m2}a_{m3}a_{m4}\ldots$ enthält. Weil $c_{2m} \neq a_{m,2m}$, sind $c$ und $a_m$ definitiv zwei unterschiedliche Zahlendarstellungen. Die Zahlen $c$ und $a_m$ selbst sind auch unterschiedlich, weil die Darstellung von $c$ nicht mit $\overline{9}$ endet (nicht gleich $0.c_1c_2\ldots c_{2m-1}\overline{9}$ ist) und falls $a_{m,2m} = 0$, ist $c_{2m} = 8$.

Nehmen wir an, dass wir die Konstruktion von $c$ so ändern, dass wir im Fall $a_{i,2i} = 0$ die Wahl $c_{2i} = 9$ treffen. Können wir noch immer garantieren, dass $c$ nicht in der Auflistung (Abbildung 4.1) vorkommt?

# Modul III

# Berechenbarkeit und die Grenzen der Automatisierbarkeit

# Vorwort

In Modul II „Das Konzept des Unendlichen" haben wir entdeckt, dass es unterschiedlich große Unendlichkeiten gibt. Beispielsweise ist die Anzahl der reellen Zahlen größer als die Anzahl der natürlichen Zahlen. Eine unendliche Menge ist genau so groß wie $\mathbb{N}$, wenn man die Elemente dieser Menge als Erstes, als Zweites, als Drittes usw. nummerieren kann. Hier wollen wir zeigen, dass es Probleme (Aufgabenstellungen) gibt, für die kein Algorithmus existiert. Die Grundidee ist sehr einfach. Wir zeigen, dass es mehr Probleme gibt als Programme. Also müssen Probleme existieren, die nicht algorithmisch und somit nicht automatisch mit einem Rechner lösbar sind. Wir werden uns aber nicht damit zufrieden geben, nur zu beweisen, dass es algorithmisch unlösbare Probleme gibt. Man könnte denken, dass alle unlösbaren Probleme so unnatürlich sind, dass ihre Lösungen sowieso niemanden interessieren. Deswegen streben wir an zu zeigen, dass es auch interessante und praktisch relevante Problemstellungen gibt, die man algorithmisch nicht lösen kann.

Dieses Kapitel behandelt das schwerste Thema der Informatik, das man sich für den gymnasialen Unterricht vorstellen kann, und man sollte nicht beunruhigt oder enttäuscht sein, wenn man nicht alles beim ersten Versuch verstanden hat. Viele Absolventinnen und Absolventen des universitären Informatikstudiums beherrschen diesen mathematisch anspruchsvollen Teil auch nicht vollständig. Es ist schon wertvoll, wenn man die vorgestellten Entdeckungen der Informatik versteht und deren Bedeutung einordnen kann. Den Entdeckungsweg genau nachvollziehen zu können, erfordert üblicherweise mehrfaches Lesen und Nachdenken über die Beweisideen. Wie viele Auseinandersetzungen mit dem schweren Thema man auf sich nehmen will, liegt bei den Lernenden.

# Lektion 1

# Über die Anzahl von Programmen

Wie viele Programme gibt es? Die erste einfache Antwort ist: „Unendlich viele". Offenbar gibt es für jedes Programm ein Programm, das um eine Zeile (Anweisung) länger ist, und somit gibt es schon unendlich viele Programmlängen. Die Frage, die uns aber primär interessiert, ist, ob die Anzahl aller Programme gleich $|\mathbb{N}|$ ist. Hier wollen wir zunächst zeigen, dass die Anzahl aller Programme gleich der Anzahl der natürlichen Zahlen ist. Wir zeigen dieses, indem wir eine Nummerierung von Programmen finden.

Beginnen wir damit, über die Anzahl aller Texte nachzudenken, die auf einem Rechner oder auf einer Schreibmaschine geschrieben werden können. Einen **Text** kann man als eine Folge von **Symbolen** der benutzten Tastatur ansehen. Wir haben alle kleinen und großen Buchstaben des lateinischen Alphabets als Symbole zu betrachten. Daneben gibt es weitere Symbole, wie

$?, !, \cdot, \$, /, +, *$ usw.,

die man eintippen kann. Zusätzlich gibt es eine Taste für das Leerzeichen, um zum Beispiel einen Abstand zwischen zwei Wörtern oder zwei Sätzen einzufügen. Um das Vorkommen des Leerzeichens anzudeuten, verwenden wir das Symbol ␣. Weil dieser Abstand auch seine Bedeutung hat, betrachten wir das Leerzeichen auch als ein Symbol. Damit sind nicht nur die zwei Wörter

„Alfons" und „Mutter"

als Texte zu betrachten, sondern auch sinnlose Folgen von Zeichen wie:

xyz*-+?!abe/

Von einem Text im Sinne des vorangegangenen Absatzes erwarten wir keine semantische (sinnvolle) Bedeutung; er ist für uns nur eine Folge von Symbolen, die nicht semantisch interpretierbar sein muss. In der Informatik nennt man die Menge der verwendeten Symbole ein **Alphabet** und spricht über **Texte über diesem Alphabet**, wenn die Texte aus den Symbolen des Alphabets zusammengesetzt sind. Im Unterschied zur Alltagssprache, dürfen die Elemente eines Alphabets nicht nur Buchstaben im klassischen Sinn, sondern auch Ziffern, Sonderzeichen oder neu ausgedachte Symbole sein.

**Hinweis für die Lehrperson** Falls man schon das Modul „Entwurf von endlichen Automaten" [2] bearbeitet hat, kann man darauf hinweisen, dass in der Terminologie der Informatik der Ausdruck *Wort über einem Alphabet* statt *Text über einem Alphabet* verwendet wird. Dabei ist der Begriff Wort in der Informatik als beliebige endliche Folge von Buchstaben des verwendeten Alphabets zu betrachten und somit ein Oberbegriff für die Begriffe Wort und Text in der natürlichen Sprache.

**Aufgabe 1.1** Was ist das Alphabet, das man verwendet, um Zahlen dezimal darzustellen? Was ist das Alphabet für die binäre Darstellung von Zahlen?

Wenn wir das Leerzeichen als ein Symbol betrachten, ist der Inhalt eines Buches (zum Beispiel auch dieses Buches) als ein Text anzusehen. Damit können wir Folgendes festhalten:

> *Jeder Text ist endlich, aber die Texte können beliebig lang sein. Somit gibt es unendlich viele Texte.*

Wir wollen jetzt die Ähnlichkeit zu den natürlichen Zahlen beobachten. Jede natürliche Zahl ist endlich durch die Symbole 0, 1, 2, 3, 4, 5, 6, 7, 8 und 9 im Dezimalsystem darstellbar, aber die Darstellungsgröße (das heißt Länge) wächst mit dem Wert der Zahl, und somit können die Darstellungen beliebig lang sein[1].

Es liegt nahe, zu sagen:

> *„Die Anzahl aller Texte über die Symbole der Rechnertastatur ist gleich* $|\mathbb{N}|$*."*

Das stimmt auch, und wir begründen es mit der Nummerierung der Texte. Es reicht aus zu zeigen, wie man alle Texte in einem unendlichen Telefonbuch sortieren kann. Dies funktioniert nicht auf die gleiche Weise wie die Herstellung eines Wörterbuches. Nach der Sortierregel der Wörterbücher müssten wir zuerst die Wörter a, aa, aaa, aaaa usw. nehmen und würden nie zur Nummerierung von Texten mit anderen Buchstaben als a kommen, weil es unendlich viele Texte gibt, die nur aus a's bestehen. Deswegen müssen wir bei der Nummerierung von Texten anders vorgehen. Zuerst nehmen wir die folgende Regel:

> *Kürzere Texte stehen vor den längeren.*

---

[1]Dies bedeutet, dass die Darstellungslänge nicht von oben durch eine Zahl beschränkt werden kann. Wenn die Länge höchstens $n$ wäre, dann hätte man höchstens $10^n$ viele Zahlendarstellungen zur Verfügung und somit wären nur endlich viele Zahlen darstellbar.

Das bedeutet, dass in unserem unendlichen Buch zuerst alle Texte der Länge 1 stehen, danach alle Texte der Länge 2, danach alle Texte der Länge 3 usw. Jetzt müssen wir die Ordnung innerhalb der gleichen Länge festlegen. Wenn wir nur die Buchstaben des lateinischen Alphabets hätten, könnten wir die Texte gleicher Länge genauso wie in Wörterbüchern sortieren. Also zuerst alle Texte, die mit a anfangen etc. Weil wir auch Sonderzeichen wie ?, !, *, + usw. haben, müssen wir zuerst eine Ordnung der Symbole des „Tastaturalphabets" festlegen. Für welche Reihenfolge wir uns entscheiden, liegt bei uns, und es spielt keine Rolle, welche Ordnung der Symbole wir uns aussuchen. Danach

*werden die Texte gleicher Länge wie in einem Wörterbuch sortiert,*

das heißt zuerst die Texte, die mit dem ersten Symbol unserer Ordnung anfangen.

| 1 | 2 | 3 | ... | 25 | 26 | 27 | 28 | ... | 51 | 52 | 53 | 54 | ... | 61 | 62 |
|---|---|---|-----|----|----|----|----|-----|----|----|----|----|-----|----|----|
| a | b | c | ... | y | z | A | B | ... | Y | Z | 1 | 2 | ... | 9 | 0 |

| 63 | 64 | 65 | 66 | 67 | 68 | 69 | 70 | 71 | 72 | 73 | 74 | 75 | ... | 167 |
|----|----|----|----|----|----|----|----|----|----|----|----|----|-----|-----|
| + | " | * | ç | & | ! | . | : | , | ; | ? | $ | £ | ... | ␣ |

**Abbildung 1.1**

Zum Beispiel, wenn die Symbole des Alphabets einer Rechnertastatur wie in Abbildung 1.1 angeordnet sind, fängt die Nummerierung der Texte mit

| | |
|---|---|
| 1 | a |
| 2 | b |
| 3 | c |
| ⋮ | |

an. Die Texte der Länge 5 sind dann wie folgt sortiert:

aaaaa

aaaab

aaaac

⋮

aaaa␣

aaaba

aaabb

aaabc

⋮

**Aufgabe 1.2** Jede Dezimaldarstellung einer natürlichen Zahl ist als ein Text über dem Alphabet $\{0, 1, 2, 3, 4, 5, 6, 7, 8, 9\}$ zu betrachten. Ist jeder Text über $\{0, 1, 2, 3, 4, 5, 6, 7, 8, 9\}$ auch als die Darstellung einer natürlichen Zahl zu betrachten?

**Aufgabe 1.3** Wie viele natürliche Zahlen kann man dezimal durch Texte der Länge $n$ darstellen? Wie viele natürliche Zahlen kann man dezimal als Texte der Länge höchstens $a$ darstellen? Wie ist es bei der binären Darstellung?

Warum haben wir uns mit Texten beschäftigt?

*„Jedes Programm ist ein Text über dem Tastaturalphabet."*

Damit sind Programme spezielle Texte, die für den Rechner verständlich sind. Also ist die Anzahl der Programme nicht größer als die Anzahl der Texte, und deshalb wollen wir behaupten:

*„Die Anzahl der Programme ist gleich $|\mathbb{N}|$."*

Was wir bisher tatsächlich gezeigt haben, ist, dass die Anzahl der Programme unendlich und nicht größer als $|\mathbb{N}|$ ist. Die Gleichheit von $|\mathbb{N}|$ und der Anzahl der Programme folgt aus der Tatsache, dass $|\mathbb{N}|$ das kleinste Unendliche ist. Diese Behauptung haben wir aber hier nicht bewiesen. Wenn wir also ganz sauber ohne diese unbewiesene Behauptung argumentieren wollen, dann brauchen wir eine Paarung zwischen den natürlichen Zahlen und Programmen. Wie wir schon wissen, ist eine Nummerierung eine Paarung. Und

*eine Nummerierung der Programme erhalten wir, indem wir aus dem unendlichen Buch aller Texte über[2] dem Tastaturalphabet alle Texte löschen, die kein Programm darstellen.*

Wichtig ist zu bemerken, dass diese Löschung sogar automatisch passieren kann. Man kann Programme schreiben, die als Eingabe einen Text bekommen und entscheiden, ob der Text einem Programm in einer betrachteten Programmiersprache entspricht. Solche Überprüfungsprogramme nennt man **Compiler**. Es ist zu betonen, dass

*ein Compiler nur die syntaktische, aber nicht die semantische Korrektheit des Eingabetextes überprüft.*

Dies bedeutet, dass der Compiler genau überprüft, ob der Text eine korrekt geschriebene Folge von Computerbefehlen in einer gegebenen Programmiersprache ist, also ob er ein Programm ist. Der Compiler überprüft nicht, ob das Programm ein Algorithmus ist, also

---

[2]zusammengesetzt aus

ob das Programm für jede Eingabe etwas Sinnvolles rechnet oder für gewisse Eingaben endlos in einer Schleife laufen kann.

Im Folgenden dürfen wir uns also erlauben, alle Programme einer Programmiersprache in einer unendlichen Folge

$$P_0, P_1, P_2, P_3, \ldots, P_i, \ldots$$

aufzulisten, wobei $P_i$ das $i$-te **Programm** bezeichnet. Für diese Überlegung ist wichtig, dass wir Programme betrachten, die in einer fest gegebenen Programmiersprache geschrieben worden sind. Weil alle nachfolgenden Überlegungen unabhängig davon sind, welche Programmiersprache für die Darstellung von Programmen ausgesucht worden ist, beschäftigen wir uns nicht mit der Festlegung einer konkreten Programmiersprache.

Warum war es für uns wichtig, zu zeigen, dass die Anzahl der Programme und damit auch die Anzahl der Algorithmen nicht größer als $|\mathbb{N}|$ ist? Die Antwort ist, dass die Anzahl aller möglichen Problemstellungen größer als $|\mathbb{N}|$ ist, und damit gibt es mehr unterschiedliche Probleme als Algorithmen, das heißt es gibt Probleme, für die keine Algorithmen (Lösungsmethoden) existieren.

Andeutungsweise haben wir schon im letzten Kapitel gezeigt, dass es sehr viele Probleme gibt. Für jede reelle Zahl $c$ kann man folgendes Problem $\mathrm{Gen}(c)$ betrachten.

**Gen**$(c)$
**Eingabe:**     eine Zahl $n \in \mathbb{N}$.
**Ausgabe:**     die Zahl $c$ mit der Genauigkeit auf $n$ Stellen hinter dem Komma.

Wir sagen, dass ein **Algorithmus $A_c$ das Problem Gen$(c)$ löst** oder dass $A_c$ **die Zahl $c$ generiert**, wenn er für jede angegebene Zahl $n$ den ganzen Teil von $c$ und $n$ Nachkommastellen in Dezimaldarstellung ausgibt.

Zum Beispiel,

- für $c = \frac{4}{3}$ muss $A_{\frac{4}{3}}$ bei der Eingabe $n = 5$ als Ausgabe 1.33333 liefern.

- für $c = \sqrt{2}$ muss $A_{\sqrt{2}}$ für die Eingabe $n = 4$ die Zahl 1.4142 ausgeben.

- für $c = \pi$ muss $A_\pi$ für die Eingabe $n = 6$ die Ausgabe 3.141592 liefern.

**Aufgabe 1.4**

(a) Was ist die Ausgabe eines Algorithmus $A_{\frac{17}{6}}$, der $\frac{17}{6}$ generiert, für die Eingabe $n = 12$?

(b) Was sind die Ausgaben eines Algorithmus $A_\pi$, der $\pi$ generiert, jeweils für die Eingaben $n = 2, n = 0, n = 7, n = 9$?

Für die folgenden Aufgaben darfst du voraussetzen, dass dein Rechner auf beliebig viele Nachkommastellen genau rechnet.

**Aufgabe 1.5** ⋆ Kannst du eine Methode für die Bestimmung (Generierung) von $\pi$ auf eine beliebige Anzahl von Nachkommastellen angeben? Beschreibe deine Methode als einen Algorithmus zur Lösung von $\text{Gen}(\pi)$.

**Aufgabe 1.6** Beschreibe einen Algorithmus zur Generierung der Zahl $\sqrt{2}$. Vergiss nicht, dass der Algorithmus für eine gegebene natürliche Zahl $n$ so lange arbeiten muss, bis er die ersten $n$ Nachkommastellen der dezimalen Darstellung korrekt „kennt".

**Aufgabe 1.7** Schreibe einen Algorithmus zur Generierung der Zahl $e$.

In Modul II „Das Konzept des Unendlichen" haben wir bewiesen, dass die Anzahl der reellen Zahlen größer als $|\mathbb{N}|$ ist, das heißt $|\mathbb{R}| > |\mathbb{N}|$. Weil die Anzahl der Algorithmen nicht größer als $|\mathbb{N}|$ ist, gibt es mehr reelle Zahlen als Algorithmen. Deswegen

*gibt es reelle Zahlen $c$, so dass* $\text{Gen}(c)$ *nicht algorithmisch lösbar ist.*

Wir haben also bewiesen, dass es reelle Zahlen gibt, die man algorithmisch nicht generieren kann. Verstehen wir aber intuitiv, warum dies so ist? Versuchen wir die Intuition aufzubauen und dadurch das Wesentliche im Hintergrund zu entdecken. Die natürlichen Zahlen, rationalen Zahlen, Texte, Programme, Rezepte und Algorithmen haben etwas Wichtiges gemeinsam.

*„Alle diese Objekte kann man endlich darstellen."*

Bei reellen Zahlen ist dies aber nicht der Fall. Wenn eine reelle Zahl endlich beschreibbar ist, dann kann man diese Beschreibung als einen Text auffassen. Weil die Anzahl der Texte kleiner als die Anzahl der reellen Zahlen ist, gibt es reelle Zahlen ohne endliche Darstellung.

Was bedeutet dies genau? Eine konstruktive Beschreibung einer reellen Zahl $c$ zu haben bedeutet, dass wir aus dieser Beschreibung die komplette Zahl Ziffer für Ziffer erzeugen können. Auch wenn die Zahl unendlich viele Nachkommastellen hat, kann man durch die Beschreibung beliebige Nachkommastellen eindeutig bestimmen (sonst wäre die Beschreibung unvollständig). Also liefert uns eine endliche Beschreibung einen Algorithmus zur Generierung dieser Zahl. Zum Beispiel ist $\sqrt{2}$ eine endliche Darstellung der nicht rationalen Zahl $c = \sqrt{2}$, und wir können diese Zahl algorithmisch mit beliebig ausgewählter Genauigkeit ausrechnen. Damit gilt:

*Die reellen Zahlen mit einer endlichen Darstellung sind genau die algorithmisch generierbaren reellen Zahlen, und es gibt reelle Zahlen, die nicht endlich darstellbar und damit auch nicht algorithmisch generierbar sind.*

**Aufgabe 1.8** Was meinst du? Von welcher Sorte gibt es mehr? Reelle Zahlen mit endlicher Darstellung oder reelle Zahlen ohne endliche Darstellung? Begründe deine Behauptung.

Wir sehen jetzt, dass es Aufgabenstellungen gibt, für deren Lösung kein Algorithmus existiert. Wir sind aber mit diesem Wissensstand nicht zufrieden. Wer ist schon daran interessiert, eine Aufgabe zur Generierung einer Zahl $c$ zu stellen, die nicht endlich darstellbar ist? Wie soll eine solche Aufgabe überhaupt endlich formulierbar sein? Und außerdem, wenn dies die einzigen Aufgaben sein sollten, die algorithmisch nicht lösbar sind, dann sind wir glücklich, vergessen die ganze „künstliche" Theorie und widmen uns den in der Praxis relevanten Aufgaben. Somit sieht man, dass wir an dieser Stelle nicht zufrieden aufhören können. Wir müssen unsere Forschung fortsetzen, um festzustellen, ob es auch interessante endlich formulierbare Aufgaben gibt, die man algorithmisch nicht lösen kann.

## Zusammenfassung

Ein Alphabet ist eine endliche Menge von Symbolen, die wir uns selbst aussuchen dürfen, um unterschiedliche Objekte zu beschreiben (darzustellen). Die Darstellungen sind einfach endliche Folgen von Symbolen des verwendeten Alphabets und wir nennen sie Texte über dem gegebenen Alphabet. Jeder Text ist endlich, und es gibt unendlich viele Texte.

Für ein beliebiges festes Alphabet können alle Texte über dem Alphabet nummeriert werden. Kürzere Texte stehen vor den längeren, und gleich lange Texte kann man wörterbuchartig einordnen. Somit kann man jede unendliche Menge nummerieren, deren Elemente alle eine endliche Darstellung über einem festen Alphabet haben.

Programme sind nichts anderes als spezielle Texte über dem Alphabet der Rechnertastatur, und Algorithmen sind spezielle Programme. Somit ist die Anzahl der Programme und Algorithmen genau $|\mathbb{N}|$.

Ein Programm generiert eine reelle Zahl $x$, wenn es für eine gegebene natürliche Zahl $n$ den ganzen Teil von $x$ und $n$ Nachkommastellen von $x$ ausgibt. Weil es mehr reelle Zahlen als $|\mathbb{N}|$ und somit mehr als die Anzahl der Programme gibt, existieren reelle Zahlen, die mit keinem Programm generiert werden können. Diese reellen Zahlen haben somit keine endliche Darstellung.

## Kontrollfragen

1. Was ist ein Alphabet?

2. Warum verwenden wir bei Darstellungen von Objekten unendlich viele unterschiedliche Symbole?

3. Was ist ein Text über einem Alphabet?

4. Wie viele Texte über dem Alphabet $\{0, 1\}$ gibt es?

5. Wie viele Programme gibt es? Wie viele Algorithmen gibt es?

6. Wie kann man Programme nummerieren? Wie kann man diese Nummerierung automatisieren?

7. Wann generiert ein Programm eine reelle Zahl $c$?

8. Warum gibt es reelle Zahlen, die man mit keinem Programm generieren kann?

9. Warum muss es reelle Zahlen geben, die keine endliche Darstellung haben?

10. Wie viele reelle Zahlen ohne endliche Darstellung gibt es?

## Kontrollaufgaben

1. Wie viele natürliche Zahlen kann man durch Texte über $\{0, 1, 2\}$ der Länge $n$ darstellen?

2. Liste alle Texte der Länge 2 über dem Alphabet auf, das aus kleinen Buchstaben des lateinischen Alphabets besteht.

3. Entwickle eine Darstellung von natürlichen Zahlen über dem Alphabet $\{0, 1, 2, 3, 4, 5, 6, 7, 8, 9, A, B\}$. Wie viele unterschiedliche Zahlen haben dann eine Darstellung genau der Länge $n$?

4. Gib einen Algorithmus an, der das Problem $\text{Gen}(5/8)$ löst.

5. Gib einen Algorithmus an, der das Problem $\text{Gen}(3/7)$ löst.

6. Gib einen Algorithmus an, der die Zahl $\sqrt{3}$ generiert.

7. Gib einen Algorithmus an, der die Zahl $2^{\frac{1}{3}}$ generiert.

8. Finde eine Methode zur Nummerierung aller reellen Zahlen, die eine endliche Darstellung haben.

9. Beweise, dass die Anzahl der reellen Zahlen ohne endliche Darstellung größer ist als $|\mathbb{N}|$.

10. Gib eine Nummerierung der rationalen Zahlen aus dem Intervall $[0, 1]$ an.

11. Entwickle einen Algorithmus zur Generierung der Zahl $\sqrt{2} \cdot \pi$.

## Lösungen zu ausgewählten Aufgaben

**Aufgabe 1.1** Zur dezimalen Darstellung von Zahlen verwenden wir das Alphabet $\{0, 1, 2, 3, 4, 5, 6, 7, 8, 9\}$. Für die binäre Darstellung von Zahlen ist es $\{0, 1\}$.

**Aufgabe 1.6** Eine sehr einfache Methode zur Lösung des Problems Gen($\sqrt{2}$) arbeitet wie folgt. Wir wissen, dass $1 \leq \sqrt{2} \leq 2$, also ist die gesuchte Zahl im Intervall $[1, 2]$. Nehmen wir $a_1 = \frac{1+2}{2} = 1.5$ als den Durchschnitt der unteren Schranke 1 und der oberen Schranke 2. Dann rechnen wir

$$(1.5)^2 = 2.25 > 2.$$

Somit ist $1.5 > \sqrt{2}$, und wir wissen, dass $\sqrt{2}$ in $[1, 1.5]$ liegt. Jetzt rechnen wir $a_2 = (1 + 1.5)/2 = 1.25$. Weil

$$(1.25)^2 = 1.5625 < 2,$$

wissen wir, dass $\sqrt{2}$ im Intervall $[1.25, 1.5]$ liegt. Für $a_3 = (1.25 + 1.5)/2 = 1.375$ ist $(a_3)^2 = 1.890625 < 2$, und somit liegt $\sqrt{2}$ im Intervall $[1.375, 1.5]$.

Wir sehen, dass wir in jedem Schritt die Länge des Intervalls halbieren. Als nächstes erhält man

$$a_4 = 1.4375 \text{ und } (a_4)^2 \geq 2.06 \text{ und somit } \sqrt{2} \in [1.375, 1.4375],$$

$$a_5 = 1.40625 \text{ und } (a_5)^2 \leq 1.98 \text{ und somit } \sqrt{2} \in [1.40625, 1.4375].$$

Nach diesem Schritt sehen wir, dass die untere Schranke 1.4375 die Ziffer 4 auf der ersten Position hinter dem Komma in ihrer Dezimaldarstellung hat. Somit wissen wir jetzt mit Sicherheit, dass die Dezimaldarstellung von $\sqrt{2}$ mit $1.4\ldots$ anfängt und die erste Ziffer hinter dem Komma definitiv 4 ist.

Wir beschreiben jetzt grob die Arbeit des entsprechenden Algorithmus zur Lösung des Problems Gen($\sqrt{2}$). Wir machen dabei die Annahme, dass der Rechner für eine Eingabe $n$ automatisch mit der Präzision auf $n + 2$ Stellen hinter dem Dezimalpunkt rechnet.

**Algorithmus zur Generierung von $\sqrt{2}$**

**Eingabe:** eine Zahl $n \in \mathbb{N}$.

**Ausgabe:** die dezimale Darstellung von $\sqrt{2}$ bis auf die ersten $n$ Nachkommastellen.

**begin**
    $a := 1; b := 2;$
    **while** $b - a > (0.1)^{n+1}$ und $a^2 \neq 2$ und $b^2 \neq 2$
        **begin** $c := (a + b)/2;$
        **if** $c^2 \geq 2$ **then** $b := c$ **else** $a := c$ **end**;
    output(1. die ersten $n$ Dezimalstellen hinter Komma von $a$)
**end**

Schaffst du es, einen Algortihmus zur Berechnung von $\sqrt{2}$ zu entwickeln, der statt die Größe des Unterschiedes zwischen den Intervallgrenzen $a$ und $b$ mit $10^{-(n+1)}$ zu vergleichen, direkt aus $n$ bestimmt, wie viele Iterationsschritte notwendig sind, um die gewünschte Präzision zu erreichen?

**Aufgabe 1.8** Die reellen Zahlen ohne endliche Darstellung sind viel mehr als reelle Zahlen mit endlicher Darstellung. Geben wir dafür eine einfache Begründung. Wir skizzieren die Idee, warum die reellen Zahlen nummerierbar wären, wenn die reellen Zahlen ohne endliche Darstellung in der Minderheit wären.

Sei $\mathbb{R} = \mathbb{R}_{end} \cup \mathbb{R}_{unend}$, wobei $\mathbb{R}_{end}$ alle reellen Zahlen mit endlicher Darstellung und $\mathbb{R}_{unend}$ alle reellen Zahlen ohne endliche Darstellung enthält. Nehmen wir an, $|\mathbb{R}_{end}| \geq |\mathbb{R}_{unend}|$. Wir wissen schon, dass wir die Elemente von $\mathbb{R}_{end}$ nummerieren können, weil jede Menge mit endlich darstellbaren Objekten nummerierbar ist. Somit gilt $|\mathbb{N}| = |\mathbb{R}_{end}|$. Weil $|\mathbb{N}| = |\mathbb{N}_{ger}|$, können wir die Zahlen in $\mathbb{R}_{end}$ nur mit geraden Zahlen nummerieren. Nach unserer Annahme $|\mathbb{R}_{unend}| \leq |\mathbb{R}_{end}|$ muss auch $\mathbb{R}_{unend}$ nummerierbar sein. Zur Nummerierung dürfen wir die ungeraden natürlichen Zahlen verwenden. Somit würden wir eine Nummerierung von $\mathbb{R}$ erhalten, was ausgeschlossen ist, weil $\mathbb{R}$ nicht nummerierbar ist.

Für unsere Begründung reichte die Tatsache, dass die Elemente von $\mathbb{R}_{unend}$ nummerierbar sind. Deswegen sehen wir sogar, dass die Elemente von $\mathbb{R}_{unend}$ nicht nummeriert werden können. Die Schlussfolgerung ist $|\mathbb{R}_{unend}| > |\mathbb{N}|$ und somit $|\mathbb{R}_{unend}| > |\mathbb{R}_{end}| = |\mathbb{N}|$.

# Lektion 2

# Diagonalisierung in der Informatik

Zu den einfachsten Problemen, die man in der Informatik betrachtet, gehören die so
genannten Entscheidungsprobleme. Bei einem Entscheidungsproblem ist zu entscheiden,
ob ein oder mehrere gegebene Objekte eine gewisse gesuchte Eigenschaft haben. Zum
Beispiel bekommen wir ein digitales Bild und sollen entscheiden, ob sich auf dem Bild
ein Stuhl befindet. Oder ob eine Person auf dem Bild ist oder noch konkreter, ob das ein
Foto von Roger Federer ist. Die Antwort soll eindeutig „JA" oder „NEIN" sein. Keine
anderen Antworten sind erlaubt, und natürlich erwarten wir, dass die Antwort korrekt
ist.

Hier werden wir eine sehr einfache Art von Entscheidungsproblemen betrachten. Sei
$M$ eine beliebige Teilmenge von $\mathbb{N}$, also eine Menge, die einige natürliche Zahlen enthält.
Dann spezifizieren wir das **Entscheidungsproblem** $(\mathbb{N}, M)$ wie folgt:

**Eingabe:**   eine Zahl $n \in \mathbb{N}$.
**Ausgabe:**   „JA", falls $n$ aus $M$ ist.
           „NEIN", falls $n$ nicht aus $M$ ist.

Wir können zum Beispiel $M$ als PRIM nehmen, wobei

$$\text{PRIM} = \{2, 3, 5, 7, 11, 13, 17, 19, \ldots\}$$

die unendliche Menge aller Primzahlen ist. Dann ist $(\mathbb{N}, \text{PRIM})$ das Problem, zu entscheiden, ob eine gegebene natürliche Zahl $n$ eine Primzahl ist oder nicht. Das Problem
$(\mathbb{N}, \mathbb{N}_{\text{ger}})$ ist zu entscheiden, ob eine gegebene natürliche Zahl gerade oder ungerade ist.
Für jede Teilmenge $M$ von $\mathbb{N}$ sagen wir, dass ein **Algorithmus $A$ die Menge $M$ erkennt** oder dass $A$ **das Entscheidungsproblem** $(\mathbb{N}, M)$ **löst**, wenn $A$ für *jede* Eingabe
$n$

(i) die Ausgabe „JA" liefert, wenn $n$ in $M$ ist, und

(ii) die Ausgabe „NEIN" liefert, wenn $n$ nicht in $M$ ist.

Manchmal verwenden wir die Ziffer „1" statt „JA" und die Ziffer „0" statt „NEIN". Wenn $A$ auf der Eingabe $n$ die Antwort „JA" ausgibt, dann sagen wir, dass der **Algorithmus die Zahl $n$ akzeptiert**. Wenn $A$ die Antwort „NEIN" auf $n$ ausgibt, dann sagen wir, dass der **Algorithmus $A$ die Zahl $n$ verwirft**. Somit akzeptiert ein Algorithmus, der PRIM erkennt, jede Primzahl und verwirft alle natürlichen Zahlen, die keine Primzahlen sind.

Wenn es einen Algorithmus für ein Entscheidungsproblem $(\mathbb{N}, M)$ gibt, dann sagen wir, dass $(\mathbb{N}, M)$ **algorithmisch lösbar ist** oder dass

$(\mathbb{N}, M)$ **entscheidbar ist**.

Das Problem $(\mathbb{N}, \mathbb{N}_{ger})$ ist offensichtlich entscheidbar; es reicht zu überprüfen, ob die gegebene natürliche Zahl gerade ist oder nicht. Das Problem $(\mathbb{N}, \text{PRIM})$ ist auch entscheidbar, weil wir wissen, wie man überprüft, ob eine natürliche Zahl eine Primzahl ist, und es ist nicht schwierig, diese Methode in einen Algorithmus umzusetzen.

**Aufgabe 2.1** Die einfachste Methode zur Überprüfung, ob eine Zahl $n$ eine Primzahl ist, ist zu versuchen, die Zahl $n$ durch alle Zahlen zwischen 2 und $n - 1$ zu teilen. Wenn keine dieser Zahlen $n$ teilt, dann ist $n$ eine Primzahl. Die Überprüfung erfordert aber einen großen Aufwand. Bei einer Zahl wie 1000002 müsste man eine Million Mal die Teilbarkeit testen. Kannst du eine andere Methode entwickeln, bei der die Anzahl der Teilbarkeitstests wesentlich geringer wird?

**Aufgabe 2.2** Schreibe einen Algorithmus, der das Problem $(\mathbb{N}, \text{QUAD})$ löst, wobei

$$\text{QUAD} = \{1, 4, 9, 16, 25, \ldots\}$$

die Menge aller quadratischen Zahlen $i^2$ ist.

Wir wollen jetzt zeigen, dass Entscheidungsprobleme existieren, für die es keine Algorithmen gibt. Solche Entscheidungsprobleme nennt man

**unentscheidbar** oder **algorithmisch unlösbar**.

Wir haben gelernt, dass wir alle Programme $P_0, P_1, P_2, \ldots$ auflisten können und dies sogar algorithmisch machbar ist. Die algorithmische Auflistung von Algorithmen ist aber nicht so einfach. Aus diesem Grund beginnen wir unsere Bemühungen damit, dass wir sogar etwas Stärkeres beweisen. Wir zeigen, dass es Entscheidungsprobleme gibt, die kein Programm beschreiben kann. Was bedeutet das genau? Wo ist der Unterschied zwischen der algorithmischen Lösbarkeit und der Darstellbarkeit durch ein Programm?

Zur Erinnerung: Jeden Algorithmus kann man als Programm aufschreiben, aber nicht jedes Programm ist ein Algorithmus. Ein Programm kann eine sinnlose Tätigkeit ausführen und auf einigen Eingaben unendlich lange arbeiten, wohingegen ein Algorithmus immer (für jede Eingabe) nach *endlicher Zeit* die Arbeit abschließt und das *korrekte Resultat* liefert.

Sei $M$ eine Teilmenge von $\mathbb{N}$. Wir sagen, dass ein **Programm $P$ die Menge $M$ akzeptiert**, wenn für jede gegebene natürliche Zahl $n$

(i) $P$ die Arbeit auf der Eingabe mit der die Antwort „JA" beendet, falls $n$ in $M$ ist, und

(ii) $P$ die Antwort „NEIN" ausgibt oder *unendlich lange arbeitet*, ohne eine Antwort zu geben, wenn $n$ nicht in $M$ ist.

Mit $M(P)$ bezeichnen wir im Folgenden die von $P$ akzeptierte Menge $M$. Damit kann man $P$ als eine endliche Darstellung der potenziell unendlichen Menge $M(P)$ betrachten.

**Beispiel 2.1** Betrachten wir das folgende Programm $P_{\text{nonp}}$:

**Eingabe:**    eine Zahl $n \in \mathbb{N}$.

```
begin if n = 0 or n = 1 then output(„JA") else
  begin
    L := 0; I := 2;
    while L = 0 do
      begin if n ≠ I then
        begin if „I teilt n nicht"
          then I := I + 1
          else begin output(„JA"); L := 1 end
        end
        else I := I + 1
      end
  end
end
```

Was macht das Programm? Wir beobachten zuerst, dass das Programm die Antwort „JA" ausgibt, falls

(1) die Zahl $n$ gleich 0 oder 1 ist, oder

(2) die Zahl $n$ durch eine natürliche Zahl $I \geq 2$ mit $I \neq n$ teilbar ist.

Somit erhalten wir „JA" für alle zusammengesetzten natürlichen Zahlen, also für alle Zahlen aus $\mathbb{N} - \text{PRIM}$. Für jede Primzahl arbeitet das Programm unendlich lange und gibt keine Antwort, weil das Programm die Teilbarkeit von $n$ durch alle Zahlen $I \geq 2$ testet, die unterschiedlich von $n$ sind. Somit gilt $M(P_{\text{nonp}}) = \mathbb{N} - \text{PRIM}$.    $\Diamond$

**Aufgabe 2.3** Kannst du das Programm $P_{\mathrm{nonp}}$ so modifizieren, dass es zu einem Algorithmus zur Lösung des Entscheidungsproblems $(\mathbb{N}, \mathbb{N} - \mathrm{PRIM})$ wird? Ist es dann schwer oder einfach, deinen Algorithmus für $(\mathbb{N}, \mathbb{N} - \mathrm{PRIM})$ zu einem Algorithmus für $(\mathbb{N}, \mathrm{PRIM})$ umzuwandeln?

**Aufgabe 2.4** Bestimme die Menge $M(P)$ für das folgende Programm $P$.


**Eingabe:**　eine Zahl $n \in \mathbb{N}$.

```
begin L := 0; I := 1;
  if „n ist gerade"
  then output(„JA")
  else begin I := I + 2;
    while L = 0 do begin
      if „I teilt n"
      then L := 1; I := I + 2
    end
  end
  output(„JA")
end
```


**Aufgabe 2.5** Welche Menge $M(P)$ akzeptiert das folgende Programm $P$?


**Eingabe:**　eine Zahl $n \in \mathbb{N}$.

$$
\begin{aligned}
&\textbf{begin}\\
&\quad \textbf{while } \text{„}n \text{ ist durch drei teilbar und } n \neq 1\text{" } \textbf{do } n := \frac{n}{3};\\
&\quad \textbf{if } n = 1 \textbf{ then } \mathrm{output}(\text{„JA"})\\
&\quad \textbf{else while } n \neq 1 \textbf{ do } n := n - 2;\\
&\quad \textbf{if } n = 1 \textbf{ then } \mathrm{output}(\text{„NEIN"})\\
&\textbf{end}
\end{aligned}
$$


**Aufgabe 2.6** Schreibe ein Programm für Eingaben $n \in \mathbb{N}$ mit folgenden Eigenschaften:

(a) Falls $n$ durch 3 teilbar ist ($n \bmod 3 = 0$), dann ist die Ausgabe „JA".

(b) Falls $n = 3k + 1$ für ein $k \in \mathbb{N}$, dann ist die Ausgabe „NEIN".

(c) Falls $n = 3k + 2$ für ein $k \in \mathbb{N}$, dann arbeitet das Programm unendlich lange.

**Aufgabe 2.7** Betrachte die Zahl $\pi = 3.1415927\ldots$. Wir definieren die Menge $M(\pi)$ als die Menge der natürlichen Zahlen, die in der unendlichen Folge $0.1415927\ldots$ von Dezimalziffern „vorkommen". Vorkommen bedeutet, dass die Zahl als ein endlicher Ausschnitt dieser Folge betrachtet werden darf. Zum Beispiel kommt die Zahl 1415 in $0.\underline{1415}927\ldots$ vor, die Zahl 2 kommt in $0.1415\underline{9}27\ldots$ vor, die Zahl 159 kommt in $0.14\underline{159}27\ldots$ vor. Beschreibe die Vorgehensweise eines Programms, das die Menge $M(\pi)$ akzeptiert. Wo liegt die Schwierigkeit, dieses Programm in einen Algorithmus umzuwandeln?

Wir sehen sofort den Unterschied zwischen dem Erkennen von $M$ bei Algorithmen und dem Akzeptieren bei Programmen. Für Eingaben aus $M$ müssen beide korrekt arbeiten und in endlicher Zeit die richtige Antwort „JA" liefern (Punkt (i)). Für Zahlen, die nicht aus $M$ sind, darf aber ein Programm im Unterschied zu einem Algorithmus unendlich lange arbeiten, ohne eine Antwort zu liefern. In diesem Sinne sind die Programme eine Obermenge der Algorithmen. Deswegen gibt es, wenn wir zeigen, dass für eine Menge $M$ kein Programm existiert, für $M$ auch keinen Algorithmus, und somit ist das Problem $(\mathbb{N}, M)$ nicht entscheidbar.

Um eine solche „schwierige" Teilmenge von natürlichen Zahlen zu konstruieren, nutzen wir wieder die Diagonalisierungsmethode aus Modul II „Das Konzept des Unendlichen". Dazu brauchen wir die folgende binäre Darstellung von Teilmengen von natürlichen Zahlen (Abbildung 2.1):

|   | 0 | 1 | 2 | 3 | 4 | ... | $i$ | $i+1$ | ... |
|---|---|---|---|---|---|-----|-----|-------|-----|
| $M$ | 0 | 1 | 0 | 0 | 1 | ... | 1 | 0 | ... |

**Abbildung 2.1**

$M$ wird als eine unendliche Folge von binären Zahlen dargestellt. Die Folge fängt mit der 0-ten Stelle an, und an der $i$-ten Stelle steht eine 1, wenn $i$ in $M$ ist. Ist $i$ hingegen nicht in $M$, schreiben wir an die $i$-te Stelle der Folge eine 0. Die Menge $M$ in Abbildung 2.1 enthält damit die Zahlen 1, 4 und $i$. Die Elemente 0, 2, 3 und $i+1$ sind nicht in $M$. Für $\mathbb{N}_{ger}$ sieht die Darstellung wie folgt aus:

10101010101010101010 ...

Für PRIM ist diese Darstellung

0011010100010100 ....

**Aufgabe 2.8** Gib die ersten 17 Stellen der binären Darstellung von QUAD an.

**Aufgabe 2.9** Gib die ersten 10 Stellen der binären Darstellung von $M(\pi)$ aus Aufgabe 2.7 an.

Jetzt bauen wir wieder eine zweidimensionale Tabelle, die in beiden Dimensionen unendlich ist. Die Spalten der Tabelle sind durch die Folge

$$0, 1, 2, 3, 4, 5, \ldots, i, \ldots$$

aller natürlichen Zahlen gegeben. Die Zeilen sind durch die Folge

$$P_0, P_1, P_2, P_3, \ldots, P_i, \ldots$$

aller Programme gegeben, die nur einmal eine Zahl einlesen und als Ausgabe nur „JA"
oder „NEIN" schreiben dürfen. Solche Programme kann man daran erkennen, dass sie
nur einmal einen „Lese ein"-Befehl enthalten und nur Ausgabebefehle erlauben, die den
Text „JA" oder „NEIN" ausgeben. Jedes dieser Programme $P_i$ definiert eindeutig die
Menge $M(P_i)$ aller natürlichen Zahlen, für die das Programm mit der Ausgabe „JA" endet. Alle Zahlen, für die das Programm „NEIN" oder keine Antwort ausgibt, gehören
nicht zu $M(P_i)$.

Jetzt sind die Zeilen der Tabelle die binären Beschreibungen von Mengen $M(P_i)$. Die
$j$-te Zeile (siehe Abbildung 2.3) enthält die binäre Darstellung der Menge $M(P_j)$, die
durch das $j$-te Programm $P_j$ akzeptiert wird. Die Kreuzung der $i$-ten Zeile und der $j$-ten
Spalte enthält eine Eins, wenn das $i$-te Programm die Zahl $j$ akzeptiert (mit „JA" auf
der Eingabe $j$ endet). Eine Null steht in dem Kreuzungsfeld der $i$-ten Zeile und der $j$-ten
Spalte, wenn $P_i$ auf $j$ die Ausgabe „NEIN" oder keine Ausgabe liefert.

*Damit enthält die unendliche Tabelle in ihren Zeilen **alle** Teilmengen[1] von
$\mathbb{N}$, die durch ein Programm akzeptiert werden können.*

|          | 0        | 1        | 2        | 3        | 4        | $\cdots$ | $i$      | $\cdots$ | $j$      | $\cdots$ |
|----------|----------|----------|----------|----------|----------|----------|----------|----------|----------|----------|
| $M(P_0)$ | $a_{00}$ | $a_{01}$ | $a_{02}$ | $a_{03}$ | $a_{04}$ | $\cdots$ | $a_{0i}$ | $\cdots$ | $a_{0j}$ | $\cdots$ |
| $M(P_1)$ | $a_{10}$ | $a_{11}$ | $a_{12}$ | $a_{13}$ | $a_{14}$ | $\cdots$ | $a_{1i}$ | $\cdots$ | $a_{1j}$ | $\cdots$ |
| $M(P_2)$ | $a_{20}$ | $a_{21}$ | $a_{22}$ | $a_{23}$ | $a_{24}$ | $\cdots$ | $a_{2i}$ | $\cdots$ | $a_{2j}$ | $\cdots$ |
| $M(P_3)$ | $a_{30}$ | $a_{31}$ | $a_{32}$ | $a_{33}$ | $a_{34}$ | $\cdots$ | $a_{3i}$ | $\cdots$ | $a_{3j}$ | $\cdots$ |
| $M(P_4)$ | $a_{40}$ | $a_{41}$ | $a_{42}$ | $a_{43}$ | $a_{44}$ | $\cdots$ | $a_{4i}$ | $\cdots$ | $a_{4j}$ | $\cdots$ |
| $\vdots$ |          |          |          |          |          |          |          |          |          |          |
| $M(P_i)$ | $a_{i0}$ | $a_{i1}$ | $a_{i2}$ | $a_{i3}$ | $a_{i4}$ | $\cdots$ | $a_{ii}$ | $\cdots$ | $a_{ij}$ | $\cdots$ |
| $\vdots$ |          |          |          |          |          |          |          |          |          |          |
| $M(P_j)$ | $a_{j0}$ | $a_{j1}$ | $a_{j2}$ | $a_{j3}$ | $a_{j4}$ | $\cdots$ | $a_{ji}$ | $\cdots$ | $a_{jj}$ | $\cdots$ |
| $\vdots$ |          |          |          |          |          |          |          |          |          |          |

**Abbildung 2.2**

Wir wollen jetzt zeigen, dass es mindestens eine Teilmenge von $\mathbb{N}$ gibt, der keine Zeile der unendlichen Tabelle (Abbildung 2.3 für ein konkretes Beispiel und Abbildung 2.2

---

[1]Genauer gesagt, die binären Darstellungen aller Teilmengen von $\mathbb{N}$, die durch ein Programm akzeptiert
sind.

| | 0 | 1 | 2 | 3 | 4 | 5 | 6 | ... | i | ... | j | ... |
|---|---|---|---|---|---|---|---|---|---|---|---|---|
| $M(P_0)$ | 0 | 1 | 1 | 0 | 0 | 1 | 0 | | 1 | | 0 | |
| $M(P_1)$ | 0 | 1 | 0 | 0 | 0 | 1 | 1 | | 0 | | 0 | |
| $M(P_2)$ | 1 | 1 | 1 | 0 | 0 | 1 | 0 | | 1 | | 1 | |
| $M(P_3)$ | 1 | 0 | 1 | 0 | 1 | 0 | 1 | | 1 | | 0 | |
| $M(P_4)$ | 0 | 0 | 0 | 1 | 1 | 0 | 1 | | 0 | | 1 | |
| $M(P_5)$ | 1 | 1 | 1 | 1 | 1 | 1 | 1 | | 1 | | 1 | |
| $M(P_6)$ | 1 | 0 | 1 | 0 | 0 | 0 | 1 | | 0 | | 1 | |
| $\vdots$ | | | | | | | | | | | | ... |
| $M(P_i)$ | 0 | 1 | 1 | 0 | 0 | 1 | 0 | | 1 | | | |
| $\vdots$ | | | | | | | | | | | | ... |
| $M(P_j)$ | 1 | 0 | 1 | 0 | 1 | 1 | 1 | | | | 0 | |
| $\vdots$ | | | | | | | | | | | | $\vdots$ |

**Abbildung 2.3**

allgemein) entspricht. Wir zeigen dies, indem wir eine unendliche Folge DIAG von Nullen und Einsen konstruieren, die in der Tabelle mit Sicherheit nicht als Zeile vorhanden ist. Die Konstruktion von DIAG und damit der entsprechenden Menge $M(\text{DIAG})$ realisieren wir mit der Diagonalisierungsmethode.

Wir schauen uns das Feld $a_{00}$ an, wo sich die 0-te Zeile und die 0-te Spalte kreuzen. Wenn dort 0 steht (Abbildung 2.3), das heißt wenn 0 nicht in $M(P_0)$ ist, setzen wir die 0-te Stelle $d_0$ von DIAG auf 1 (das heißt wir nehmen 0 in $M(\text{DIAG})$ auf). Wenn $a_{00}$ die Zahl 1 ist (das heißt wenn 0 in $M(P_0)$ ist), setzen wir die 0-te Stelle $d_0$ von DIAG auf 0 (das heißt wir nehmen 0 nicht in $M(\text{DIAG})$ auf). Nach diesem ersten Schritt der Konstruktion von DIAG haben wir nur das erste Element der Folge DIAG festgelegt und haben die Sicherheit, dass DIAG sich von der 0-ten Zeile von $M(P_0)$ mindestens im 0-ten Element (im Hinblick auf das Enthaltensein der 0) unterscheidet.

| | 0 | 1 | 2 | 3 | 4 | 5 | 6 | ... | i | ... | j | ... |
|---|---|---|---|---|---|---|---|---|---|---|---|---|
| DIAG | 1 | 0 | 0 | 1 | 0 | 0 | 0 | | 0 | | 1 | ... |

**Abbildung 2.4**

Analog verfahren wir im zweiten Konstruktionsschritt. Wir betrachten das zweite Diagonalfeld $a_{11}$, in dem sich die erste Zeile mit der ersten Spalte kreuzt (Abbildung 2.2). Unser Ziel ist, die erste Position von DIAG so zu wählen, dass sich DIAG mindestens in dieser Position von der Folge von $M(P_1)$ unterscheidet. Wenn $a_{11} = 1$ (1 ist in $M(P_1)$), setzen wir deshalb $d_1$ auf 0 (wir nehmen 1 nicht in $M(\mathrm{DIAG})$ auf). Wenn $a_{11} = 0$ (1 ist nicht in $M(P_1)$), dann setzen wir $d_1$ auf 1 (nehmen wir 1 in $M(\mathrm{DIAG})$ auf).

Wenn für die binäre Zahl $a_{ij}$ in der Kreuzung der $i$-ten Zeile und der $j$-ten Spalte $\bar{a}_{ij}$ die umgekehrte Zahl darstellt (die Umkehrung von 1 ist $\bar{1} = 0$, und die Umkehrung von 0 ist $\bar{0} = 1$), dann haben wir die Situation in der Konstruktion von DIAG wie in Abbildung 2.5 erreicht.

| | 0 | 1 | 2 | 3 | 4 | $\cdots$ | $i$ | $i+1$ | $\cdots$ |
|---|---|---|---|---|---|---|---|---|---|
| DIAG | $\bar{a}_{00}$ | $\bar{a}_{11}$ | ? | ? | ? | $\cdots$ | ? | ? | $\cdots$ |

**Abbildung 2.5**

Die ersten zwei Elemente von DIAG sind $\bar{a}_{00}$ und $\bar{a}_{11}$, und damit unterscheidet sich DIAG von $M(P_0)$ und $M(P_1)$. Die restlichen Stellen von DIAG sind noch unbestimmt, und wir wollen sie so bestimmen, dass sich DIAG von allen Zeilen der Tabelle in Abbildung 2.3 unterscheidet.

**Hinweis für die Lehrperson** An dieser Stelle könnte man Folgendes thematisieren. Wo ist der Unterschied zwischen dem Beweis, dass man $[0,1]$ nicht nummerieren kann und der Diagonalisierung hier, die zeigt, dass man $\mathrm{Pot}(\mathbb{N}) = \{M \mid M \subseteq \mathbb{N}\}$ nicht nummerieren kann? Der Beweis der Nichtabzählbarkeit von $[0,1]$ ist indirekt, er widerlegt die Existenz einer hypothetischen Nummerierung von $[0,1]$. Der Beweis hier ist direkt, weil die Tabelle in Abbildung 2.2 tatsächlich existiert, und somit ist $M(\mathrm{DIAG})$ eine konkrete existierende Menge.

Allgemein garantieren wir einen Unterschied zwischen DIAG und der $i$-ten Zeile der Tabelle in Abbildung 2.3 wie folgt. Wenn das Feld $a_{ii}$ in der Kreuzung der $i$-ten Zeile und der $i$-ten Spalte 1 enthält ($i$ liegt in $M(P_i)$), dann setzen wir das $i$-te Element $d_i$ von DIAG auf 0 (nehmen wir $i$ nicht in $M(\mathrm{DIAG})$ auf). Wenn $a_{ii} = 0$ ($i$ liegt nicht in $M(P_i)$), dann setzen wir $d_i = 1$ (nehmen wir $i$ in $M(\mathrm{DIAG})$ auf). Damit unterscheidet sich $M(\mathrm{DIAG})$ von $M(P_i)$.

Auf diese Weise wurde die Folge DIAG so definiert, dass sie in keiner Zeile der Tabelle vorkommt. Für den endlichen Teil einer hypothetischen konkreten Tabelle in Abbildung 2.3 enthält Abbildung 2.4 den entsprechenden endlichen Teil der Darstellung von DIAG. Allgemein kann man DIAG wie in Abbildung 2.6 darstellen.

| | 0 | 1 | 2 | 3 | 4 | $\cdots$ | $i$ | $\cdots$ |
|---|---|---|---|---|---|---|---|---|
| DIAG | $\bar{a}_{00}$ | $\bar{a}_{11}$ | $\bar{a}_{22}$ | $\bar{a}_{33}$ | $\bar{a}_{44}$ | $\cdots$ | $\bar{a}_{ii}$ | $\cdots$ |

**Abbildung 2.6**

Abbildung 2.4 zeigt einen endlichen Teil von $M(\mathrm{DIAG})$, falls die Tabelle aus Abbildung 2.2 konkret wie in Abbildung 2.3 aussehen würde.

Damit gilt, dass

*M*(DIAG) *durch kein Programm akzeptiert wird und damit* $(\mathbb{N}, M(\text{DIAG}))$
*durch keinen Algorithmus entschieden werden kann.*

Wir können nochmals die Definition von $M(\text{DIAG})$ wie folgt auf kurze Weise ausdrücken:

$$
\begin{aligned}
M(\text{DIAG}) \;&=\; \{n \in \mathbb{N} \mid n \text{ ist nicht in } M(P_n)\} \\
&=\; \text{die Menge aller natürlichen Zahlen } n, \text{ so dass } n \text{ nicht} \\
&\quad\; \text{in } M(P_n) \text{ ist.}
\end{aligned}
$$

**Aufgabe 2.10** Nehmen wir an, dass die Kreuzung der ersten 10 Zeilen und Spalten in der Tabelle aller Programme zur Mengenakzeptierung wie in Abbildung 2.7 aussieht. Bestimme entsprechend die ersten zehn Positionen von DIAG.

| | 0 | 1 | 2 | 3 | 4 | 5 | 6 | 7 | 8 | 9 | $\cdots$ |
|---|---|---|---|---|---|---|---|---|---|---|---|
| $M(P_0)$ | 1 | 1 | 1 | 0 | 0 | 1 | 0 | 1 | 0 | 1 | |
| $M(P_1)$ | 0 | 0 | 0 | 0 | 0 | 0 | 0 | 0 | 0 | 0 | |
| $M(P_2)$ | 0 | 1 | 1 | 0 | 1 | 0 | 1 | 1 | 0 | 0 | |
| $M(P_3)$ | 1 | 1 | 1 | 0 | 1 | 1 | 0 | 0 | 0 | 0 | |
| $M(P_4)$ | 1 | 1 | 1 | 1 | 1 | 1 | 1 | 0 | 1 | 0 | |
| $M(P_5)$ | 0 | 0 | 1 | 0 | 0 | 1 | 0 | 1 | 1 | 0 | |
| $M(P_6)$ | 1 | 0 | 0 | 0 | 1 | 0 | 1 | 0 | 0 | 0 | |
| $M(P_7)$ | 1 | 1 | 1 | 1 | 1 | 1 | 1 | 1 | 1 | 1 | |
| $M(P_8)$ | 0 | 0 | 1 | 1 | 0 | 0 | 1 | 1 | 0 | 0 | |
| $M(P_9)$ | 1 | 0 | 1 | 0 | 1 | 0 | 1 | 0 | 1 | 0 | |
| $M(P_{10})$ | 0 | 0 | 1 | 0 | 0 | 0 | 1 | 1 | 0 | 1 | |

**Abbildung 2.7**

**Aufgabe 2.11** Untersuchen wir

$M(\text{2-DIAG}) = $ die Menge aller geraden Zahlen $2i$, so dass $2i$ nicht in $M(P_i)$ ist.

Ist das Problem $(\mathbb{N}, M(\text{2-DIAG}))$ algorithmisch entscheidbar oder nicht? Begründe deine Antwort. Zeichne dazu auch Bilder analog zu Abbildung 2.3 und Abbildung 2.4.

**Aufgabe 2.12** Kann dir die Lösung der Aufgabe 2.11 dabei helfen, zwei andere Teilmengen von $\mathbb{N}$ zu definieren, die nicht algorithmisch erkennbar sind? Wie viele algorithmisch unlösbare Probleme lassen sich mit der Diagonalisierungsmethode konstruieren?

**Aufgabe 2.13** $\star$ Definieren wir

$M(\mathrm{DIAG}_2)$ als die Menge aller geraden natürlichen Zahlen $2i$, so dass $2i$ nicht in $M(P_{2i})$ ist.

Kann man etwas über die Entscheidbarkeit von $(\mathbb{N}, M(\mathrm{DIAG}_2))$ aussagen?

Wir haben jetzt das Entscheidungsproblem $(\mathbb{N}, M(\mathrm{DIAG}))$, von dem wir wissen, dass es algorithmisch nicht lösbar ist. Damit sind wir aber noch nicht vollkommen zufrieden. Das Problem ist zwar konkret und endlich beschrieben (obwohl es zuerst als unendliche Folge dargestellt wurde), aber dies ist keine algorithmische Beschreibung zur Konstruktion von $M(\mathrm{DIAG})$, weil, wie wir später sehen werden, die Tabelle in Abbildung 2.3 zwar existiert, aber nicht algorithmisch erzeugt werden kann. Außerdem entspricht $(\mathbb{N}, M(\mathrm{DIAG}))$ auf den ersten Blick keiner praktisch interessanten natürlichen Aufgabe.

## Zusammenfassung

Bei einem Entscheidungsproblem $(\mathbb{N}, M)$ ist für jede gegebene natürliche Zahl $n$ aus $\mathbb{N}$ zu entscheiden, ob $n$ in $M$ ist oder nicht. Ein Algorithmus $A$ löst das Entscheidungsproblem $(\mathbb{N}, M)$, wenn $A$ für jede Eingabe $n$ die Antwort „JA" ausgibt ($n$ akzeptiert), falls $n \in M$, und die Antwort „NEIN" ausgibt ($n$ verwirft), falls $n \notin M$. Wir sagen auch, dass $A$ die Menge $M$ erkennt.

Wenn es einen Algorithmus $A$ gibt, der ein gegebenes Entscheidungsproblem $(\mathbb{N}, M)$ löst, dann sagen wir, dass $(\mathbb{N}, M)$ algorithmisch lösbar ist oder dass $(\mathbb{N}, M)$ entscheidbar ist. Sonst ist $(\mathbb{N}, M)$ algorithmisch nicht lösbar und somit unentscheidbar.

Jedem Programm $P$ mit einer Eingabe $n \in \mathbb{N}$ kann man eine Menge $M(P)$ wie folgt zuordnen. Die Menge $M(P)$ enthält genau diejenigen Zahlen $n \in \mathbb{N}$, für die das Programm $P$ die Antwort „JA" ausgibt. Für Zahlen außerhalb $M(P)$ kann $P$ die Antwort „NEIN" geben oder auch keine Antwort liefern, indem $P$ unendlich lange ohne Resultat arbeitet.

Die Menge aller Programme kann man nummerieren. Mit der Diagonalisierungsmethode kann man zeigen, dass man die Potenzmenge von $\mathbb{N}$, also die Menge aller Teilmengen von $\mathbb{N}$, nicht nummerieren kann. Somit kann man die Menge $M(\mathrm{DIAG})$ konstruieren, die kein Programm akzeptiert. Deswegen gibt es keinen Algorithmus, der $(\mathbb{N}, M(\mathrm{DIAG}))$ löst, und $M(\mathrm{DIAG})$ ist unentscheidbar.

### Kontrollfragen

1. Was ist ein Entscheidungsproblem?

2. Wann sagen wir, dass ein Algorithmus ein Entscheidungsproblem löst?

3. Wie kann man einem Programm $P$, das als Eingabe eine natürliche Zahl erhält, eindeutig eine Menge $M(P) \subseteq \mathbb{N}$ zuordnen?

4. Was ist der Hauptunterschied zwischen Programmen und Algorithmen?

5. Warum kann man alle Programme nummerieren?

6. Wie konstruiert man $M(\text{DIAG})$ mit der Methode der Diagonalisierung?

7. Wie viele unentscheidbare Mengen $M \subseteq \mathbb{N}$ kann man mittels der Diagonalisierung erzeugen?

## Kontrollaufgaben

1. Beschreibe die Arbeit eines Algorithmus, der für eine Eingabe $i \in \mathbb{N}$ als Ausgabe das $i$-te Programm $P_i$ in PASCAL liefert. Dabei darfst du voraussetzen, dass du als Unterprogramm einen Compiler für PASCAL hast.

2. Schreibe ein Programm, das für jede Eingabe $n \in \mathbb{N}$ wie folgt arbeitet:

   (1) Falls $n = 3^i \cdot 7^j$ für irgendwelche $i, j \in \mathbb{N}$, dann wird $n$ akzeptiert (die Antwort „JA" ausgegeben).

   (2) Falls $n$ gerade ist, wird die Antwort „NEIN" ausgegeben.

   (3) Sonst arbeitet das Programm unendlich lange.

3. Bestimme für das folgende Programm $P$ die entsprechende Menge $M(P)$.

   **Eingabe:**  eine Zahl $n \in \mathbb{N}$.

   **begin while** $n \neq 3$ **do** $n := n - 5$;
      output(„JA")
   **end**

4. Entwirf einen Algorithmus, der die Menge $\{n \in \mathbb{N} \mid n \text{ ist durch 5 teilbar oder } n = 5k + 3 \text{ für ein } k \in \mathbb{N}\}$ erkennt und implementiere ihn in einer Programmiersprache.

5. Betrachten wir die Zahl $e$ und die Menge $M(e)$ aller natürlichen Zahlen, die in der unendlichen Folge der Dezimaldarstellung von $e$ als endliche zusammenhängende Teile vorkommen. Beschreibe die Vorgehensweise eines Programms, das die Menge $M(e)$ akzeptiert. Warum ist es schwierig oder sogar unmöglich, das Programm zu einem Algorithmus zu modifizieren?

6. Was kannst du über die Entscheidbarkeit der Menge

$$M(\text{DIAG}^+) = \{n \in \mathbb{N} - \{0\} \mid \text{das } (n-1)\text{-ste Programm } P_{n-1} \text{ akzeptiert die Zahl } n \text{ nicht}\}$$

sagen? Begründe deine Behauptung sorgfältig.

7.  Betrachte das Alphabet $\Sigma = \{0, 1, 2, 3, 4, 5, 6, 7, 8, 9\}$ und die Menge

$$\Sigma^* = \{x \mid x \text{ ist ein Text über } \Sigma\}$$

aller Texte über $\Sigma$. Finde eine Paarung zwischen $[0, 1]$ und

$$U = \{K \mid K \subseteq \Sigma^* \text{ und für jedes } n \in \mathbb{N} \text{ enthält } K \text{ genau einen Text der Länge } n\}.$$

8.  Seien $\Sigma = \{0, 1\}$ ein Alphabet und $\Sigma^* = \{T \mid T \text{ ist ein Text über } \Sigma\}$ die Menge aller Texte über $\Sigma$. Wie würdest du argumentieren, dass die Menge

$$\mathrm{Pot}\,(\Sigma^*) = \{M \mid M \subseteq \Sigma^*\}$$

aller Teilmengen von $\Sigma^*$ nicht abzählbar ist?

9.  Betrachte die Tabelle in Abbildung 2.3. Ist die Menge

$$M = \{m \in \mathbb{N} \mid m = 3k + 1 \text{ für ein } k \in \mathbb{N} \text{ und } m \notin M(P_k)\}$$

entscheidbar oder unentscheidbar? Was kann man über

$$V = \{m \in \mathbb{N} \mid m = 3k + 1 \text{ und } P_m \text{ akzeptiert } m \text{ nicht}\}$$

aussagen?

10. Betrachte $\mathrm{Pot}\,(\mathbb{N}) = \{M \mid M \subseteq \mathbb{N}\}$ aller Teilmengen von $\mathbb{N}$. Einige Teilmengen $U \subseteq \mathbb{N}$ entsprechen einem entscheidbaren Entscheidungsproblem $(\mathbb{N}, U)$, einige einem unentscheidbaren Problem. Von welcher Sorte gibt es mehr? Argumentiere sorgfältig.

## Lösungen zu ausgewählten Aufgaben

**Aufgabe 2.1** Falls $n = p \cdot q$ für irgendwelche Zahlen $p$ und $q$, dann muss $\min \{p, q\} \leq \sqrt{n}$ gelten. Somit ist eine der Zahlen $p$ und $q$ kleiner als $\sqrt{n}$ und es reicht zu testen, ob $n$ durch eine Zahl $m$ mit $2 \leq m \leq \sqrt{n}$ teilbar ist. Schaffst du es, die Anzahl der Teilbarkeitsüberprüfungen noch mehr nach unten zu drücken?

**Aufgabe 2.2** Eine vielleicht nicht erwartete Idee funktioniert auch bei großen Rundungsfehlern, weil sie nur mit ganzen Zahlen arbeitet. Mit der Formel

$$(k + 1)^2 = k^2 + 2k + 1$$

kann man eine Quadratzahl nach der anderen generieren, bis man die gegebene Zahl $n$ entweder erreicht oder überschreitet.

**Programm:** QUAD
**Eingabe:** eine Zahl $n \in \mathbb{N}$.
**Ausgabe:** „JA", falls $n \in \mathrm{QUAD}$.
„NEIN", falls $n \notin \mathrm{QUAD}$.

**begin** $k := 1; m := 1;$
  **while** $k < n$ **do**
    **begin** $\ k := k + 2m + 1;$
        $m := m + 1$
    **end**
    **if** $k = n$ output(„JA") **else** output(„NEIN")
**end**

**Aufgabe 2.7** Wir beschreiben die Arbeit des Programms nur grob. Die genaue Implementierung in Form eines Programmes in der Programmiersprache deiner Wahl darfst du als eine kleine Herausforderung sehen.

Die Idee ist, für die gegebene Zahl $n$ zuerst die Länge $m$ ihrer Dezimaldarstellung zu bestimmen. Danach vergleicht man $n$ mit den ersten $m$ Nachkommastellen von $\pi$. Wenn die Antwort „ungleich" ist, generiert man die nächste Dezimalstelle und vergleicht die Zahl auf den zweiten bis $m + 1$-ten Nachkommastellen von $\pi$ mit $n$ usw.

**Programm:**   PI
**Eingabe:**     eine Zahl $n \in \mathbb{N}$.

**begin**  $m :=$ die Länge der Dezimaldarstellung von $n$;
       $p := \pi$ abgerundet nach unten auf der $n$-ten Nachkommastelle;
       $b := p - 3; k := 1; b := b \cdot 10^{m};$
       **while** $b = n$ **do**
          **begin**  $p := \pi$ abgerundet nach unten auf der $(n + k)$-ten Nachkommastelle;
               $r := \pi$ abgerundet nach unten auf der $k$-ten Nachkommastelle;
               $b := p - r;$
               $b := b \cdot 10^{m+k};$
               $k := k + 1$
          **end**;
       output(„JA");
**end**

**Aufgabe 2.8** Die ersten 17 Stellen der binären Darstellung von QUAD sieht man am besten in der folgenden Tabelle.

|       | 0 | 1 | 2 | 3 | 4 | 5 | 6 | 7 | 8 | 9 | 10 | 11 | 12 | 13 | 14 | 15 | 16 | 17 |
|-------|---|---|---|---|---|---|---|---|---|---|----|----|----|----|----|----|----|----|
| QUAD  | 1 | 1 | 0 | 0 | 1 | 0 | 0 | 0 | 0 | 1 | 0  | 0  | 0  | 0  | 0  | 0  | 1  | 0  |

Wir können diese leicht beliebig verlängern.

**Aufgabe 2.10** Die ersten 10 Positionen von DIAG für die hypothetische Tabelle in Abbildung 2.7 sind

$$\text{DIAG} = 0101000011\ldots.$$

**Aufgabe 2.11** Wir wollen zeigen, dass

$$M(\text{2-DIAG}) = \text{die Menge aller geraden Zahlen } 2i, \text{ so dass } 2i \text{ nicht in } M(P_i) \text{ ist,}$$

nicht entscheidbar ist. Die Idee ist sehr ähnlich zu der Diagonalisierung in Abbildung 2.3. Wir bauen 2-DIAG so, dass sie sich von jeder Zeile der Tabelle unterscheidet. Der einzige Unterschied zu der Konstruktion von DIAG ist, dass sich 2-DIAG von der $i$-ten Zeile der Tabelle an der Stelle $2i$ unterscheidet (statt an der Stelle $i$ wie für DIAG). Wir können das am besten durch die Tabelle in Abbildung 2.8 anschaulich machen.

|          | 0 | 1 | 2 | 3 | 4 | 5 | 6 | 7 | 8 | 9 | 10 | 11 | 12 | $\cdots$ |
|----------|---|---|---|---|---|---|---|---|---|---|----|----|----|----------|
| $M(P_0)$ | 0 | 0 | 1 | 1 | 0 | 1 | 1 | 0 | 1 | 1 | 1  | 1  | 0  |          |
| $M(P_1)$ | 1 | 0 | 1 | 1 | 0 | 0 | 0 | 0 | 1 | 0 | 1  | 1  | 0  |          |
| $M(P_2)$ | 1 | 1 | 1 | 1 | 1 | 1 | 1 | 1 | 0 | 0 | 0  | 1  | 0  |          |
| $M(P_3)$ | 0 | 1 | 0 | 1 | 0 | 0 | 0 | 0 | 1 | 1 | 1  | 0  | 0  |          |
| $M(P_4)$ | 1 | 0 | 1 | 0 | 1 | 0 | 1 | 0 | 1 | 0 | 1  | 0  | 1  |          |
| $M(P_5)$ | 0 | 1 | 0 | 1 | 1 | 0 | 0 | 1 | 0 | 1 | 0  | 1  | 1  |          |
| $M(P_6)$ | 0 | 0 | 0 | 0 | 0 | 0 | 0 | 0 | 0 | 0 | 0  | 0  | 0  | $\cdots$ |
| $\vdots$ |   |   |   |   |   |   |   |   |   |   |    |    | $\vdots$ | $\ddots$ |

**Abbildung 2.8**

Die eingerahmten Stellen der Tabelle bezeichnen die Kreuzungen der $i$-ten Zeile mit der $2i$-ten Spalte, das heißt die Stellen, in denen sich 2-DIAG von den jeweiligen Zeilen der Tabelle unterscheidet. Somit sind die ersten 13 Stellen von 2-DIAG durch die Tabelle in Abbildung 2.8 wie folgt festgelegt:

$$\text{2-DIAG} = \underline{1}0\underline{0}0\underline{0}0\underline{1}0\underline{0}0\underline{1}0\underline{1}\ldots$$

Wir sehen, dass an allen ungeraden Stellen von 2-DIAG Nullen liegen und diese für die Unentscheidbarkeit von 2-DIAG keine Rolle spielen. Die unterstrichenen geraden binären Ziffern (beginnend mit der nullten Ziffer) entsprechen den eingerahmten Positionen in Abbildung 2.8. Somit garantiert die 1 am Anfang (an der 0-ten Stelle), dass 2-DIAG nicht in der nullten Zeile liegt, und die 0 an der zweiten Stelle garantiert, dass 2-DIAG nicht in der ersten Zeile liegt, usw. Die 1 an der 12-ten Stelle von 2-DIAG garantiert, dass 2-DIAG nicht in der 6-ten Zeile der Tabelle liegt.

**Aufgabe 2.12** Man kann zum Beispiel die Mengen

$$M(\text{3-DIAG}) = \{i \in \mathbb{N} \mid 3i \text{ ist nicht in } M(P_i)\},$$

$$M(\text{5-DIAG}) = \{i \in \mathbb{N} \mid 5i \text{ ist nicht in } M(P_i)\}$$

betrachten. Bestimme die ersten paar Elemente der Folgendarstellungen 3-DIAG und 5-DIAG dieser Mengen, falls die Tabelle so wie in Abbildung 2.8 aussieht.

Mit der gleichen Argumentation wie in der Lösung der Aufgabe 2.10 kannst du zeigen, dass $M(3\text{-DIAG})$ und $M(5\text{-DIAG})$ beide algorithmisch unentscheidbar sind. Auf diese Art und Weise kann man unendlich viele algorithmisch unentscheidbare Mengen definieren. Für alle $m \geq 1$ ist

$$M(m\text{-DIAG}) = \{i \in \mathbb{N} \mid m \cdot i \text{ ist nicht in } M(P_i)\}$$

eine algorithmisch unentscheidbare Menge.

Es gibt auch andere Möglichkeiten, unendlich viele algorithmisch unentscheidbare Mengen zu erzeugen. Wir betrachten die Menge $M(2\text{-DIAG})$ aus Aufgabe 2.11. In $M(2\text{-DIAG})$ sind alle geraden Zahlen $2i$, so dass $2i$ nicht in $M(P_i)$ liegt. Keine ungerade Zahl liegt in $M(2\text{-DIAG})$. Ob eine ungerade Zahl in $M(2\text{-DIAG})$ liegt oder nicht, ändert nichts an der Unentscheidbarkeit. Man kann also $M(2\text{-DIAG})$ so modifizieren, dass man eine beliebige Teilmenge von $\mathbb{N}_{unger}$ zu $M(2\text{-DIAG})$ hinzufügt und die resultierende Menge unentscheidbar bleibt.

Weil die Menge aller Teilmengen von $\mathbb{N}_{unger}$ nicht abzählbar ist (schaffst du es zu zeigen?), kann man nicht abzählbar viele Mengen konstruieren, die algorithmisch unentscheidbar sind.

**Aufgabe 2.13** Man kann nichts Definitives über die Entscheidbarkeit der Menge $M(\text{DIAG}_2)$ aussagen. Wir dürfen behaupten, dass $M(\text{DIAG}_2)$ in keiner geraden Zeile der Tabelle (Abbildung 2.2) liegt, weil $M(\text{DIAG}_2)$ sich von $M(P_{2i})$ mindestens in der Zugehörigkeit der Elemente $2i$ unterscheidet. Wir haben aber keine Bedingung, die uns garantiert, dass sich $M(\text{DIAG}_2)$ von den ungeraden Zeilen der Tabelle (von $M(P_{2i+1})$ für $i \in \mathbb{N}$) unterscheidet.

# Lektion 3

# Die Methode der Reduktion in der Mathematik

Wir wissen jetzt, dass wir mittels der Diagonalisierungsmethode algorithmisch unlösbare Probleme beschreiben können. Das bringt uns in eine gute Anfangsposition. In dieser und der nachfolgenden Lektion geht es darum, wie man die Beweise der algorithmischen Unlösbarkeit geschickt auf andere Probleme ausbreiten kann. Die Idee ist, eine Relation **„leichter oder gleich schwer"** bezüglich algorithmischer Lösbarkeit einzuführen.

Seien $U_1$ und $U_2$ zwei Probleme. Wir sagen

> $U_1$ **ist leichter oder gleich schwer wie** $U_2$

oder

> $U_2$ **ist nicht leichter als** $U_1$

bezüglich algorithmischer Lösbarkeit und schreiben

$$U_1 \leq_{\mathrm{Alg}} U_2,$$

wenn die algorithmische Lösbarkeit von $U_2$ die algorithmische Lösbarkeit von $U_1$ impliziert (garantiert).

Was dies genau bedeutet? Wenn man

$$U_1 \leq_{\mathrm{Alg}} U_2$$

hat, dann sind folgende Situationen möglich:

- $U_1$ *und* $U_2$ *sind beide algorithmisch lösbar.*

- $U_1$ *ist algorithmisch lösbar, und* $U_2$ *ist algorithmisch unlösbar.*

- $U_1$ *und* $U_2$ *sind beide algorithmisch unlösbar.*

Die einzige Situation, die für $U_1 \leq_{\mathrm{Alg}} U_2$ ausgeschlossen ist, ist die folgende:

- $U_2$ *ist algorithmisch lösbar, und $U_1$ ist algorithmisch unlösbar.*

Stell dir vor, du hast eine Kette

$$U_1 \leq_{\mathrm{Alg}} U_2 \leq_{\mathrm{Alg}} U_3 \leq_{\mathrm{Alg}} \cdots \leq_{\mathrm{Alg}} U_k$$

von Beziehungen zwischen $k$ Problemen $U_1, U_2, \ldots, U_k$ bewiesen. Nehmen wir weiter an, wir schaffen es, mit der Diagonalisierungsmethode zu zeigen, dass

*$U_1$ algorithmisch unlösbar ist.*

Was können wir daraus schließen? Weil $U_1$ das leichteste Problem von allen in der Kette ist, sind alle anderen Probleme $U_2, U_3, \ldots, U_k$ aus der Kette mindestens so schwer wie $U_1$ und damit

*sind die Probleme $U_2, U_3, \ldots, U_k$ algorithmisch nicht lösbar.*

Genau diesen Weg der Beweisführung der algorithmischen Unlösbarkeit wollen wir jetzt gehen. Das unlösbare Startproblem $U_1$ haben wir schon dank der Diagonalisierung. Es ist das Diagonalproblem $(\mathbb{N}, M(\mathrm{DIAG}))$. Die Frage ist nun, wie man die Beziehung $U_1 \leq_{\mathrm{Alg}} U_2$ zwischen zwei Problemen zeigen kann.

Zu diesem Zweck verwenden wir die Methode der Reduktion, die in der Mathematik entwickelt wurde, um neue Probleme geschickt mittels bekannter Methoden für andere Probleme zu lösen. Weil man fast ausschließlich nur die Methode der Reduktion zum Beweisen von $U_1 \leq_{\mathrm{Alg}} U_2$ verwendet, sagt man in der Informatik, $U_1$ ist auf $U_2$ reduzierbar, falls $U_1 \leq_{\mathrm{Alg}} U_2$ gilt. Wir illustrieren die Methode der Reduktion an zwei Beispielen.

**Beispiel 3.1** Nehmen wir an, wir haben eine Lösungsmethode für „normierte" quadratische Gleichungen der Form

$$x^2 + px + q = 0,$$

das heißt für quadratische Gleichungen mit dem Koeffizienten 1 bei $x^2$. Die Methode zur Lösung solcher Gleichungen ist durch die $p$-$q$-Formel

$$x_1 = -\frac{p}{2} + \sqrt{\left(\frac{p}{2}\right)^2 - q}$$

$$x_2 = -\frac{p}{2} - \sqrt{\left(\frac{p}{2}\right)^2 - q}$$

gegeben. Wenn $\left(\frac{p}{2}\right)^2 - q < 0$ gilt, hat die Gleichung keine reelle Lösung.

Jetzt wollen wir eine Methode zur Lösung einer beliebigen quadratischen Gleichung

$$ax^2 + bx + c = 0$$

entwickeln. Statt eine neue Formel[1] abzuleiten, *reduzieren* wir das Problem der Lösung allgemeiner quadratischer Gleichungen auf das Problem, einfache normierte quadratische Gleichungen zu lösen.

Wir wissen, dass sich Lösungen einer beliebigen Gleichung nicht ändern, wenn man beide Seiten der Gleichung mit der gleichen Zahl (ungleich 0) multipliziert. Also multiplizieren wir beide Seiten der quadratischen Gleichung mit $\frac{1}{a}$.

$$
\begin{aligned}
ax^2 + bx + c &= 0 \qquad \left| \cdot \frac{1}{a} \right. \\
a \cdot \frac{1}{a} \cdot x^2 + b \cdot \frac{1}{a}x + c \cdot \frac{1}{a} &= 0 \cdot \frac{1}{a} \\
x^2 + \frac{b}{a}x + \frac{c}{a} &= 0
\end{aligned}
$$

Damit haben wir eine normierte quadratische Gleichung erhalten und diese lösen wir mit der angegebenen Methode.

Algorithmisch ist diese Reduktion in Abbildung 3.1 gezeichnet. Teil $A$ ist ein Algorithmus, der der algorithmischen Reduktion entspricht. Wir berechnen hier die Koeffizienten $p$ und $q$ der äquivalenten normierten quadratischen Gleichung. Damit ist die Reduktion abgeschlossen. Die Koeffizienten $p$ und $q$ sind die Eingabe für den Algorithmus $B$ zur Lösung von normierten quadratischen Gleichungen der Form $x^2 + px + q = 0$. $B$ löst die Aufgabe. Die Ausgabe von $B$ (die zwei Lösungen $x_1$ und $x_2$ oder die Antwort „Es gibt keine Lösung") können wir direkt als Ausgabe des Algorithmus $C$ zur Lösung allgemeiner quadratischer Gleichungen übernehmen.

Wichtig für den Begriff der Reduktion ist, dass es keine Rolle spielt, wie der Algorithmus $B$ zur Lösung der Gleichungen $x^2 + px + q = 0$ arbeitet. Die Reduktion muss so gemacht werden, dass alleine die Existenz von $B$ reicht, um den Algorithmus $C$ zur Lösung allgemeiner quadratischer Gleichungen entwerfen zu können. Den Algorithmus $B$ benutzt man dabei wie ein schon fertiges Unterprogramm. Somit erhalten wir das Gewünschte. Die Existenz von $B$ zur Lösung normierter quadratischer Gleichungen impliziert die Existenz eines Algorithmus $C$ zur Lösung allgemeiner quadratischer Gleichungen. $\diamond$

Das Lösen von quadratischen Gleichungen der Form $x^2 + px + q = 0$ ist ein Spezialfall des Problems des Lösens der allgemeinen quadratischen Gleichungen für $a = 1$. Somit ist offensichtlich, dass die algorithmische Lösbarkeit allgemeiner quadratischer Gleichungen die Lösbarkeit dieser speziellen quadratischen Gleichungen impliziert. Also sind beide Probleme bezüglich algorithmischer Lösbarkeit gleich schwer.

---

[1] Eine solche Formel haben wir bereits in Kapitel 2 kennen gelernt und programmiert.

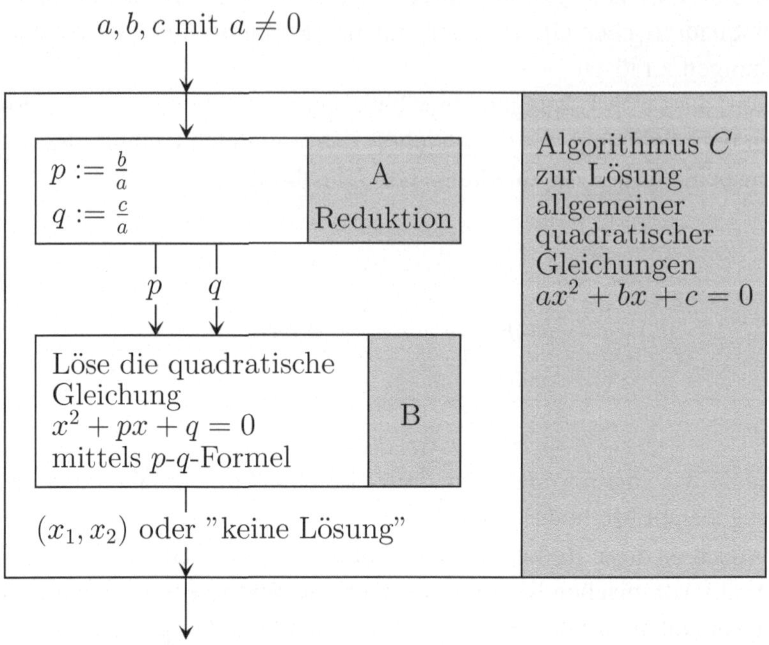


**Abbildung 3.1**

**Aufgabe 3.1** Nehmen wir an, wir haben einen Algorithmus $B$ zur Lösung linearer Gleichungen
der Form

$$ax + b = 0.$$

Entwickle mittels Reduktion einen Algorithmus zur Lösung linearer Gleichungen der Form

$$cx + d = nx + m,$$

wobei $c, d, n$ und $m$ gegebene Zahlen sind und $x$ die Unbekannte ist. Zeichne die Reduktion
analog zu der Abbildung 3.1.

Die Reduktion aus Beispiel 3.1 nennen wir **1-1-Reduktion** (Eins-zu-eins-Reduktion).
Dies ist die einfachste mögliche Reduktion, in der man die Eingabe für ein Problem
$U_1$ (allgemeine quadratische Gleichungen) direkt auf eine Eingabe für ein Problem $U_2$
(normierte quadratische Gleichungen) umwandelt und das Resultat des Algorithmus für
$U_2$ direkt als das Resultat für $U_1$ „eins-zu-eins" übernimmt. Dies bedeutet, dass

$$U_1 \leq_{\text{Alg}} U_2 \tag{3.1}$$

gilt. Das heißt $U_1$ ist algorithmisch nicht schwerer zu lösen als $U_2$, weil ein Algorithmus $B$ für $U_2$ mittels Reduktion zu einem Algorithmus $C$ für $U_1$ (Abbildung 3.1) umgebaut werden kann. In anderen Worten, $U_1$ ist auf $U_2$ reduzierbar.

In unserem Fall beobachten wir zusätzlich noch, dass $U_2$ (das Problem, normierte quadratische Gleichungen zu lösen) ein Spezialfall von $U_1$ (das Problem, allgemeine quadratische Gleichungen zu lösen) ist. Damit ist jeder Algorithmus für $U_1$ automatisch auch ein Algorithmus für $U_2$, das heißt

$$U_2 \leq_{\mathrm{Alg}} U_1. \tag{3.2}$$

Damit dürfen wir behaupten (nach den Ungleichungen (3.1) und (3.2)), dass $U_1$ und $U_2$ algorithmisch gleich schwer sind, was bedeutet, dass entweder beide algorithmisch lösbar oder beide algorithmisch unlösbar sind. Natürlich wissen wir in diesem Spezialfall von quadratischen Gleichungen, dass das Erste zutrifft.

Reduktionen müssen aber nicht immer so einfach aussehen. Um zu zeigen, dass

$$U_1 \leq_{\mathrm{Alg}} U_2$$

gilt, kann es erforderlich sein, dass man den Algorithmus $B$ für $U_2$ mehrfach einsetzen muss oder dass man die Resultate von $B$ noch weiter bearbeiten muss. Als Beispiele präsentieren wir Beispiel 3.2 und die nachfolgende Aufgabe.

**Beispiel 3.2** Wir alle kennen den Satz des Pythagoras, der besagt, dass in einem rechtwinkligen Dreieck (Abbildung 3.2)

$$c^2 = a^2 + b^2$$

gilt, oder genauer in Worten:

> *„Das Quadrat der Länge der längsten Seite (Hypotenuse) eines rechtwinkligen Dreiecks ist gleich der Summe der Quadrate der Längen der kürzeren Seiten (Katheten)."*

Damit haben wir einen Algorithmus $B_\triangle$, der für gegebene Längen zweier Seiten eines rechtwinkligen Dreiecks die Länge der dritten Seite berechnet. Wenn zum Beispiel $a$ und $b$ bekannt sind, berechnet man $c$ als

$$c = \sqrt{a^2 + b^2}.$$

Wenn $a$ und $c$ bekannt sind, dann berechnet man $b$ durch

$$b = \sqrt{c^2 - a^2}.$$

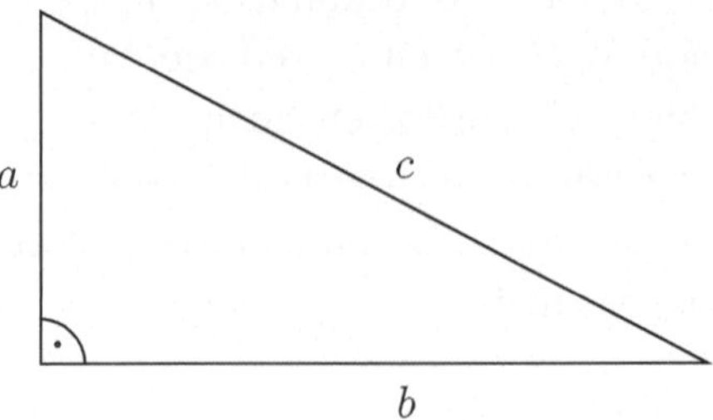

**Abbildung 3.2**

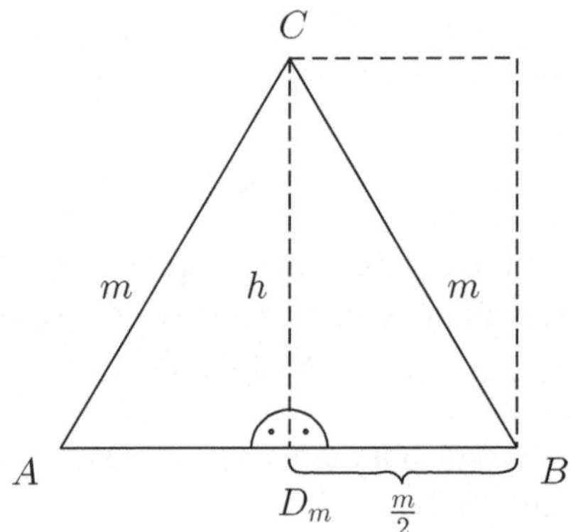

**Abbildung 3.3**

Bezeichnen wir durch $U_\triangle$ das Problem der Berechnung der fehlenden Seitengröße in einem rechtwinkligen Dreieck.

Betrachten wir jetzt eine neue Aufgabe $U_{\text{Fl}}$. Gegeben ist ein gleichseitiges Dreieck (Abbildung 3.3) mit den Seitenlängen $m$. Die Aufgabe ist es, die Fläche dieses Dreiecks auszurechnen. Es ist offensichtlich (Abbildung 3.3), dass die Fläche des Dreiecks

$$\frac{m}{2} \cdot h$$

ist, wobei $h$ die Höhe des Dreiecks ist.

Wir können

$$U_{\text{Fl}} \leq_{\text{Alg}} U_\triangle$$

zeigen, also die Lösung von $U_{\text{Fl}}$ auf $U_\triangle$ reduzieren. Wie man dies machen kann, ist in Abbildung 3.4 gezeigt.

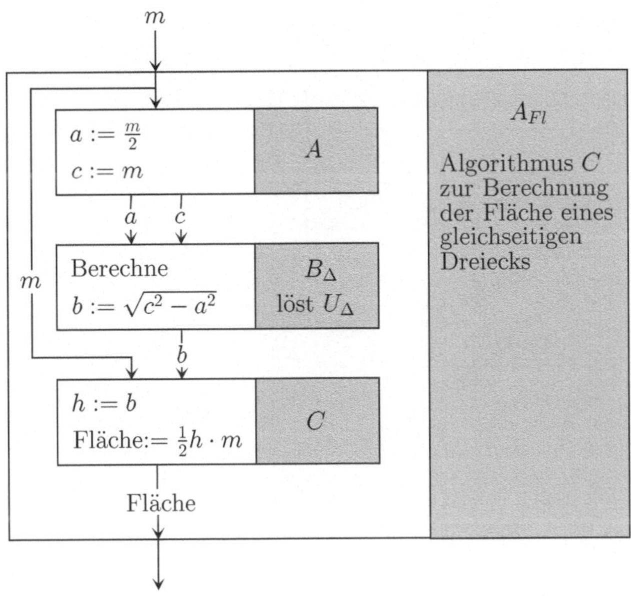

**Abbildung 3.4**

Wir bauen einen Algorithmus $A_{\mathrm{Fl}}$ zur Lösung von $U_{\mathrm{Fl}}$ unter der Annahme, dass wir einen Algorithmus $B_\triangle$ zur Lösung von $U_\triangle$ (der Berechnung der unbekannten Länge einer Seite im rechtwinkligen Dreieck) haben. In Abbildung 3.4 sehen wir, dass wir zu der Flächenberechnung die Höhe $h$ des Dreiecks brauchen. Die Größe $h$ ist die Länge der Seite $CD$ des rechtwinkligen Dreiecks $DBC$. Wir sehen, dass die Länge $a$ der Seite $DB$ gleich $m/2$ ist und dass offensichtlich die Länge $c$ der Hypotenuse in $\triangle ABC$ gleich $m$ ist. Also stellt der Algorithmus $A$ die Werte von $a$ und $c$ entsprechend ein (Abbildung 3.4). Danach nutzen wir den Algorithmus $B_\triangle$ für $U_\triangle$, um die fehlende Größe $h = b$ auszurechnen. Am Ende berechnet der Algorithmus $C$ die Fläche von $\triangle ABC$ aus den Werten von $m$ und $b$. $\diamond$

**Aufgabe 3.2** Betrachten wir die Aufgabe $U_{\mathrm{Pyr}}$, die Höhe einer Pyramide mit quadratischer Grundfläche der Größe $m \times m$ und mit Kantenlängen $m$ auszurechnen (Abbildung 3.5). Löse die Aufgabe, indem du $U_{\mathrm{Pyr}} \leq_{\mathrm{Alg}} U_\triangle$ zeigst. Zeichne die Reduktion analog zu Abbildung 3.4. Beachte, dass man in der Reduktion den Algorithmus $B_\triangle$ zur Lösung von $U_\triangle$ zweimal einsetzen muss.

**Aufgabe 3.3** Finde mindestens drei unterschiedliche Aufgabestellungen aus dem Mathematikunterricht, für die du zeigen kannst, dass sie auf $U_{\mathrm{Pyr}}$ reduzierbar sind.

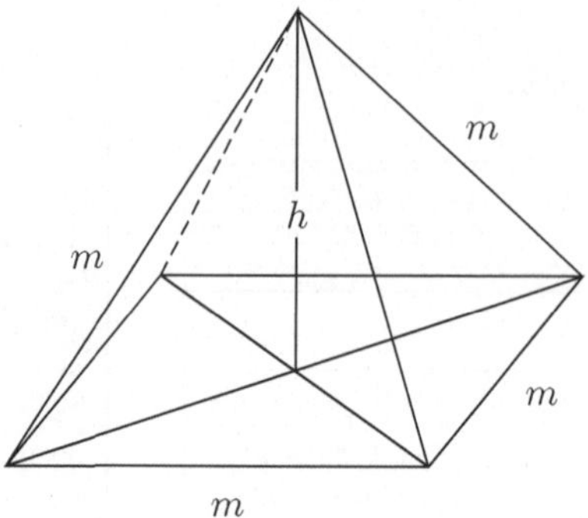

**Abbildung 3.5**

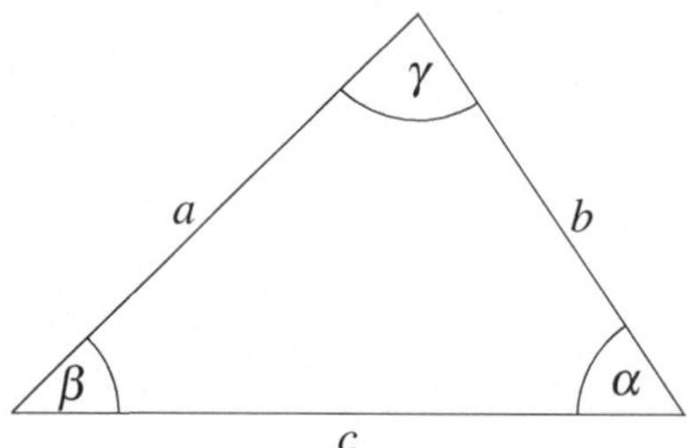

**Abbildung 3.6**

**Aufgabe 3.4** Der Sinussatz besagt, dass

$$\frac{a}{\sin \alpha} = \frac{b}{\sin \beta} = \frac{c}{\sin \gamma},$$

wenn der Winkel $\alpha$ gegenüber $a$, der Winkel $\beta$ gegenüber $b$ und der Winkel $\gamma$ gegenüber $c$ liegt wie in Abbildung 3.6 dargestellt.

Der Sinussatz liefert uns eine Methode zur Lösung des folgenden Problems $U_{\sin}$. Gegeben sind zwei Seitenlängen eines Dreiecks und ein Winkel, der gegenüber einer dieser Seiten liegt. Bestimme die Länge der dritten Seite sowie die Größen der anderen zwei Winkel.
Zeige, dass folgende Probleme auf $U_{\sin}$ reduzierbar sind.

  (a)  Berechne die Fläche eines Dreiecks für gegebene Werte von $a$, $b$ und $\alpha$.

  (b)  Berechne die Fläche eines Dreiecks, wenn man die Höhe $h_c$ auf die Seite $c$, die Seite $b$ und den Winkel $\delta$ (Abbildung 3.7) kennt.

**Aufgabe 3.5** Wir wissen, dass die Summe aller Winkelgrößen eines Dreiecks 180° ergibt. Betrachte das Problem $U_{180°}$, das für zwei angegebene Winkelgrößen $\alpha$ und $\beta$ eines Dreiecks die Größe $\gamma$ des dritten Winkels bestimmen soll. Das Problem ist dank des oben erwähnten Satzes

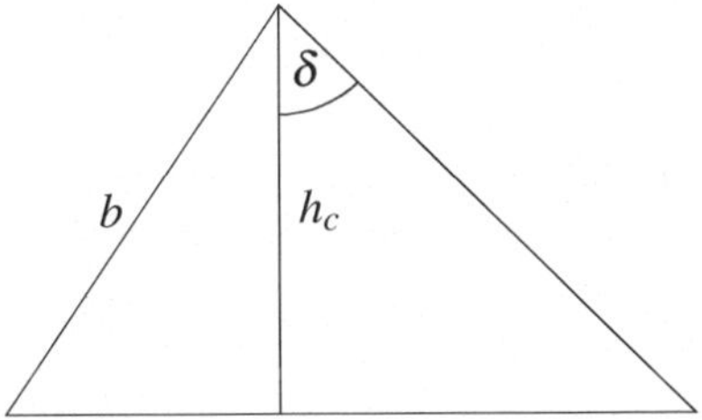

**Abbildung 3.7**

durch $\gamma = 180° - \alpha - \beta$ leicht lösbar. Finde mindestens drei Problemstellungen aus dem Mathematikunterricht, die sich auf das Problem $U_{180°}$ reduzieren lassen.

**Aufgabe 3.6** Formuliere den Cosinussatz und beschreibe das Problem $U_{\cos}$, das sich mit diesem Satz lösen lässt. Finde mindestens drei Problemstellungen aus dem Mathematikunterricht, die sich auf $U_{\cos}$ reduzieren lassen und beschreibe (zeichne) die Reduktionen.

**Beispiel 3.3** Betrachten wir das Problem $U_{\mathrm{lin}}$ der Lösung linearer Gleichungen der Form

$$ax = b.$$

Sei $U_{2\mathrm{lin}}$ das Problem der Lösung der Systeme von zwei linearen Gleichungen der Form

$$a_{11}x + a_{12}y = b_1$$
$$a_{21}x + a_{22}y = b_2$$

für $a_{11} \neq 0$, $a_{12} \neq 0$, $a_{21} \neq 0$ und $a_{22} \neq 0$.

Wir zeigen, dass $U_{2\mathrm{lin}} \leq U_{\mathrm{lin}}$, also dass das Lösen von Systemen von zwei Gleichungen aus der Sicht der algorithmischen Lösbarkeit nicht schwerer ist als das Lösen einer linearen Gleichung.

Um eine Reduktion von $U_{2\mathrm{lin}}$ auf $U_{\mathrm{lin}}$ zu finden, verwenden wir das bekannte Einsetzverfahren. Aus der ersten Gleichung

$$a_{11}x + a_{12}y = b_1$$

drücken wir $x$ aus und erhalten

$$x = -\frac{a_{12}}{a_{11}}y + \frac{b_1}{a_{11}}.$$

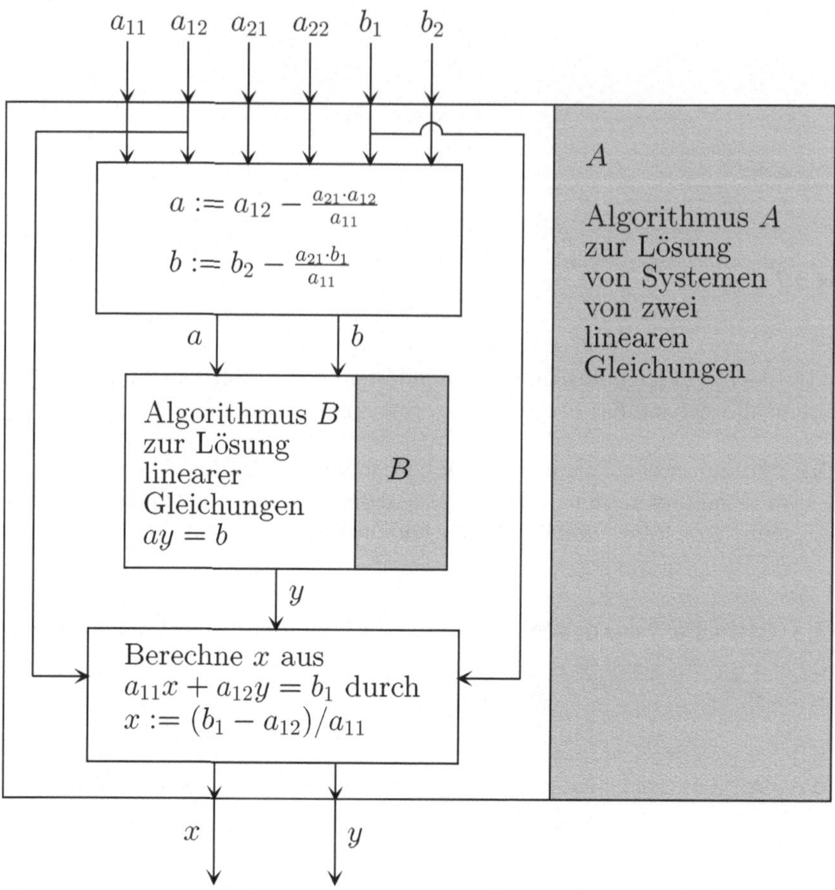


**Abbildung 3.8**

Wir setzen $x$ in die Gleichung $a_{21}x + a_{22}y = b_2$ und erhalten

$$a_{21} \cdot \left( -\frac{a_{12}}{a_{11}} \cdot y + \frac{b_1}{a_{11}} \right) + a_{12} \cdot y = b_2$$

$$-\frac{a_{21} \cdot a_{12}}{a_{11}} \cdot y + \frac{a_{21} \cdot b_1}{a_{11}} + a_{12} \cdot y = b_2 \qquad \Big| - \frac{a_{21} \cdot b_1}{a_{11}}$$

$$\left( a_{12} - \frac{a_{21} \cdot a_{12}}{a_{11}} \right) \cdot y = b_2 - \frac{a_{21} \cdot b_1}{a_{11}}.$$

Mit dieser Formel erhalten wir die folgende Reduktion von $U_{2\text{lin}}$ auf $U_{\text{lin}}$, die wir in Abbildung 3.8 zeichnen. Diese Reduktion zeigt, wie man mit der Hilfe eines Algorithmus $B$ zur Lösung einfacher linearer Gleichungen der Form $a \cdot x = b$ Systeme von zwei linearen Gleichungen lösen kann, vorausgesetzt es gibt eine eindeutige Lösung $(x, y)$.        ◇

**Aufgabe 3.7** Erweitere die Reduktion aus Abbildung 3.8, so dass sie funktioniert, auch wenn das lineare Gleichungssystem keine Lösung oder unendlich viele Lösungen hat.

**Aufgabe 3.8** Sei $U_{2\text{lin}}$ das Problem, ein System von zwei linearen Gleichungen

$$\begin{aligned} a_{11}x + a_{12}y &= b_1 \\ a_{21}x + a_{22}y &= b_2 \end{aligned}$$

mit zwei Unbekannten $x$ und $y$ zu lösen. Sei $U_{3\text{lin}}$ das Problem, ein System von drei linearen Gleichungen

$$\begin{aligned} a_{11}x + a_{12}y + a_{13}z &= b_1 \\ a_{21}x + a_{22}y + a_{23}z &= b_2 \\ a_{31}x + a_{32}y + a_{33}z &= b_3 \end{aligned}$$

mit drei Unbekannten $x$, $y$ und $z$ und $a_{11} \neq 1$ zu lösen. Zeige $U_{3\text{lin}} \leq_{\text{Alg}} U_{2\text{lin}}$.

## Zusammenfassung

Die Methode der Reduktion ist wahrscheinlich die erfolgreichste Technik zur Lösung von Problemen. Man nutzt die schon entwickelten Lösungsmethoden für gewisse Probleme, um allgemeinere oder ganz neue Problemstellungen zu lösen.

Wir sagen, dass ein Problem $A$ auf ein Problem $B$ reduzierbar ist, wenn die Lösbarkeit des Problems $B$ die Lösbarkeit von $A$ impliziert. Aus der Definition der Implikation folgt, dass entweder beide Probleme $A$ und $B$ gleich schwer (beide algorithmisch lösbar oder beide algorithmisch unlösbar) sind oder dass $A$ algorithmisch lösbar ist und $B$ unlösbar ist. Die Reduzierbarkeit von $A$ auf $B$ schliesst nur die Situation aus, dass $A$ unlösbar und $B$ lösbar wäre.

Die Reduzierbarkeit zwischen Problemen beweisen wir meistens konstruktiv. Für den Beweis von „$A$ ist auf $B$ reduzierbar" nehmen wir an, dass wir einen Algorithmus für die Lösung von $B$ haben und verwenden diesen Algorithmus als Unterprogramm, um einen Algorithmus für $A$ zu bauen. Der neu gebaute Teil des Algorithmus für $A$ (alles außer den Unterprogrammen für $B$) betrachten wir als die eigentliche Reduktion.

### Kontrollfragen

1. Erkläre die Bedeutung des Fachbegriffes „Implikation".

2. Wann ist ein Problem $A$ auf ein anderes Problem reduzierbar?

3. Wie könnte man vorgehen um zu zeigen, dass zwei Probleme gleich schwer bezüglich algorithmischer Lösbarkeit sind?

**Abbildung 3.9**

4. Drücke in der Terminologie der Reduzierbarkeit die Tatsache aus, dass das Problem $A$ nicht schwerer als das Problem $B$ ist.

5. Man kann mit der Hilfe eines hypothetischen Algorithmus für ein Problem $C$ einen Algorithmus für ein Problem $D$ bauen. Was gilt dann? Welches Problem ist auf welches reduzierbar?

## Kontrollaufgaben

1. Das Problem $A$ ist auf das Problem $B$ reduzierbar. Das Problem $B$ ist auf das Problem $C$ reduzierbar. Ist dann das Problem $A$ auch auf das Problem $C$ reduzierbar? Begründe deine Aussage.

2. Betrachte das Problem $U_{\text{lin}}$ der Lösung linearer Gleichungen der Form $a \cdot x = b$ und das Problem $V$ der Lösung von Gleichungen der Form

$$x^2 + c \cdot x + d = x^2 + e \cdot x + f$$

für beliebige Zahlen $c$, $d$, $e$ und $f$. Zeige $V \leq_{\text{Alg}} U_{\text{lin}}$. Deine Reduktion von $V$ auf $U_{\text{lin}}$ muss funktionieren, auch wenn die Gleichungen unendlich viele oder keine Lösungen haben.

3. Sei $A_1$ das Problem, im rechtwinkligen Dreieck die Länge der Katheten aus der Länge der Hypotenuse und einem der nicht rechtwinkligen Winkel zu bestimmen. Sei $A_2$ das Problem, die Fläche des Parallelogramms (Abbildung 3.9) aus dem Winkel $\alpha$ und den zwei Seitenlängen zu berechnen. Zeige, dass $A_2$ auf $A_1$ reduzierbar ist.

4. Erweitere die Reduktion aus Beispiel 3.3 (Abbildung 3.8), so dass sie auch für die Probleminstanzen von $U_{\text{lin}}$ funktioniert, für die einige der Konstanten $a_{11}$, $a_{12}$, $a_{21}$ oder $a_{22}$ gleich 0 sein dürfen.

# Lektion 4

# Reduktion als Beweismethode

Wir haben in Lektion 3 gesehen, wie man durch Reduktionen Lösungsmethoden für gewisse Aufgaben erfolgreich zu Lösungsmethoden für weitere Probleme entwickeln kann. Somit dient die Reduktion zur Verbreitung der algorithmischen Lösbarkeit.

Wir wollen hier aber die Reduktion nicht als Hilfsmittel zur Algorithmenentwicklung verwenden. Wir wollen mittels Reduktion die algorithmische Unlösbarkeit (das heißt negative Nachrichten) verbreiten. Wie kann man die Methode zur Erzeugung von Resultaten der Lösbarkeit in eine zur Erzeugung von Resultaten der Unlösbarkeit umwandeln? Wir haben dies schon am Anfang von Lektion 3 angedeutet. Wenn man mittels Reduktion

$$U_1 \leq_{\mathrm{Alg}} U_2$$

beweisen kann und weiß, dass $U_1$ algorithmisch unlösbar ist, dann muss auch $U_2$ algorithmisch unlösbar sein.

Es gibt einen kleinen Unterschied im Beweis von

$$U_1 \leq_{\mathrm{Alg}} U_2$$

für den Zweck der Verbreitung der algorithmischen Lösbarkeit und für den Zweck der Verbreitung der algorithmischen Unlösbarkeit. Für die positiven Resultate haben wir immer schon einen Algorithmus für $U_2$ gehabt, und wir haben etwas dazu programmiert, um einen Algorithmus für $U_1$ zu erhalten. Für die Verbreitung negativer Resultate über die Unlösbarkeit haben wir natürlich keinen Algorithmus für $U_2$. *Wir nehmen nur an, dass es einen gibt.* Und wenn es ihn gibt, dann bauen wir mit seiner Hilfe einen Algorithmus für $U_1$. Das heißt, wir müssen hier mit der hypothetischen Existenz eines Algorithmus $A_2$ für $U_2$ arbeiten, um als Folge auf die Existenz eines Algorithmus $A_1$ für $U_1$ schließen zu können.

Die Anwendung der Reduktion für einen Beweis der algorithmischen Lösbarkeit entspricht einem direkten Beweis (einer direkten Argumentation), den wir in Modul I „Geschichte der Informatik und Begriffsbildung" vorgestellt haben. Die Anwendung der Reduktion für einen Beweis der Nichtexistenz eines Algorithmus für die betrachtete Aufgabe entspricht genau einem indirekten Beweis, wie er in Modul I eingeführt wurde. Um uns auf Bekanntes zu stützen, geben wir wieder zuerst ein Beispiel aus der Mathematik, und erst dann gehen wir zur Algorithmik über.

**Beispiel 4.1** Wir wissen, dass man einen Winkel mit einem Lineal und einem Zirkel nicht dritteln kann. Also gibt es keine Methode als eine Folge von einfachen Schritten (einfachen Anwendungen des Zirkels und des Lineals), mit der man geometrisch einen beliebigen Winkel in drei gleich große Winkel teilen kann. Der Beweis ist nicht offensichtlich, und wir bleiben hier lieber dabei, dass wir diese Behauptung den Mathematikern glauben.

Andererseits wissen wir aus der Schule, dass man mit einem Zirkel und einem Lineal einen Winkel halbieren oder verdoppeln kann.

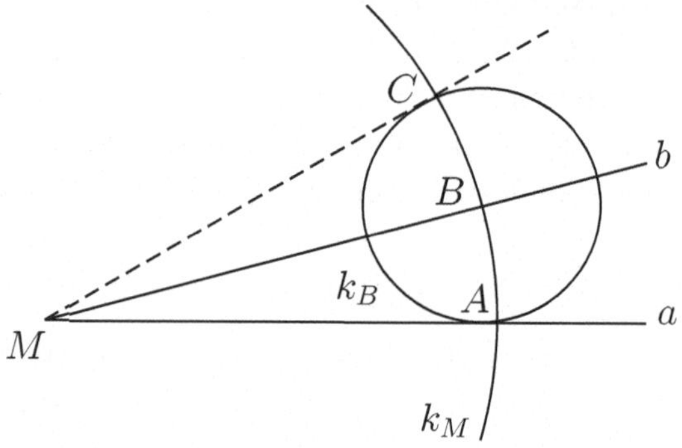


**Abbildung 4.1**  Verdopplung eines Winkels

Zum Beispiel zeigen wir in Abbildung 4.1, wie man einen Winkel $\angle ab$ zwischen zwei Geraden $a$ und $b$ verdoppeln kann. Ein ZL-Algorithmus (Zirkel-Lineal-Algorithmus) für die Verdopplung eines Winkels arbeitet wie folgt:

1. Nimm eine beliebige positive Distanz $r$ in den Zirkel und zeichne einen Kreis $k_M$ mit dem Mittelpunkt $M$ (Schnittpunkt von $a$ und $b$) und dem Radius $r$.

2. Bezeichne durch $A$ den Schnittpunkt des Kreises $k_M$ und der Gerade $a$ und durch $B$ den Schnittpunkt von $k_M$ und $b$.

3. Nimm die Entfernung $\overline{AB}$ zwischen $A$ und $B$ in den Zirkel und zeichne einen Kreis $k_B$ mit dem Mittelpunkt $B$ und dem Radius $\overline{AB}$.

4. Bezeichne durch $C$ den Schnitt von $k_M$ und $k_B$, der sich von $A$ unterscheidet.

5. Verbinde die Punkte $M$ und $C$ mit dem Lineal.

Wir wissen jetzt, dass der Winkel $\angle AMC$ zwischen der Gerade $a$ und der Gerade durch $M$ und $C$ doppelt so groß wie der ursprüngliche Winkel $\angle ab = \angle AMB$ ist.

Dies war nur zur Erinnerung. Unsere Aufgabe ist zu zeigen, dass es keinen ZL-Algorithmus gibt, der einen beliebigen Winkel sechsteln (in sechs gleich große Winkel teilen) kann. So etwas zu begründen wird wahrscheinlich nicht leichter, als die Nichtexistenz eines ZL-Algorithmus für das Dritteln von Winkeln zu beweisen. Wir müssen hier aber diesen schwierigen Weg nicht gehen, da wir schon wissen, dass man mit einem Zirkel und einem Lineal nicht dritteln kann. Diese Tatsache dürfen wir für unseren Beweis verwenden.

Wie gehen wir vor? Wir nehmen das Gegenteil von dem an, was wir beweisen wollen, und dann zeigen wir, dass wir unter dieser Voraussetzung auch Winkel dritteln können, was aber einer schon bekannten Tatsache widerspricht. Genauer gesagt nehmen wir an, dass wir einen ZL-Algorithmus $A_6$ für das Sechsteln haben, und mit der Hilfe von $A_6$ bauen wir einen ZL-Algorithmus $A_3$ zum Dritteln von Winkeln. Weil $A_3$ nicht existiert, schließen wir, dass auch $A_6$ nicht existieren kann.

Beschreiben wir die Reduktion vom Dritteln auf das Sechsteln von Winkeln wie folgt (Abbildung 4.2). Wir haben vorausgesetzt, dass ein ZL-Algorithmus $A_6$ für das Sechsteln von Winkeln existiert. Zuerst setzt man $A_6$ ein, um den gegebenen Winkel $W$ zu sechsteln. Dadurch erhalten wir 6 gleich große Winkel $w_1, w_2, w_3, w_4, w_5, w_6$ (siehe Abbildung 4.3). Dann packen wir immer zwei benachbarte Winkel, anfangend mit $w_1$ und $w_2$, zusammen und erhalten drei gleich große Winkel $w_{12}, w_{34}, w_{56}$ (Abbildung 4.3). Die Einteilung von $W$ in diese drei Winkel entspricht dem Dritteln von $W$.

In der Sprache der indirekten Begründung (des indirekten Beweises) zeigt die Reduktion in Abbildung 4.2 die nachstehende Folgerung:

*„Wenn man jeden Winkel mit einem ZL-Algorithmus sechsteln kann, dann kann man mit einem ZL-Algorithmus auch jeden Winkel dritteln."*

Die Gültigkeit dieser bewiesenen Folgerung schließt (nach der Definition der Implikation) aus den vier möglichen Situationen in Abbildung 4.4 die zweite Möglichkeit aus. Jetzt betrachten wir noch die Tatsache, dass Dritteln nicht geht, und somit ist 4 die einzige der drei verbleibenden Möglichkeiten 1, 3 und 4, für die „Dritteln geht nicht" gilt. Die einzige verbleibende Situation 4 beinhaltet „Sechsteln geht nicht", und somit können wir schließen, dass ZL-Algorithmen nicht beliebige Winkel sechsteln können. $\diamond$

**Aufgabe 4.1** Das Problem des Drittelns hat auch eine vereinfachte Darstellung. Die Aufgabe ist, für einen beliebigen Winkel $W$ einen Winkel $V$ mit einem Zirkel und einem Lineal zu konstruieren, so dass $W$ die dreifache Größe von $V$ hat. Man kann beweisen, dass auch diese Vereinfachung

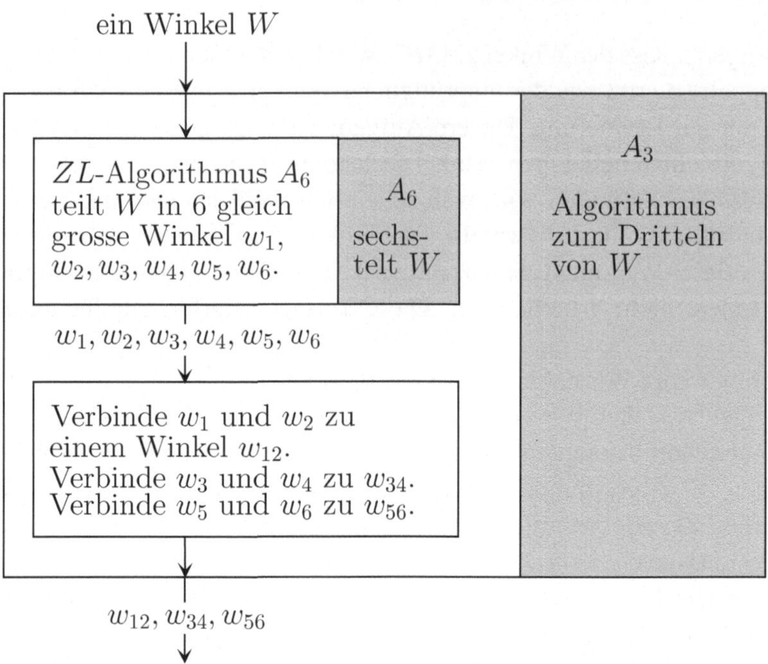



**Abbildung 4.2**

der Formulierung nichts an der ZL-Unlösbarkeit dieses Problems ändert. Führe jetzt einen ähnlichen Beweis mit einem Bild wie in Abbildung 4.2, um zu zeigen, dass man zu einem beliebigen Winkel $W$ mit keinem ZL-Algorithmus einen Winkel

(i)  der Größe $\frac{1}{6}$,

(ii)  der Größe $\frac{1}{9}$

konstruieren kann.

Jetzt kehren wir aus der Welt der ZL-Algorithmen in die Welt der allgemeinen Algorithmen zurück. Unser Diagonalproblem spielt hier eine ähnliche Rolle wie das Dritteln von Winkeln bei ZL-Algorithmen. Aus seiner algorithmischen Unlösbarkeit wollen wir auf die algorithmische Unlösbarkeit weiterer Probleme schließen.

Das Schema der Reduktion für $U_1 \leq_{\text{Alg}} U_2$ ist in Abbildung 4.5 gezeigt.

Der Algorithmus $A_1$ zur Lösung von $U_1$ ist wie folgt gebaut. Die Eingabe $y$ für $U_1$ wird zuerst vom Algorithmus $B$ bearbeitet. Der Algorithmus $B$ kann Eingaben als Problemfälle $x$ von $U_2$ für $A_2$ erzeugen. Gemäß unserer Voraussetzung produziert $A_2$ die

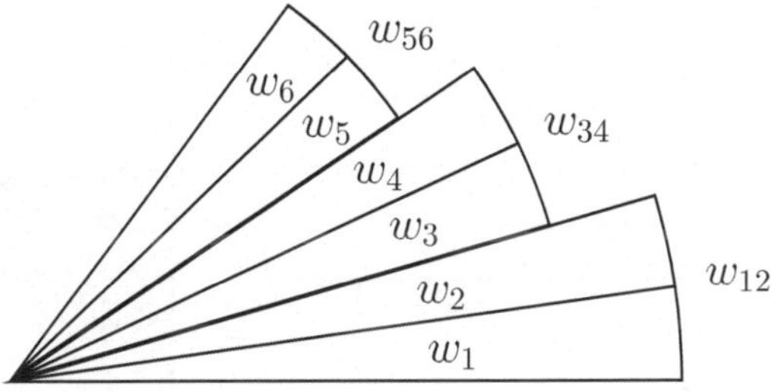

**Abbildung 4.3**

| Situation | Sechsteln | Dritteln |
|:---:|:---:|:---:|
| 1 | geht | geht |
| 2 | geht | geht nicht |
| 3 | geht nicht | geht |
| 4 | geht nicht | geht nicht |

**Abbildung 4.4**

korrekte Lösung für $x$ und gibt sie aus. Wie wir in Abbildung 4.5 sehen, kann $A_2$ mehrfach angesprochen werden. Letztendlich bearbeitet der Algorithmus $C$ alle erzeugten Zwischenresultate und errechnet die definitive Ausgabe (das Resultat) für den Problemfall $y$ von $U_1$. Dabei ist noch wichtig zu beobachten, dass $A_2$, $B$ und $C$ Algorithmen sind und deswegen immer nach endlicher Zeit Resultate liefern. Die Anzahl der Anfragen von $B$ an $A_2$ darf nur endlich sein, und somit kann die Schleife, die $B$ und $A_2$ beinhaltet, auch nur endlich oft verwendet werden. Daraus kann man schließen, dass $A_1$ auch ein Algorithmus ist, weil $A_1$ für jede Eingabe in endlicher Zeit eine korrekte Antwort liefert.

Jetzt stellen wir zwei neue Entscheidungsprobleme vor, die von Interesse für die Programmentwicklung sind.

**UNIV** (das universelle Problem)
**Eingabe:**   ein Programm $P$ und eine Eingabe $i \in \mathbb{N}$ für $P$.
**Ausgabe:**   „JA", falls $P$ die Eingabe $i$ akzeptiert (das heißt $i$ ist in $M(P)$).
           „NEIN", falls $P$ die Eingabe $i$ nicht akzeptiert
           (das heißt entweder hält $P$ und verwirft die Eingabe $i$ oder
           $P$ arbeitet auf $i$ unendlich lange).

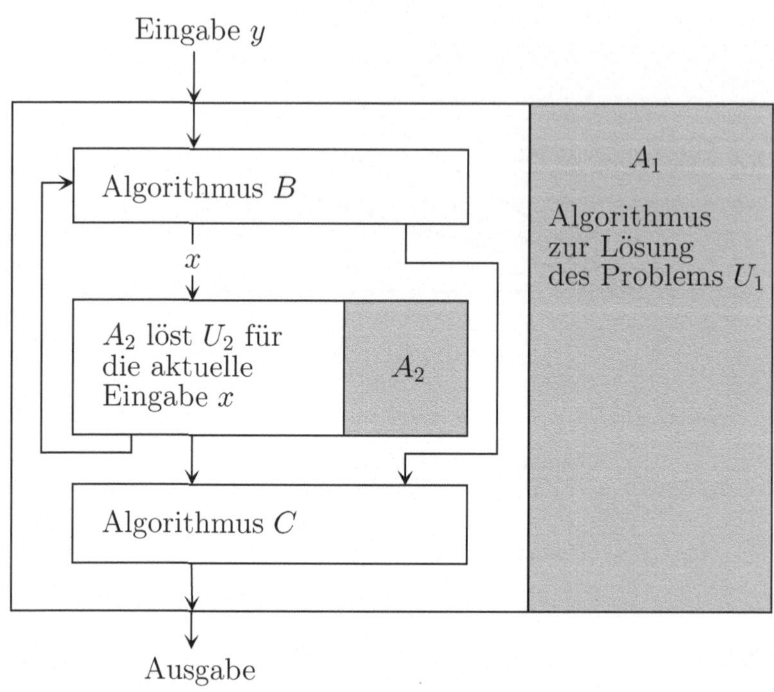


**Abbildung 4.5**

**HALT** (das Halteproblem)

**Eingabe:**  ein Programm $P$ und eine natürliche Zahl $i$.

**Ausgabe:**  „JA", falls $P$ auf der Eingabe $i$ hält (das heißt $P$ arbeitet auf $i$ endlich lange).
„NEIN", falls $P$ auf der Eingabe $i$ nicht hält
(das heißt $P$ gerät bei der Arbeit auf seiner Eingabe $i$ in
eine endlose Wiederholung einer Schleife).

Das Halteproblem ist offensichtlich eine der Grundfragen beim Testen von Softwareprodukten. Wir wissen, dass wir nur solche Programme als Algorithmen betrachten dürfen, die nie in eine endlose Tätigkeit geraten. Deswegen will man jedes neu entwickelte Programm im Rahmen seiner Korrektheitsprüfung testen, ob es immer (für jede Eingabe) nach endlicher Zeit die Berechnung einer Ausgabe garantiert. Das Halteproblem HALT ist eine einfachere Version des Testens. Wir fragen nur, ob das Programm $P$ auf einer konkreten Eingabe $i$ hält (die eigentliche Frage ist, ob es auf allen Eingaben hält). Wir werden später sehen, dass schon diese vereinfachte Testfrage algorithmisch nicht zu beantworten ist.

Das universelle Problem bezieht sich direkt auf die Korrektheitsüberprüfung eines Programms $P$ für ein Entscheidungsproblem. Wir testen, ob $P$ auf der Eingabe $i$ das richtige Resultat „JA" oder „NEIN" liefert. Jetzt kann jemand sagen, das können wir sehr einfach tun: Simulieren wir die Arbeit von $P$ auf $i$ und schauen wir, ob $P$ „JA" oder „NEIN" ausgibt. Das könnten wir tatsächlich tun, wenn wir die Garantie hätten, dass $P$ ein Algorithmus ist (das heißt, dass $P$ auf seiner Eingabe $i$ hält). Diese Garantie haben wir aber nicht. Wenn $P$ auf $i$ unendlich lange arbeiten würde, würden wir die Arbeit von $P$ auf $i$ unendlich lange simulieren und keine Antwort auf unsere Frage erfahren, ob $P$ die Zahl $i$ akzeptiert oder nicht. Wenn wir aber einen Algorithmus für das universelle Problem bauen wollen, darf dieser Algorithmus nicht unendlich lange rechnen, also darf er nicht in eine endlose Simulation geraten.

Wir sehen aus diesen Überlegungen, dass das Halteproblem und das universelle Problem stark verbunden sind. Tatsächlich zeigen wir, dass diese Probleme gleich schwer sind.

Wir zeigen zuerst, dass

$$\text{UNIV} \leq_{\text{Alg}} \text{HALT}$$

ist, das heißt

*UNIV ist bezüglich algorithmischer Lösbarkeit nicht schwerer als HALT.*

Was müssen wir jetzt zeigen? Wir müssen zeigen, dass die Existenz eines Algorithmus für HALT auch die Existenz eines Algorithmus zur Lösung von UNIV garantiert. Wir nehmen also an, dass wir einen Algorithmus $A_{\text{HALT}}$ für HALT haben. Wir bauen jetzt einen Algorithmus $B$ für UNIV (Abbildung 4.6).

Der Algorithmus $B$ arbeitet auf einer Eingabe $(P, i)$ wie folgt.

1. $B$ übergibt seine Eingabe $(P, i)$ ohne Änderungen an den Algorithmus $A_{\text{HALT}}$.

2. Der Algorithmus $A_{\text{HALT}}$ entscheidet (in endlicher Zeit), ob $P$ auf $i$ hält oder nicht. $A_{\text{HALT}}$ antwortet „JA", falls $P$ auf $i$ hält. Sonst antwortet $A_{\text{HALT}}$ „NEIN".

3. Falls $A_{\text{HALT}}$ die Antwort „NEIN" ausgibt, weiß $B$ mit Sicherheit, dass $P$ die Zahl $i$ nicht akzeptiert (weil $P$ unendlich lange auf $i$ arbeitet) und liefert die Antwort „NEIN" („$i$ ist nicht in $M(P)$").

4. Falls $A_{\text{HALT}}$ die Antwort „JA" ausgibt, simuliert $B$ im Teilprogramm $S$ (Abbildung 4.6) die endliche Arbeit von $P$ auf $i$. In der endlichen Simulation stellt $B$ fest, ob $P$ die Zahl $i$ akzeptiert oder nicht und gibt dieses Resultat als eigene Ausgabe aus (Abbildung 4.6).

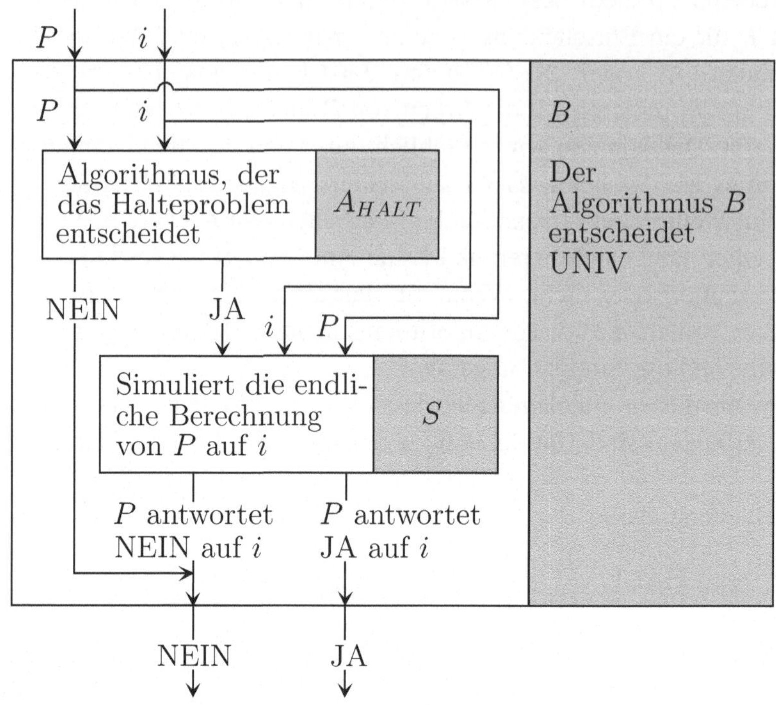


**Abbildung 4.6**

Aus der Konstruktion sehen wir direkt, dass $B$ korrekt entscheidet, ob $i$ in $M(P)$ ist oder nicht. Wir müssen noch überprüfen, ob $B$ immer nur endlich lange arbeitet. Nach der Voraussetzung ist $A_{HALT}$ ein Algorithmus und deswegen liefert $A_{HALT}$ seine Ausgaben in endlicher Zeit, das heißt im Teil $A_{HALT}$ kann $B$ nicht in eine endlose Tätigkeit geraten. Das Simulationsprogramm $S$ startet $B$ nur dann, wenn feststeht, dass $P$ auf $i$ endlich lange arbeitet. Deswegen läuft die Simulation immer in endlicher Zeit, und somit kann $B$ im Teilprogramm $S$ nicht in eine endlose Berechnung geraten. Damit hält $B$ immer und ist ein Algorithmus für die Lösung des universellen Problems.

Wir haben gerade gezeigt, dass UNIV leichter oder gleich schwer wie HALT ist. Wir wollen zeigen, dass diese Probleme gleich schwer sind. Dazu müssen wir noch die umgekehrte Beziehung

$$\text{HALT} \leq_{\text{Alg}} \text{UNIV}$$

zeigen. Dies bedeutet, dass wir aus der algorithmischen Lösbarkeit von UNIV auf die algorithmische Lösbarkeit von HALT schließen wollen. Sei $A_{\text{UNIV}}$ ein Algorithmus, der

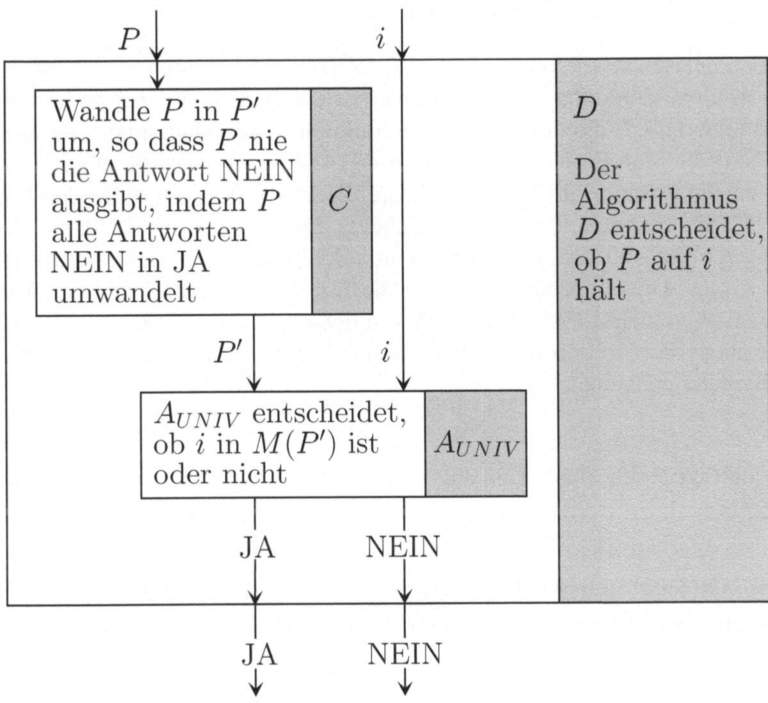


**Abbildung 4.7**

UNIV entscheidet. Wir bauen einen Algorithmus $D$ für HALT, der für jede Eingabe $(P, i)$ wie folgt arbeitet (Abbildung 4.7):

1. $D$ gibt $P$ an das Teilprogramm $C$, das $P$ in ein Programm $P'$ wie folgt umwandelt. $C$ sucht alle Programmbefehle von $P$ mit Ausgabe „NEIN" und ersetzt alle Ausgaben „NEIN" durch „JA". Damit gibt $P'$ nie die Antwort „NEIN" aus und es gilt:

   „Jede endliche Berechnung von $P'$ endet mit der Antwort „JA", und $P'$ akzeptiert genau die Zahlen $i$, auf denen $P$ endlich lange gearbeitet hat."

2. $D$ gibt $P'$ und den zweiten Teil $i$ seiner Eingabe an $A_{\mathrm{UNIV}}$ (Abbildung 4.7). $A_{\mathrm{UNIV}}$ entscheidet, ob $i$ in $M(P')$ ist oder nicht.

3. $D$ übernimmt die Antwort „JA" oder „NEIN" von $A_{\mathrm{UNIV}}$ als eigene Ausgabe.

**Aufgabe 4.2** Erkläre möglichst genau, warum $D$ ein Algorithmus zur Lösung des Halteproblems ist.

**Aufgabe 4.3** $\star$ Die Reduktion für $A_{UNIV} \leq_{Alg} A_{HALT}$ in Abbildung 4.6 und die Reduktion $A_{HALT} \leq_{Alg} A_{UNIV}$ (Abbildung 4.7) sehen unterschiedlich aus. Wir ziehen oft die Art der Reduktion in Abbildung 4.7, die der typischen Reduktion in der Mathematik entspricht, vor. Wir wandeln die Eingabe (den Problemfall) $(P, i)$ von HALT in einen Problemfall $(P', i)$ von UNIV um, so dass wir die Lösung für $(P', i)$ von $A_{UNIV}$ direkt als die Lösung für den Problemfall für $(P, i)$ von HALT übernehmen können. Das Schema dieser Reduktion ist das einfache Schema aus Abbildung 3.1 und Abbildung 4.7. Finde eine solche einfache Reduktion für den Beweis von $A_{UNIV} \leq_{Alg} A_{HALT}$. Dies bedeutet, du musst die Eingabe $(P, i)$ als Problemfall von UNIV in eine Eingabe $(P', i)$ von HALT algorithmisch so umwandeln, dass du die Antwort von $A_{HALT}$ für $(P', i)$ (die Lösung von $(P', i)$ für das Halteproblem) direkt als die Lösung des Problemfalls $(P, i)$ von UNIV übernehmen kannst.

Wir haben jetzt gezeigt, dass das universelle Problem und das Halteproblem gleich schwer bezüglich ihrer algorithmischen Lösbarkeit sind. Dies bedeutet, dass entweder beide Probleme algorithmisch lösbar oder beide algorithmisch unlösbar sind. Wie schon angekündigt, beabsichtigen wir ihre Unlösbarkeit nachzuweisen. Dazu reicht es aus zu zeigen, dass eines von Ihnen nicht leichter zu lösen ist als $(\mathbb{N}, M(DIAG))$. Wir zeigen

$$(\mathbb{N}, M(DIAG)) \leq_{Alg} UNIV.$$

Wir setzen voraus, dass wir einen Algorithmus $A_{UNIV}$ zur Lösung von UNIV haben und bauen mit seiner Hilfe den Algorithmus $A_{DIAG}$ zur Entscheidung von $(\mathbb{N}, M(DIAG))$. Der Algorithmus $A_{DIAG}$ soll für jede natürliche Zahl $i$ die Antwort „JA" liefern, falls das $i$-te Programm $P_i$ die Zahl $i$ nicht akzeptiert, und „NEIN" ausgeben, falls $P_i$ die Zahl $i$ akzeptiert. $A_{DIAG}$ arbeitet auf jeder Eingabe $i$ wie folgt:

1. $A_{DIAG}$ schickt die Eingabe $i$ an das Teilprogramm $A_{gen}$, das das $i$-te Programm $P_i$ als Ausgabe liefert.

2. $A_{DIAG}$ nimmt $i$ und $P_i$ und gibt beide als Eingaben an $A_{UNIV}$. $A_{UNIV}$ entscheidet, ob $P_i$ die Zahl $i$ akzeptiert (Antwort „JA") oder nicht akzeptiert (Antwort „NEIN").

3. $A_{DIAG}$ dreht die Antworten um. Falls $A_{UNIV}$ „JA" ausgegeben hat ($i$ ist in $M(P_i)$), dann gehört $i$ nicht zu $M(DIAG)$ und $A_{UNIV}$ gibt die richtige Antwort „NEIN". Falls $A_{UNIV}$ „NEIN" ausgegeben hat ($i$ ist nicht in $M(P_i)$), dann ist $i$ in $M(DIAG)$ und $A_{UNIV}$ muss die Antwort „JA" ausgeben.

Aus der Beschreibung der Arbeit von $A_{DIAG}$ auf $i$ sehen wir sofort, dass $A_{DIAG}$ korrekt arbeitet, wenn $A_{UNIV}$ und $A_{gen}$ korrekt arbeiten. Dass $A_{UNIV}$ ein Algorithmus für UNIV

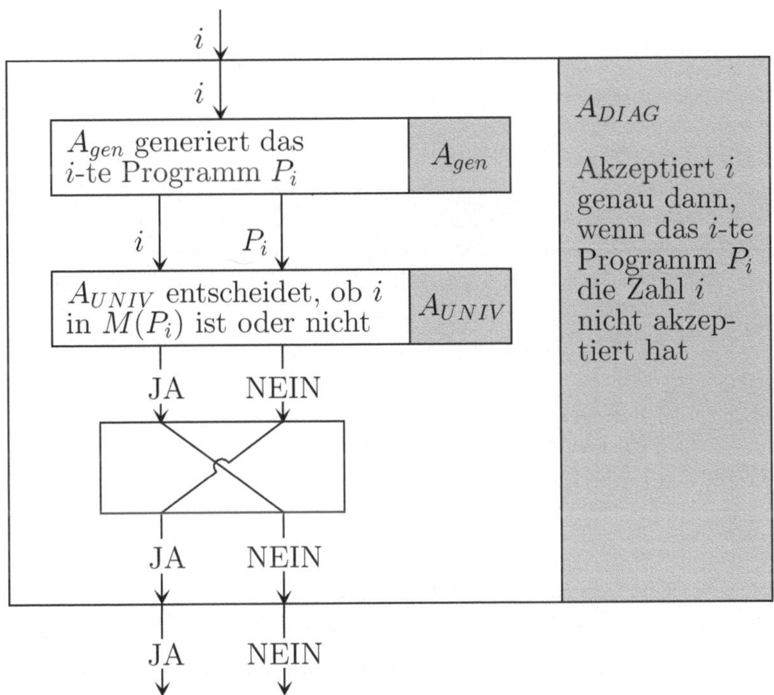



**Abbildung 4.8**

ist, haben wir vorausgesetzt. Die verbleibende Frage ist nur, ob man wirklich einen Algorithmus $A_{\text{gen}}$ bauen kann, der für eine beliebige natürliche Zahl $i$ eine Textdarstellung des $i$-ten Programmes $P_i$ in endlicher Zeit generiert. $A_{\text{gen}}$ kann wie folgt arbeiten. Er generiert nacheinander die Texte bezüglich der Nummerierung aus Lektion 1. Für jeden Text wendet er einen Compiler an, um zu überprüfen, ob der Text der Darstellung eines Programms entspricht oder nicht. Dabei zählt $A_{\text{gen}}$ die Anzahl positiver Antworten. Nachdem $A_{\text{gen}}$ $i$ positive Antworten erhalten hat, weiß er, dass der letzte generierte Text die Darstellung des $i$-ten Programms $P_i$ ist. Ein Schema (Flussdiagramm) der Arbeit von $A_{\text{gen}}$ ist in Abbildung 4.9 gezeigt.

**Aufgabe 4.4** Zeige $(\mathbb{N}, M(\text{DIAG})) \leq_{\text{Alg}} \text{HALT}$ durch eine Reduktion von $(\mathbb{N}, M(\text{DIAG}))$ auf HALT.

**Aufgabe 4.5** Sei $M(\overline{\text{DIAG}})$ die Menge aller natürlichen Zahlen $i$, so dass $P_i$ die Zahl $i$ akzeptiert. Damit sind in $M(\overline{\text{DIAG}})$ genau die natürlichen Zahlen enthalten, die nicht in $M(\text{DIAG})$

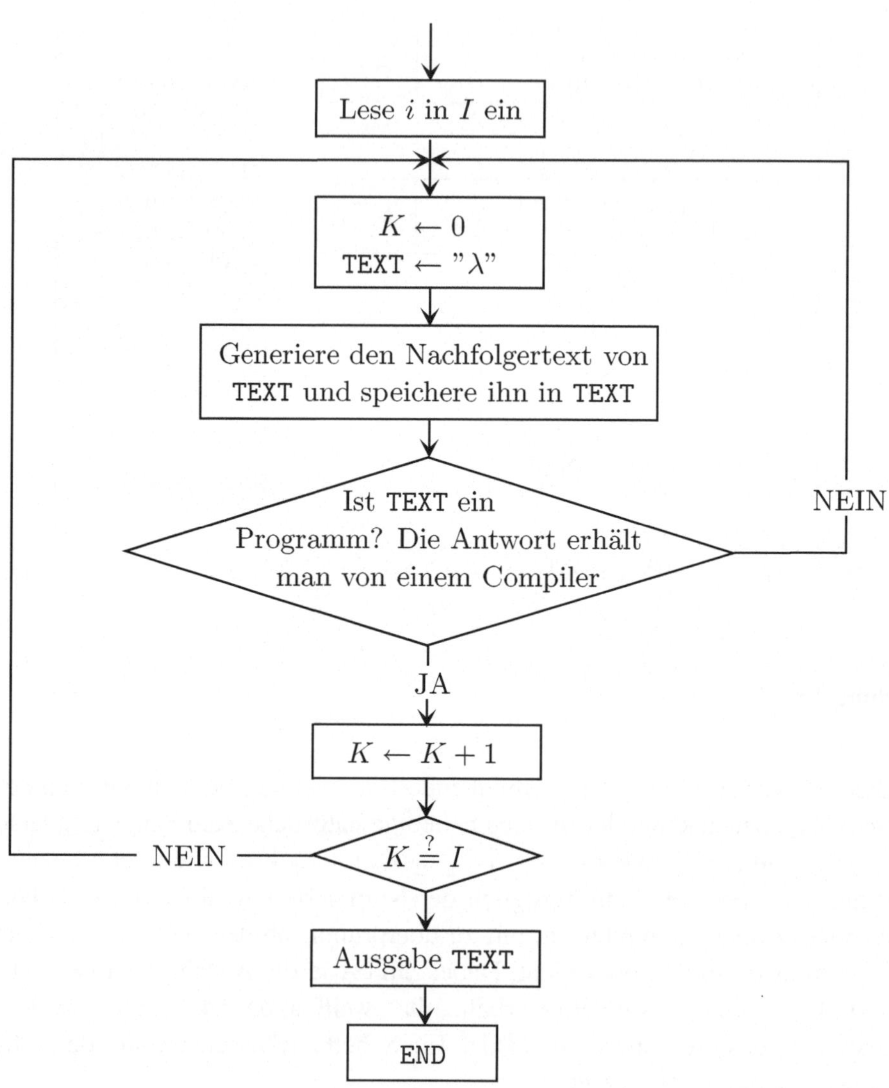


**Abbildung 4.9**

sind. Zeige mittels Reduktion $(\mathbb{N}, M(\mathrm{DIAG})) \leq_{\mathrm{Alg}} (\mathbb{N}, M(\overline{\mathrm{DIAG}}))$ und $(\mathbb{N}, M(\overline{\mathrm{DIAG}})) \leq_{\mathrm{Alg}}$ $(\mathbb{N}, M(\mathrm{DIAG}))$.

Wir haben gezeigt, dass das Entscheidungsproblem $(\mathbb{N}, M(\mathrm{DIAG}))$, das universelle Problem UNIV und das Halteproblem HALT algorithmisch nicht lösbar sind. Dabei sind die Aufgabenformulierungen von UNIV und HALT wichtig für das Testen von Programmen und somit von praktischer Bedeutung. Leider können Informatiker die enttäuschende Aussage beweisen, dass alle wichtigen Testaufgaben für Programme algorithmisch nicht lösbar sind. Dazu gehört leider auch die Aufgabe zu bestimmen, ob ein gegebenes Programm einen Virus enthält oder nicht. Es ist sogar so schlimm, dass die folgende leicht erscheinende Aufgabe algorithmisch nicht lösbar ist.

Sei $f_0$ eine Funktion auf den natürlichen Zahlen, die für jede Eingabe $i$ als Resultat 0 ausgibt. Solche Funktionen nennen wir konstante Funktionen, weil das Resultat ganz unabhängig von der Eingabe (von den Argumenten) ist. Folgendes Programm

```
0  Ausgabe ← „0"
1  End,
```

das die Eingabe $i$ gar nicht anschaut (einliest), berechnet die Funktion $f_0$. Trotzdem ist es algorithmisch unentscheidbar, für ein gegebenes Programm $P$ zu entscheiden, ob $P$ die Funktion $f_0$ berechnet[1]. Dies muss so verstanden werden, dass man bei diesem Entscheidungsproblem als Eingabe auch sehr lange Programme bekommen kann, die viel Unwichtiges oder sogar Sinnloses tun. Die Frage ist nur, ob sie am Ende doch das richtige Resultat „0" ausgeben.

**Aufgabe 4.6** ⋆ Sei $\mathcal{M}_0$ die Menge aller Programme $P$ mit $M(P) = \emptyset$. In anderen Worten enthält $\mathcal{M}_0$ alle Programme, die für jede Eingabe die Ausgabe „NEIN" („0") liefern oder unendlich lange arbeiten. Beweise, dass es nicht algorithmisch entscheidbar ist, ob ein gegebenes Programm zu $\mathcal{M}_0$ gehört oder nicht (ob ein gegebenes Programm keine Eingabe akzeptiert).

In dieser Lektion haben wir etwas Wichtiges gelernt. *Syntaktische Fragen und Probleme wie „Entspricht ein gegebener Text einem Programm?" sind algorithmisch lösbar.* Wir können sogar für ein gegebenes $i$ das $i$-te Programm $P_i$ konstruieren. *Die semantischen Fragen, die die Bedeutung der Berechnungen und die Korrektheit von Programmen hinterfragen, sind algorithmisch nicht lösbar.*

---

[1] Also das Gleiche wie das Programm oben ausrechnet.

## Zusammenfassung

Wir haben die Hoffnung vom Anfang des zwanzigsten Jahrhunderts, dass man alles automatisieren kann, zunichte gemacht. Wir haben herausgefunden, *dass es Problemstellungen gibt, die man automatisch mit Hilfe von durch Algorithmen gesteuerten Maschinen nicht lösen kann.* Diese Aussage gilt unabhängig von derzeitigen oder zukünftigen Rechnertechnologien.

Unter den algorithmisch unlösbaren Problemen befinden sich viele Aufgabenstellungen aus der Praxis wie:

- Ist ein Programm korrekt (berechnet es das, wozu es entwickelt wurde)?

- Vermeidet ein Programm unendliche Berechnungen (endlose Wiederholung einer Schleife)?

In der Informatik entstanden ganze Forschungsgebiete, die nichts anderes tun, als die Möglichkeit des Testens von Programmen zu untersuchen[2]. Es zeigt sich leider, dass sogar *sehr einfache Testaufgaben über Programme wie „Berechnet ein Programm eine konstante Funktion?" nicht algorithmisch lösbar sind.* Die Forschenden auf diesem Gebiet sind froh, wenn sie wenigstens Testalgorithmen für das Testen der partiellen Korrektheit von Programmen entwickeln können. Dabei geht es um das Testen von eingeschränkten Programmen in spezieller Darstellung oder um das „Rausfischen" von typischen Fehlern ohne jegliche Garantie, dass man alle Fehler entdeckt hat.

Bei algorithmischen Aufgaben oder Programmen unterscheiden wir syntaktische und semantische Probleme. *Syntaktische* Aufgaben beziehen sich auf die formal korrekte Darstellung eines Programms in einer gegebenen Programmiersprache und sind meistens algorithmisch lösbar. Die *semantischen* Fragen beziehen sich auf die Bedeutung des Programms. Beispiele sind:

- „Was berechnet das gegebene Programm?"

- „Löst das entwickelte Programm das gegebene Problem?"

- „Hält das Programm auf einer gegebenen Eingabe?"

Alle nicht-trivialen semantischen Problemstellungen über Programme sind algorithmisch nicht lösbar.

Um diese Erkenntnis zu gewinnen, haben wir zwei Forschungs- und Beweismethoden kennen gelernt. Die erste Methode war die Diagonalisierungsmethode, die wir schon bei der Untersuchung von Unendlichkeit benutzt haben. Mit dieser Methode konnten

---

[2]Das bezeugt die Wichtigkeit des Testens von Programmen für die Praxis.

wir zeigen, dass es mehr Problemstellungen als Algorithmen gibt und dadurch Probleme existieren müssen, die algorithmisch nicht lösbar sind. Das erste algorithmisch unlösbare Problem war für uns das Entscheidungsproblem $(\mathbb{N}, M(\mathrm{DIAG}))$, also die Entscheidung der Zugehörigkeit zu der Diagonalmenge. Um die algorithmische Unlösbarkeit auf weitere und praktisch relevante Probleme zu erweitern, haben wir die Methode der Reduktion benutzt. Diese Methode hat man schon lange mit dem positiven Ziel verwendet, die Lösbarkeit von Aufgaben auf weitere Aufgaben zu übertragen. Die Idee dabei ist zu sagen, dass

$$P_1 \text{ nicht schwerer als } P_2 \text{ ist, } P_1 \leq_{\mathrm{Alg}} P_2,$$

*wenn man mit Hilfe eines Algorithmus zur Lösung von $P_2$ auch einen Algorithmus zur Lösung von $P_1$ bauen kann.* Dazu sagen wir, dass $P_1$ auf $P_2$ *reduzierbar* ist.

In positiver Richtung impliziert dann $P_1 \leq_{\mathrm{Alg}} P_2$ das Resultat, dass aus algorithmischer Lösbarkeit von $P_2$ die algorithmische Lösbarkeit von $P_1$ folgt. In negativer, von uns verwendeter Richtung, bedeutet $P_1 \leq_{\mathrm{Alg}} P_2$, dass aus der algorithmischen Unlösbarkeit von $P_1$ die algorithmische Unlösbarkeit von $P_2$ folgt. Die Methode der Reduktion im negativen Sinne haben wir verwendet, um aus der algorithmischen Unlösbarkeit von $(\mathbb{N}, M(\mathrm{DIAG}))$ die algorithmische Unlösbarkeit des Halteproblems und des universellen Problems nachzuweisen.

# Kontrollfragen

1. Was ist das Halteproblem? Warum ist dieses Problem interessant in der Praxis?

2. Was ist das universelle Problem?

3. Warum hilft die Lösung des Halteproblems zur Lösung des entsprechenden universellen Problems?

4. Warum kann man das universelle Problem algorithmisch lösen, indem man für die gegebene Eingabe $(P, i)$ die Arbeit von $P$ auf $i$ simulieren lässt?

5. Wie schwer ist das komplementäre Problem im Vergleich zu seinem Basisproblem?

6. Welche Bedeutung hat $U_1 \leq_{\mathrm{Alg}} U_2$ bezüglich der Schwierigkeit von $U_1$ und $U_2$ im Sinne der algorithmischen Lösbarkeit? Welche Situation kann nicht auftreten?

# Kontrollaufgabe

1. Gegeben seien ein Programm $P$ und zwei natürliche Zahlen $i$ und $j$. Die Frage ist, ob das Programm $P$ während der Berechnung auf der Eingabe $i$ mindestens einmal den Befehl der $j$-ten Zeile des Programms $P$ ausführt. Ist dieses Problem algorithmisch lösbar?

## Lösungen zu ausgewählten Aufgaben

**Aufgabe 4.4** Wir sollen zeigen, dass man mit einem hypothetischen Algorithmus $A_{\mathrm{HALT}}$ für HALT die Diagonalmenge $M(\mathrm{DIAG})$ erkennen kann. Wir fangen ähnlich an wie in Abbildung 4.8 für die Reduktion $(|\mathbb{N}|, M(\mathrm{DIAG})) \leq_{\mathrm{Alg}} \mathrm{UNIV}$. Wir müssen für eine gegebene Zahl $i$ entscheiden, ob $i \in M(\mathrm{DIAG})$, das heißt ob $P_i$ die Zahl $i$ nicht akzeptiert. Also generieren wir mittels $A_{\mathrm{gen}}$ zuerst das Programm $P_i$ und fragen $A_{\mathrm{HALT}}$, ob $P_i$ auf $i$ hält oder nicht (Abbildung 4.10).

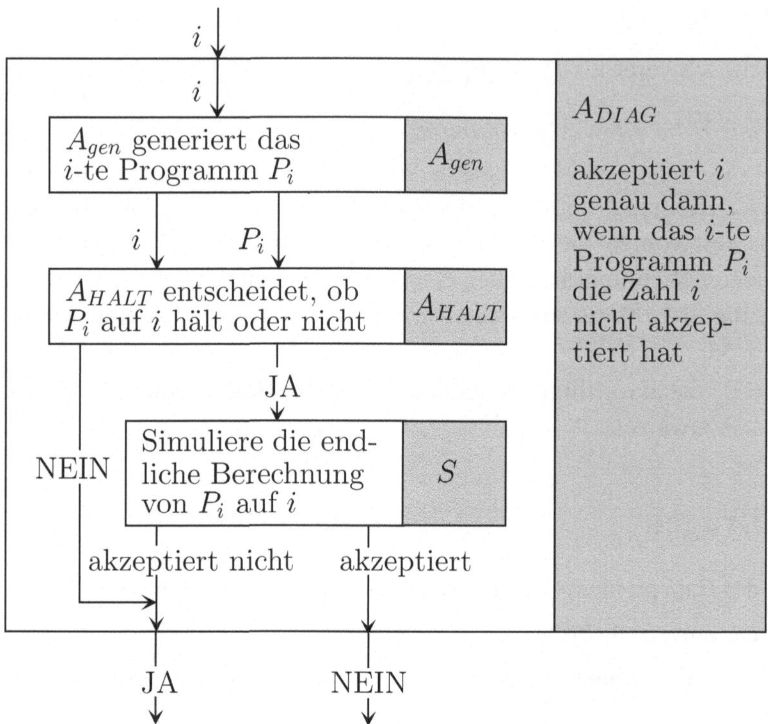


**Abbildung 4.10**

Wenn $P_i$ auf $i$ nicht hält, dann gilt $i \notin M(P_i)$ und somit ist die Antwort „JA" ($i \in M(\mathrm{DIAG})$). Wenn $P_i$ auf $i$ hält, dann gehen wir vor wie in Abbildung 4.6. Wir simulieren in endlicher Zeit die Arbeit von $P_i$ auf $i$ und drehen das Resultat um. Wenn $P_i$ die Zahl $i$ nicht akzeptiert, dann akzeptieren wir die Zahl $i$. Wenn $P_i$ die Zahl $i$ akzeptiert, dann akzeptieren wir die Zahl $i$ nicht (Abbildung 4.10).

# Literatur


[1]  Karin Freiermuth, Juraj Hromkovič, Lucia Keller und Björn Steffen. *Einführung in die Kryptologie. Lehrbuch für Unterricht und Selbststudium.* 1. Aufl. Vieweg+Teubner, 2010.

[2]  Juraj Hromkovič. *Lehrbuch Informatik. Vorkurs Programmieren, Geschichte und Begriffsbildung, Automatenentwurf.* 1. Aufl. Vieweg+Teubner, 2008.

[3]  Juraj Hromkovič. *Sieben Wunder der Informatik. Eine Reise an die Grenze des Machbaren mit Aufgaben und Lösungen.* 2. Aufl. Vieweg+Teubner, 2008.

# Index

**U**
Umkehrfunktion, 151
unendlich, 154
Unendlichkeit, 129
unentscheidbar, 218
UNIV, 249

**V**
Vergleich von Mengengrößen, 145

**W**
Wahrheitstabelle, 21
WRITE =j, 93
WRITE i, 93
WRITE1, 93

# Aus dem Programm Informatik

Boles, Dietrich / Boles, Cornelia
**Objektorientierte Programmierung spielend gelernt
mit dem Java-Hamster-Modell**
2., überarb. u. erw. Aufl. XII, 523 S. mit 93 Abb. Br. EUR 36,00
ISBN 978-3-8348-0802-8
Bei der Entwicklung von Computerprogrammen haben sich inzwischen sowohl im
Ausbildungsbereich als auch in der Industrie objektorientierte Programmiersprachen durch-
gesetzt, insbesondere die Programmiersprache Java. Dieses Buch vermittelt ausführlich und
anhand vieler Beispiele alle wichtigen Konzepte der objektorientierten Programmierung mit
Java. Grundlage des Buches ist dabei ein spezielles didaktisches Modell, das "Hamster-Modell".
Dieses ermöglicht Programmieranfängern einen spielerischen Zugang zu der doch eher technischen Welt der Programmierung: Der Programmierer steuert virtuelle Hamster durch eine
virtuelle Landschaft und lässt sie dabei bestimmte Aufgaben lösen.

Boles, Dietrich
**Programmieren spielend gelernt mit dem Java-Hamster-Modell**
4., überarb. Aufl. 2008. XIV, 368 S. Mit 190 Abb. Br. EUR 24,90
ISBN 978-3-8351-0194-4
Mit dem Hamster-Modell wird Programmieranfängern ein einfaches aber mächtiges Modell zur
Verfügung gestellt, mit dessen Hilfe Grundkonzepte der Programmierung auf spielerische Art und
Weise erlernt werden.

Boles, Dietrich
**Parallele Programmierung spielend gelernt
mit dem Java-Hamster-Modell**
Programmierung mit Java-Threads
2008. XII, 452 S. mit 66 Abb. Br. EUR 34,90
ISBN 978-3-8351-0229-3
Das Buch behandelt die wesentlichen Konzepte der parallelen Programmierung, d. h. der
Entwicklung nebenläufiger Systeme. Es orientiert sich dabei am Thread-Konzept der Program-
miersprache Java. Das Hamster-Modell ermöglicht Programmieranfängern einen spielerischen
Zugang zu der doch eher technischen Welt der Programmierung, indem sie virtuelle Hamster
durch eine virtuelle Landschaft steuern und dabei bestimmte Aufgaben lösen lassen.

**VIEWEG+
TEUBNER**
Abraham-Lincoln-Straße 46
65189 Wiesbaden
Fax 0611.7878-400
www.viewegteubner.de

Stand Juli 2010.
Änderungen vorbehalten.
Erhältlich im Buchhandel oder im Verlag.